Samuel Gottlieb Lange

Ausführliche Geschichte der Dogmen

oder Der Glaubenslehren der Christlichen Kirche - nach den Kirchenvätern ausgearbeitet

Samuel Gottlieb Lange

Ausführliche Geschichte der Dogmen
oder Der Glaubenslehren der Christlichen Kirche - nach den Kirchenvätern ausgearbeitet

ISBN/EAN: 9783743455382

Hergestellt in Europa, USA, Kanada, Australien, Japan

Cover: Foto ©ninafisch / pixelio.de

Manufactured and distributed by brebook publishing software (www.brebook.com)

Samuel Gottlieb Lange

Ausführliche Geschichte der Dogmen

Ausführliche
Geschichte der Dogmen
oder

der Glaubenslehren

der

christlichen Kirche

Nach

Den Kirchenvätern

ausgearbeitet

von

Samuel Gottlieb Lange

Professor zu Jena.

Erster Theil.

Leipzig,
bey Gerhard Fleischer dem Jüngern.
1796.

Vorrede.

Der Wunsch, daß wir doch eine vollständige Dogmengeschichte besizen möchten, ist schon so oft und so laut von Sachverständigen geäussert worden, und das Bedürfniß derselben, leuchtet auch, sobald man die gegenwärtige Lage der theologischen Wissenschaften nur einigermassen zu beurtheilen im Stande ist, so sehr ein, daß ich wohl mit Grunde vorausszen kann, Niemand werde eine Schrift wie die gegenwärtige ist, für überflüssig und entbehrlich halten, sobald sie nur dasjenige, was billigerweise von ihr gefordert werden kann, leistet, und die Lücke, welche sie in der theologischen Literatur auszufüllen bestimmt ist,

ist, wirklich ausfüllt. Daher bedarf mein Unternehmen selbst, wohl keiner Rechtfertigung.

Freilich habe ich ein äusserst schweres und mühevolles Geschäfte unternommen; ein Geschäfte, welches beinahe die Kräfte eines einzelnen Menschen, der überdem noch durch anderweitige Arbeiten bey demselben von Zeit zu Zeit unterbrochen wird, zu überschreiten scheint. Allein wenn unermüdete Thätigkeit, verbunden mit Lust und Liebe zu der Sache selbst, mit welcher man sich beschäftigt, schon oft unüberwindlich scheinende Hindernisse glüklich besiegt, und Dinge zu Stande gebracht haben, welche auf den ersten Anblik unausführbar schienen; so darf auch ich mit Grunde hoffen, wenigstens nicht ganz am Anfange der Bahn, die ich mir vorgezeichnet habe, stehen zu bleiben: sondern sie wo nicht völlig zu enden, doch einer guten Strecke nach zu durchwandern.

Ueberdem, ist es ja bei Arbeiten dieser Art, immer schon ein — wenn gleich auch nur geringes — Verdienst, die Bahn gebrochen und das Werk selbst angefangen zu haben: mag denn ein
Ande=

Vorrede.

Anderer, im Fall das Leben des Einen zu kurz seyn solte, um das Ganze zu vollenden, da weiter fortfahren, wo sein Vorgänger stehen blieb; der Anfang ist doch gemacht, und eben dadurch die Fortsezung und Ausführung schon um ein Grosses erleichtert worden.

Da jedoch bey jedem etwas verwickelten Geschäfte, nicht blos guter Wille und Fleiß hinreichend sind, um es zu Stande zu bringen; sondern neben diesen auch ein gewisser Grad von Geschiklichkeit erfordert wird, ohne welchen auch der grössefte Fleis vergeblich, und selbst die anhaltendste Thätigkeit fruchtlos ist: so wird dieses gewiß auch bey dem gegenwärtigen Unternehmen der Fall seyn, und ich muß es daher dem Ausspruch unpartheyischer Kenner überlassen, — Deren Urtheil ich meine Arbeit auch gerne unterwerfe, — in wieferne ich die zu einem solchen Werke nöthigen Kenntnisse in meiner Schrift gezeigt habe oder nicht. Indessen sey es mir erlaubt, nicht sowohl um der Kenner sondern vielmehr nur um solcher Leser willen, welche nicht zu den eigentlichen Kennern in diesem Fache gehören, sowohl über den Plan, nach welchem ich das Ganze, als auch

auch über die Art, wie ich einzelne Abschnitte ausgearbeitet habe, hier etwas im voraus zu erinnern.

Eine ausführliche Dogmengeschichte, muß — so wie ich mir wenigstens die Sache denke — wenn sie anders wahren Nuzen haben soll, den ganzen Gang welchen die Entwickelung der kirchlichen Theologie genommen hat, dem Leser so deutlich als möglich vorzeichnen, und das allmählige Entstehen des spätern kirchlichen Lehrbegriffs recht anschaulich machen. So daß er bey Durchlesung derselben nicht blos auf die wahrscheinliche Vermuthung geräth, es möchte in den ersten Zeiten des Christenthums, wohl über manches Dogma der christlichen Kirche ganz anders gedacht und gesprochen worden seyn, als man nachher über dasselbe die Menschen zu denken und zu sprechen zwang: sondern daß er, so weit dieses nämlich den Nachrichten, welche wir aus jenen Zeiten haben zu Folge, geschehen kann, nun bestimmt weiß, welche Bewandniß es eigentlich mit jeder einzelnen Glaubenslehre der christlichen Kirche hat, ob sie ursprüngliche Lehre Jesu und seiner Apostel, oder späterer Zusaz, den man bald aus dieser

bald

bald aus jener, bald lautern, bald unlautern Absicht machte, ist.

Diese so heilsame und vornämlich in unsern Zeiten in mehr als einer Rükficht so nöthige Ueberzeugung, durch möglichst treue und deutliche Erzählung alles dessen, was von Zeit zu Zeit, während dem Zeitraum, in welchem die Kirchenväter lebten, für die Erweiterung oder Beschränkung des christlichen Lehrbegriffs überhaupt sowohl, als auch der einzelnen Dogmen insbesondere gethan worden ist, in jedem der dieses Buch liest, so bestimmt als möglich hervorzubringen, war denn auch der Hauptzwek, welchen ich bey der Ausarbeitung dieser hier von mir gelieferten Dogmengeschichte im Auge hatte, und eben diesem Zwek gemäs, habe ich das Ganze ausgearbeitet.

Da mir an möglichst treuer und anschaulicher Darstellung des Vorgefallenen lag, so wählte ich die Ordnung, in welcher alles vorgefallen, und die zu diesem bestimmten Zweck auch gewiß die beste ist, nämlich die chronologische. Ich gieng von einem Kirchenskribenten — wie sie nämlich wahrscheinlich nach einander geschrieben haben,

haben, — zum andern, zeigte was und wieviel jeder für die Erweiterung und Beschränkung des christlichen Lehrbegriffs gethan hatte, dadurch, daß ich den Inhalt seiner Schriften im Ganzen und seine Sentenz von den einzelnen Dogmen einzeln, aus seinen Schriften auszog, sie aufstellte und mit einem bald erklärenden bald beurtheilenden Raisonnement begleitete. Diese Methode, die an sich äusserst einfach und gewissermaassen auch leicht ist, wählte ich nun, wie ich schon erinnert habe, weil sie nach meiner Ueberzeugung für ein Werk dieser Art die zwekmässigste, keinesweges aber blos deswegen weil sie die leichteste ist, und weil ich eine jede andere die mir mehr Mühe gemacht haben würde, scheute.

Ich erinnere dieses hier deswegen, weil seit einiger Zeit von Planen zur Dogmengeschichte, bald hier bald dort, die Rede gewesen ist, von welchen mir aber keiner für dieselbe so passend zu seyn scheint, als der von mir gewählte. Unter allen in Vorschlag gekommenen, scheint einer für den gelehrten Gebrauch eines solchen Werkes sehr passend zu seyn, daher ich über ihn etwas sagen muß. Eine Dogmengeschichte in welcher man
nach

nach den einzelnen Dogmen gienge, und die Geschichte des einen Dogmas erst vollständig abhandelte ehe man zum zweyten übergienge, also z. B. die Abschnitte in einem solchen Werke also machte: I. Die Lehre der Kirchenväter von Gott. II. Vom Logos u. s. w. und nun bey jedem einzelnen Dogma alles was während des ganzen Zeitraums in Absicht auf dasselbe gethan worden wäre, hererzählte, würde freilich für denjenigen, der eine Dogmengeschichte blos dazu gebrauchen wollte, um in seinen dogmatisch-historischen Vorlesungen gleich hinter jedem Dogma die Geschichte desselben anzugeben, ein sehr willkommnes Geschenk seyn; allein für eine eigentliche Dogmengeschichte taugt dieser Plan dennoch nicht. Denn

1) Wenn eine Dogmengeschichte so geschrieben werden solte, käme gewiß nie eine zu Stande. Wer sie nämlich schreiben wolte, der müste schon alle Kirchenskribenten der Reihe nach durchgelesen, kurz das ganze Werk selbst ausgearbeitet haben, um nun die Geschichte jedes einzelnen Dogmas vollständig liefern zu können.

2) Bey

2) Bey einer solchen Dogmengeschichte gienge der Totaleindruk, welcher bey der Dogmengeschichte ohnstreitig, in Absicht auf die Bedürfnisse des grössesten Theils der Leser, die Hauptsache ist, ganz verlohren. Man übersähe weder das Ganze, noch auch das Lehrsystem jedes einzelnen Mannes. Das erste würde gewiß den wohlthätigen Einflus, welchen sie auf Aufklärung überhaupt haben kann und haben muß, verhindern; durch das zweite würde nothwendig Unverständlichkeit in Absicht der Behauptungen einzelner Männer entstehen, denn oft kann man sich bey den einzelnen Behauptungen der Kirchenskribenten gar nichts denken, sie auch gar nicht verstehen, ohne daß man ihr ganzes Denksystem überschaut.

3) Ein solcher Plan ist nicht sowohl ein Plan, nach welchem eine Dogmengeschichte geschrieben werden muß, als vielmehr ein Plan, nach welchem ein solches Werk für den gelehrten Gebrauch bequemer eingerichtet und am Schlusse desselben, eine Uebersicht über die Veränderungen, welche jedes einzelne Dog-

Dogma erfahren hat, gegeben werden könte. Solten Leben und Kräfte ausreichen um das Ganze zu enden, so würde sich auch diese von mir gearbeitete Dogmengeschichte mit einer solchen in wenige Bogen zusammengedrängten Ueberficht über die Veränderungen, die jedes einzelne Dogma erlitten hat, schliessen.

Was man sonst noch von Planen zu einer Dogmengeschichte gesprochen, da man z. B. von einem philosophischen Prinzip, nach welchem sie eingerichtet werden solte, geredet hat, gilt wohl nur von einer allgemeinen Dogmengeschichte, das heist von der allgemeinen Geschichte derjenigen Lehren, welche die Vernunft von jeher als Glaubenslehren betrachtet hat, und an welche sie den Menschen um der Moralität willen zu glauben zwingt. Bey einer Geschichte der christlichen Dogmen hingegen, kann man von demselben keinen Gebrauch machen. Denn die christliche Religion ist — man mag sie für geoffenbahrt oder nicht geoffenbahrt halten — doch als Lehre eines einzelnen Mannes betrachtet, immer eine positive Religion; soll die Geschichte einer solchen Lehre aber getreu seyn,

seyn, so darf sie nicht von Prinzipien ausgehen, sondern sie muß nur zu Resultaten führen, die dann freilich jenen allgemeinen Prinzipien, wenn diese anders richtig sind, gemäs seyn werden.

Bey dem Plane nun den ich mir vorzeichnete, war es nöthig, daß ich jeden Kirchenskribenten einzeln behandelte, und bey dieser Gelegenheit dann zugleich über den Mann selbst, über die Veranlassung, welche er hatte dieses oder jenes Werk zu schreiben, bisweilen auch über die Aechtheit oder Unächtheit dieser oder jener von seinen Schriften ausführlich redete; indessen geschah dieses, immer nur mit Bezug auf die Dogmengeschichte.

Niemand erwarte daher, in diesen Stücken, wo sie zu meinem Zwek nicht taugten, Vollständigkeit. Denn ich liefere hier keine Bibliothek der Kirchenväter, noch viel weniger eine Kirchengeschichte. In Werke dieser Art gehören über alles, was sowohl das Leben, als die Schriften der Kirchenväter betrift, vollständige Nachrichten; in eine Dogmengeschichte aber, gehört nur von allem diesen das, was für die Geschichte der Glaubenslehren

lehren selbst, wenigstens von einiger Wichtigkeit ist: alles andere muß entweder ganz weggelassen, oder doch nur mit wenigen Worten berührt werden.

Kein billiger und sachverständiger Leser, wird es mir daher zum Fehler anrechnen, daß ich nicht jede einzelne kleine Schrift, jedes Programm und jede Dissertazion, die bald über das Leben bald über diese oder jene Schrift eines Kirchenvaters herausgekommen und obendrein oft noch von gar keiner Wichtigkeit ist, zitirt oder doch nach Titel und Jahrzahl angeführt habe; auch wird er, wie ich hoffe, es für keine wesentliche Verbesserung meines Buches und für keinen wichtigen Zusaz zu demselben ansehen, wenn er mir dergleichen nachweisen oder mir Schriften der Art, namhaft machen kann.

Ich habe, so weit ich die Kirchenväter studirt habe, so ziemlich alles gelesen, was in Absicht auf sie von Wichtigkeit seyn kann; leider aber das mehreste umsonst gelesen, und ohne ein Wort von dem Gelesenen gebrauchen zu können: zitiren konnte ich es freylich, auch konnte ich sehr gelehrt hinzusezen,

sezen, daß ich es gelesen, und durch seitenlange Discussionen zeigen, warum ich nichts aus demselben hätte gebrauchen können. Aber wo wäre ich am Ende mit all' den Zitaten geblieben, und wie weitläuftig würde das Werk selbst, bey einer solchen Methode nicht geworden seyn? Zwanzig dicke Bände hätte ich mit leichter Mühe auf diese Art mit meiner Dogmengeschichte anfüllen können, statt daß ich izt in 4 bis 5 mäßige Octav-Bände das Ganze zu bringen gedenke. Indessen das Vorzüglichste wird der Leser immer benuzt finden.

Eben diese Liebe zu einer zwekmässigen Kürze, — und ich schäme mich nicht es zu sagen, — verbunden mit der Liebe zum Frieden, ist es auch, warum ich bey der Ausarbeitung der einzelnen Abschnitte, welche das Lehrsystem jedes einzelnen Kirchenvaters enthalten, so wenig auf das, was meine Vorgänger in dieser Absicht schon behauptet oder geläugnet hatten, Rüksicht genommen habe. Auch hier habe ich das Vorzüglichste gelesen, und gelehrte Kenner werden schon, selbst aus der Art, wie ich meine Meinung jedes Mal aufgestellt

stellt habe, sehen daß ich wohl wuste, welche Meinung Anderer mir entgegenstand und was für Gründe man gegen mich anführen könnte; aber, da es insbesondere bey diesem Theil meiner Schrift meine Absicht war, dem Leser nicht blos, wie fast alle meine Vorgänger gethan hatten, Resultate, sondern ihm vielmehr die Prämissen in die Hand zu geben, aus welchen er dann selbst die Resultate ziehen könnte, und ich eben zu diesem Zwek die Schriften der Kirchenväter selbst durchgelesen, alles selbst aus ihnen gesammelt und bey jeder Behauptung ihre eignen Worte angeführt habe, so konnte ich hier um so viel leichter, der Auktorität Anderer entbehren.

Es ist daher weder Unwissenheit, noch ein unnüzes Vornehmthun, noch vielweniger Ungerechtigkeit gegen die Verdienste Anderer, wenn ich mich in diesem Werk, verhältnismässig immer nur wenig, auf Andere berufe. Ich würde mich auch lächerlich machen, wenn ich behaupten wolte, ich hätte meine Vorgänger gar nicht benuzt und durch das Lesen ihrer Schriften mich gar nicht gebildet. Nein

Nein — um nur blos der Neuern zu erwähnen — die Namen eines Semler, Löffler, Teller, Ziegler und anderer grossen Männer, welche in diesem Fach mit Ruhm und mit bleibendem Verdienst gearbeitet haben, sind zu bekannt, ihre Schriften auch zu gelesen, als daß nicht jeder leicht, es bemerken solte, wo ich ihren Winken gefolgt bin, und wo sie mir gleichsam den Weg zeigten, den ich gehen solte. Allein genommen habe ich auch selbst aus diesen nichts, anders als blos da, wo ich sie wirklich anführe, und ich bin mir bey dieser ganzen Schrift keines Plagiums bewußt. Ich sage dieses ausdrüklich deswegen, weil es in unsern Zeiten, denn doch bisweilen geschieht, daß Werke, die Mancher vielleicht aus guten Gründen in den Hintergrund zu stellen Ursache hat, mit einem allgemeinen „enthält das aus diesem und jenem schon Bekannte" abgewiesen werden.

Noch ist es nöthig, daß ich etwas über einen einzelnen Abschnitt in diesem Buche sage, und wenigstens, so viel ich kann, den Leser in denjenigen Standpunkt zu versezen suche, aus welchem

chem er betrachtet werden muß, wenn anders der Leser ihn recht verstehen, und das, was ich in demselben behaupte, richtig finden will.

Der Abschnitt, von dem ich rede, ist der erste, welcher die Ueberschrift führt: Christus und seine Apostel. Er steht blos da, wie jeder leicht sehen wird, als Einleitung zum Ganzen, daher man in ihm auch keine alles erschöpfende Vollständigkeit suchen muß. Ich beabsichtigte durch denselben nichts mehr, als den Leser auf den Standpunkt zu stellen, von welchem ich ausgieng; indessen thut es im Ganzen nichts zur Sache, ob er mir hier schon in allen Stücken beistimmt oder nicht, genug wenn wir nur über das Folgende einig sind, und er die Geschichte der Glaubenslehren nach den Zeiten Jesu und seiner Apostel, wahr erzählt und richtig dargestellt findet. Uebrigens habe ich diesen Abschnitt geschrieben, so wie ich glaube, daß ein Historiker über Materien der Art schreiben muß. Er muß auch hier den Wirkungen, welche er sieht, nachgehen, ihre Ursachen aufsuchen, und sie aus den ihm erkenn-

** baren

baren Ursachen erklären; weiter gehen darf er aber nicht. In eine übersinnliche, mithin auch für ihn nicht erkennbare, Welt hinüber, giebts für ihn keinen Uebergang, denn dahin führt nach Vernunft und Schrift nur allein ein Glaube, der aber ganz ausserhalb dem Felde der Geschichte liegt. Hieraus erkläre man sichs, daß ich in diesem Abschnitt, nichts von Christi höherer Natur, nichts von der Inspiration der Apostel, und allen jenen Lehren, zu denen man nur durch einen Uebergang in die übersinnliche Welt kommen kann, gesagt habe. Bey diesem blos historischen Vortrage der Sachen war es unmöglich auf sie zu kommen, und daher schwieg ich von ihnen. Hieraus folgt aber gar nicht, daß ich sie auch nicht glaube, und um derer willen, die diesen Schlus vielleicht aus Bosheit oder aus Unwissenheit machen möchten, stehe hier meine ausdrükliche Erklärung: daß ich diesen ganzen Abschnitt, mit einem gegen Gott und Jesum, für die Erleuchtung und Beglückung der Welt durchs Christenthum, dankbaren Herzen, und mit der unwandelbaren Ueberzeugung niedergeschrieben habe, daß, sowohl

dasje=

dasjenige was Jesus selbst von sich sagt als auch was seine Jünger von ihm bezeugen, ausgemacht und wahr sey, und daß, da bey allen redlichen und unredlichen Versuchen Jesum menschlich darzustellen, er noch immer soviel Grosses und Uebermenschliches behält, es wohl meiner Meinung nach, am besten ist, ihn für das zu halten, wofür er sich selbst ausgiebt.

Dieses ist es, was ich sowohl in Absicht des Planes zum Ganzen als auch in Rüksicht der Bearbeitung einzelner Abschnitte, im voraus zu erinnern für nöthig hielt. Wie weit übrigens diese Dogmengeschichte gehen wird, das lehrt schon der Zusaz „nach den Kirchenvätern" auf dem Titel; das heist, sie geht bis auf den Augustin herab, denn dieses und nicht mehr soll der Zusaz sagen.

Daß ich übrigens bey dem aufmerksamen Lesen und Studiren der Kirchenschriftsteller, auf manche neue, und für Kritik, Exegese und Kirchengeschichte wichtige Bemerkung stossen muste, versteht

steht sich beinahe von selbst; und daß ich diese nach dem Wunsch des würdigen Herrn Rec. meiner Dissertation im N. theol. Journal, — zwar nicht in eignen Werken — aber doch gelegentlich dem Publikum mittheilen werde, dazu gebe ich hier mein Versprechen.

Ich scheide von dem Leser, mit dem Wunsche, daß meine Arbeit nicht ohne Nuzen für ihn seyn möge. Geschrieben Jena 1796. im May.

Einleitung.

Jeder, der nur einigermaaſſen mit der Geſchichte der chriſtlichen Religion und chriſtlichen Kirche bekannt iſt, wird wiſſen, daß das Chriſtenthum, nicht lange ſeine urſprüngliche einfache Geſtalt behalten hat; ſondern durch allerley Erweiterungen und Zuſäze vermehrt worden iſt, welche — wenigſtens nach dem Urtheil vieler gelehrten Männer unſerer ſowohl, als der vergangenen Zeit — zum Theil ſehr fremdartig, und mit den, von dem erſten Stifter dieſer Religion vorgetragenen Grundſäzen, nicht ſelten unvereinbar ſind. Ohne ſchon hier im voraus, über den Grund oder Ungrund dieſer Behauptung in Rückſicht auf einzelne Lehren, zu urtheilen, wollen wir uns izt nur an die vorzüglichſten Urſachen erinnern, welche, wie die Kirchengeſchichte lehrt, dieſe Erweiterungen und Zuſäze zu den urſprünglichen Lehren des Chriſtenthums veranlaſt haben: denn ohne dieſe genau zu kennen, iſt man weder im Stande über den wahren Werth dieser Zusäze selbst, noch über die Befugniß zu urtheilen, mit welcher ihre Urheber sie machten; ja der Mangel an dieser Kenntniß, hat schon Manchen, zu den unrichtigsten und ungerechtesten Urtheilen über Lehrer sowohl, als Lehren der christlichen Kirche verleitet.

Viele von den Zusäzen, welche die Lehre des Christenthums nach den Zeiten ihres ersten Stifters erhielt, wurden durch Zeit und Umstände nöthig gemacht. Ihre Ursache war also die Nothwendigkeit.

So entstanden z. B. alle diejenigen Zusäze, welche man zu der ursprünglichen Christusreligion machen zu müssen glaubte, um sie auch solchen Menschen verständlich und annehmlich zu machen, welche keine Juden waren, und bey denen also auch alles dasjenige nicht vorausgesezt werden durfte, was Christus bey dem Volke, welchem er seine Lehre predigte, als bekannt voraussezen, und eben daher auch bey seinem Unterricht oft mit Stillschweigen übergehen konnte. Eben so, sind hieher auch alle diejenigen Erweiterungen zu rechnen, welche man mit dem Christenthum deswegen vornehmen muste, um den Gegnern der reinen Christusreligion, welche sowohl ausserhalb als innerhalb der Kirche, nach und nach aufstanden, zu begegnen, ihre Einwürfe vollständig und gründlich zu widerlegen, und dem weitern Einreissen der von ihnen vorgetragenen Irrthümer mit Nachdruck vorzubeugen.

Alle Zusäze dieser Art, — vorausgesezt auch, daß sie an sich immer ganz wahr und richtig gewesen seyn mögen

Einleitung.

gen —, gehören dennoch nicht ursprünglich zum eigentlichen Wesen der Lehre Jesu, daher man auch nicht fordern kann, daß sie für alle Zeiten und alle Menschen gleich geltend seyn sollen: höchstens würde ihnen nur für solche Menschen und solche Zeiten einige Brauchbarkeit zugestanden werden können, die mit der Zeit, in welcher sich die Lehrer des Christenthums gedrungen fühlten sie zu machen, und mit den Menschen um derentwillen man sie machte, sowohl in Absicht ihrer äussern als innern Lage eine treffende Aehnlichkeit haben. Ist dieses aber nicht der Fall; so läßt man sie mit Recht als überflüssig und unbrauchbar, sowohl beym schriftlichen als auch beym mündlichen Vortrage der Lehre Jesu weg. Indessen darf man sie doch auch keinesweges — selbst dann nicht einmahl, wenn vielleicht sogar falsche Begriffe von der wahren Natur des Christenthums bey ihnen zum Grunde liegen, oder doch durch sie befördert und in Umlauf gekommen seyn solten —, für muthwillige Verfälschungen der Lehre Jesu ausgeben: denn ihre Urheber sind hinlänglich durch die Nothwendigkeit, in welcher sie sich befanden, oder doch zu befinden glaubten, bey jedem Billigdenkenden wegen ihres Unternehmens gerechtfertigt.

Die zweite Ursache, durch welche es bewirkt wurde, daß man das Christenthum — freylich durch sehr entbehrliche und weder für die äussere noch innere Lage der christlichen Kirche nothwendige Zusäze —, erweiterte, war: der Hang zur Spekulazion und zum Philosophiren über Gegenstände der übersinnlichen Welt, welchem sich die Lehrer der christlichen Religion nur gar zu bald ergaben.

Dieser Hang ist zwar dem menschlichen Geiste so natürlich, daß man mit Recht sagen kann: es ist für jeden Menschen, sobald seine Vernunft einen gewissen Grad von Bildung erlangt hat, nothwendiges Bedürfnis, über Gegenstände der übersinnlichen Welt, dergleichen die grossen Stützen aller Religion, Gott, moralische Natur des Menschen, und Unsterblichkeit sind, nachzudenken und über sie irgend etwas vestzusezen. Wird aber die Vernunft, bey diesem ihrem Nachdenken, nicht von einer warnenden und alle ihre Schritte genau beobachtenden Philosophie geleitet, so entsteht nothwendig in diesen Spekulazionen ein Fehler, der allen ältern Spekulazionen, die ohne Kritik über diesen Gegenstand angestellt wurden, gemein ist, und welcher darin besteht: daß man über übersinnliche Gegenstände gerade so nachdenkt, wie man über Gegenstände der Sinnenwelt nachzudenken gewohnt ist, auch hier allenthalben Ursachen und Wirkungen genau erkennen, nicht vernünftig glauben, sondern bestimmt wissen will; überhaupt nicht zufrieden ist, wenn man hinlängliche und vor dem Richtstule der Vernunft entscheidende Gründe für das Daseyn einer Sache hat, sondern auch die Art wie sie da ist, zu erforschen bemüht ist. Natürlich entsteht durch solch ein Verfahren immer eine Art von System, dessen Unhaltbarkeit die Vernunft, freylich in dem Augenblick, in welchem sie es aufbaut, nicht einsieht; welches aber, sobald es unpartheyisch geprüft wird, aus weiter nichts, als aus lauter unerweislichen Behauptungen besteht, und gar bald in leere Spitzfindigkeiten und unnüze Grübeleyen ausartet, welche zu weiter nichts dienen, als daß sie Wortklaubereyen und Streitigkeiten veranlassen, deren man mit gutem Fug, und ohne daß der menschlichen Vollkommenheit und Glückseeligkeit

dadurch

dadurch im geringsten Abbruch geschähe, überhoben seyn könnte.

So entstand ein grosser Theil der gelehrten Bestimmungen und feinen Distinkzionen, welche man in die Glaubenslehren des Christenthums hineintrug, und die zwar anfangs nur für Gelehrte gehörten, nachmals aber selbst in den Volksunterricht gebracht, ja sogar zulezt zum Wesen der christlichen Religion mitgerechnet wurden. Gelehrte Juden und Heiden traten zum Christenthum über, philosophirten als Christen eben so fort, wie sie als Juden oder Heiden philosophirt hatten, und verfälschten so, — zwar nicht absichtlich, aber doch in der That —, das Christenthum auf mannigfaltige Art; wenigstens erweiterten sie es durch ihre Spekulazionen, zu seinem grossen Schaden.

Indessen, auch über die Urheber dieser Zusäze zum Christenthum, muß man sich in seinem Urtheil mässigen, und ihnen wenigstens nicht geradezu absichtliche Verfälschung der Lehre Jesu Schuld geben; denn ihre Absicht war mehrentheils nicht böse, und bey der damaligen Lage des menschlichen Geistes, und der Stufe von Ausbildung auf welcher die Wissenschaften zur damaligen Zeit standen, waren die Abwege, auf welche sie geriethen beynahe unvermeidlich, und eben deswegen sind ihre Fehlschlüsse auch sehr verzeihlich. Sie meinten es auch mit diesen ihren Erweiterungen grösstentheils gar so böse nicht, als es in der Folge wirklich mit denselben wurde. Mehrentheils sahen sie selbst, sie wirklich zum Theil für das an, was sie in der That auch nur waren; nämlich für gelehrte Hypothesen, die zwar für den spekulirenden und gelehrtern Christen, aber keinesweges zum Wesen der christlichen Religion gehörten: allein ihre Nachfolger verdarben die Sache dadurch, daß sie solche ganz ausserwesentliche Dinge zum Wesen des Christenthums mitrechneten, woran jedoch die ersten Urheber völlig unschuldig waren.

Es versteht sich von selbst, daß alle Erweiterungen, welche auf diese Art ins Christenthum gekommen sind, als unnüze Auswüchse weggeschnitten werden müssen, sobald von reiner Christusreligion die Rede seyn soll. Zum Glück kann dieses auch ohne grosse Gefahr geschehen. Denn mehrentheils tragen sie das Gepräge derjenigen Philosophie, aus welcher sie entsprungen sind, zu deutlich an sich, als daß man in Sorgen stehen dürfte, es möchte mit dem Unkraut auch manche Waizenähre ausgejätet werden. Vorsichtigkeit ist freylich hier, wie bey jedem Geschäfte, zu empfehlen; allein wer die erforderliche Geschicklichkeit hierzu, sich mit Grunde zutrauen darf, und noch dazu Beruf in sich fühlt, eine solche Arbeit zu unternehmen, der thut wohl, wenn er das Christenthum immer mehr von diesen Schlacken säubert.

Manche Erweiterungen und Zusäze, welche zu den ursprünglichen Lehren des Christenthums gemacht wurden, flossen noch aus einer andern, — freylich sehr unreinen — Quelle, und diese war, **Herrschsucht der Geistlichen oder der verordneten Lehrer der Religion.**

Schon sehr frühe, finden sich einige Spuren, daß die Lehrer des Christenthums, nach einer gewissen Art von unerlaubter Herrschaft über ihre Zuhörer oder Schüler streb-

strebten, völlig sichtbar aber wird diese ihre Herrschsucht erst in etwas spätern Zeiten.

Als das Christenthum nicht mehr die von Juden und Helden verachtete und verabscheute Lehre war, und die Christen nicht, wie im Anfange, in allen Ländern verfolgt wurden; sondern selbst Regenten, diese Religion annahmen und sie eben dadurch in ihren Staaten zur privilegirten Staatsreligion machten, hoben auch allmählig die Lehrer derselben, welche nun einen eigenen nicht unbedeutenden Stand im Staate bildeten, allmälig ihr Haupt empor, und machten die Vorrechte, auf welche sie vermöge ihres Standes als Volkslehrer gewissermaaßen Anspruch machen konnten, auf eine Art geltend, bey welcher man sehr deutlich sahe, sie hätten nichts weniger im Sinne, als die nun erledigte Stelle der jüdischen und heidnischen Priesterschaft einzunehmen, und sich ganz gegen den eigentlichen Geist des Christenthums, nach und nach alle die Vorzüge wiederum anzumaaßen, auf welche wohl der jüdische und heidnische Priester, als angeblicher Vertrauter der Gottheit, aber nicht der christliche Religionslehrer, — der durchaus kein Priester in diesem Sinne ist —, Anspruch machen konnte. Sie sonderten sich vom grossen Haufen ab, beobachteten allenthalben eine gewisse Zurückgezogenheit und Stille, und ahmten schon hierin, die Priester der ehemaligen privilegirten Staatsreligionen, der jüdischen und heidnischen nach. Das Volk erzeigte ihnen, je mehr sie sich zurückzogen, nur um desto mehr Ehrfurcht und Ergebenheit; hiedurch wurden sie verwöhnt und stolz, und natürlich erwachte nun in ihnen Herrschsucht, welche sie zu vielen unerlaubten Schritten verleitete. Ueberzeugt, daß eben je geheimer sie in allen ihren

Angelegenheiten verführen, um desto mehr würden sie vom Volke geehrt und gefürchtet; suchten sie von nun an, die Religion deren Lehrer sie waren, so viel als möglich, in eine geheime Wissenschaft umzuschaffen, von welcher die Layen wenig oder nichts verstünden, sondern gläubig das Wenige, was man ihnen davon sagte, auf die Autorität ihrer Lehrer annehmen müsten. Nun kann man, wie die Kirchengeschichte sehr deutlich lehrt, unter den Lehrern der Religion ordentlich darauf, wie man, in das an sich so verständliche Christenthum, recht viele Unverständlichkeiten hineinbringen, und die Lehren desselben in ein, ungeweihten Augen, undurchdringliches Dunkel einhüllen möchte.

Könnte man nun hier nicht mit Sicherheit darauf rechnen, daß unter der Menge derer, die dieses thaten, auch eine grosse Anzahl von Betrogenen gewesen wäre; so verdienten sie alle, öffentlich als vorsäzliche Betrüger vor dem Richtstuhl der Menschheit angeklagt zu werden, weil sie eine Lehre, die von allen verstanden werden kann, nach der Absicht ihres Stifters auch von allen verstanden werden soll, und nur erst dann, wenn sie von allen verstanden wird, ihren wohlthätigen Zweck ganz zu erreichen im Stande ist, eben hiedurch ihres Einflusses auf Menschenbildung und Menschenwohl beynahe völlig beraubten. Auf alle Fälle, verdienen sie aber schärfer beurtheilt zu werden, als diejenigen, welche aus den erst erwähnten Ursachen, Zusäze zum Christenthum machten, und dasselbe eben dadurch erweiterten.

Es kann keine Frage seyn, ob Zusäze, welche das Christenthum auf diese Art erhalten hat, länger noch zu schützen oder wenigstens noch zu dulden sind, zumal wenn

Einleitung.

wenn man bedenkt, daß sie offenbar dem wahren Geiste des Christenthums entgegen laufen, und die wohlthätigen Wirkungen desselben verhindern.

Eine nicht minder ergiebige, aber auch eben so wenig reine Quelle, aus welcher für das Christenthum Zusäze und Erweiterungen von mancherley Art flossen, war endlich, **die Unwissenheit der Lehrer der Religion.**

Vornämlich in den spätern Zeiten, als die Wissenschaften, auch im Abendlande so tief sanken, und wahre Gelehrsamkeit beynahe von niemand mehr gekannt wurde; brachten die Lehrer der Religion, welche die Schriften des A. und N. T. nicht mehr in ihren Grundsprachen, sondern nur in schlechten oft unverständlichen Uebersezungen, zu lesen im Stande waren, manches als Dogma, und zwar als christliches Dogma auf, was Niemand, der den wahren Sinn der biblischen Stellen, in welchen es liegen soll, aufzufinden im Stande ist, in denselben wird finden können.

Auch Zusäze dieser Art, müssen in Zeiten, wo man besser als damals beurtheilen kann, was Lehre der Bibel sey oder nicht, sobald als möglich, schon blos deswegen von dem Christenthume abgesondert werden; weil sie einem Zeitalter, welches noch länger an ihnen hängen und sie vertheidigen wollte, bey der Nachwelt Schande machen würden. Zu geschweigen des mannigfaltigen Schadens, den sie als Verfälschungen der reinen Christusreligion doch immer nothwendig nach sich ziehen müssen. Mögen daher auch ihre Urheber, es mit diesen Zusäzen so gut gemeint haben, als sie immer wollen, mag ihre Unwissenheit vielleicht in den mehresten Fällen unverschuldet gewesen seyn; genug sie haben Irrthümer und Unrichtigkeiten für Wahrheit ausgegeben, und schon eben dadurch verliehren sie selbst alle Auktorität, und ihre Lehren dürfen keineswegs auf einen Platz unter den eigentlich christlichen Lehren Anspruch machen.

Dieses sind die allgemeinen Ursachen, welche bisweilen einzeln, bisweilen auch mit einander vermischt, die allmälige Erweiterung der Lehre des Christenthums, vornämlich in Absicht ihres theoretischen Theils oder ihrer Glaubenslehren bewirkten, und durch sie kam es, daß die in ihrem Ursprunge so einfache Lehre Jesu, allmälig immer mehr erweitert, und — mit oft ganz fremdartigen Zusäzen — so sehr vermehrt wurde, daß sie ihre ursprüngliche Gestalt ganz verlohr, und unter der Menge von fremdartigen Zusäzen beinahe ganz erlag.

Wie nun solches nach und nach, beym Ablauf der Jahrhunderte wirklich geschehen sey, dieses soll die gegenwärtige Schrift ausführlich beschreiben, deren Bestimmung es ist, der allmäligen Entwickelung des christlichen Lehrbegrifs nach der Reihe der Kirchenskribenten nachzuspühren, und sowohl auf die allgemeinen als jedesmaligen besondern Ursachen aufmerksam zu machen, durch welche bald dieser bald jener neue Zusatz zu den christlichen Glaubenslehren, sowohl in Vorschlag kam, als auch unter den

Lehrern

Lehrern der rechtgläubigen Kirche Beifall fand und nach und nach in den Kirchenglauben übergieng. Daher ich es auch nicht für nöthig hielt, jene allgemeinen Behauptungen, schon hier in der Einleitung mit Beispielen zu erläutern.

Christus

Christus und seine Apostel.

Daß das Christenthum, soweit es nämlich Lehre des Jesus von Nazareth selbst, ist, für diejenigen Menschen, denen er selbst es bekannt machte, und auf welche er durch seine Lehre zunächst wirken wollte, höchst wohlthätig war, indem durch dasselbe eine sehr wichtige, und gerade zu jener Zeit höchst nothwendige Religionsverbesserung, unter ihnen eingeführt werden solte; dieses wird niemand läugnen können, der nur einigermaaßen den wahren Sinn der Lehre Jesu zu durchschauen, und die politische sowohl, als moralische Lage des jüdischen Volks zu Christi Zeiten, zu beurtheilen im Stande ist.

Ganz den Bedürfnissen eines Volks gemäß, welches, da es unter der Oberherrschaft eines andern mächtigen Volkes stand, sich durch seinen übertriebenen Nationalstolz politisch unglücklich, und durch Mangel an wahrer Gottesfurcht und herrschende Lasterhaftigkeit physisch und moralisch elend machte; führte Christus unter den Juden eine Religionslehre ein, welche durch die Behauptung, daß Gott der liebevolle Vater aller Menschen sey, dem übertriebenen Nationalstolz derselben geradezu entgegen arbeitete, und durch die unerläßliche Strenge, mit welcher

cher sie auf wahre Herzens und Lebensfrömmigkeit, als den einzigwahren Gottesdienst drang, sie eben so weit von einer blos in willkührlichen Ceremonien bestehenden Gottesverehrung, als von der Lasterhaftigkeit zurückzog. — Dieses war aber gerade diejenige Religion, deren seine jüdischen Zeitgenossen bedurften.

Moses nämlich, jener grosse und gewiß auch noch izt jedem Unpartheyischen ehrwürdige Mann, hatte, — um das sinnliche, und mehr zum Gözendienste als zur Verehrung des Jehova geneigte Volk, welches eben aus dem heidnischen Egypten kam, und dessen Heerführer er war, vor aller Abgötterey zu sichern und bey der Verehrung des einigen wahren Gottes zu erhalten —, den Juden in seiner Gesezgebung eine solche Staatsverfassung und einen solchen Gottesdienst vorgeschrieben; daß, wenn sie dem, von ihm in dieser Absicht entworfenen Plane getreu blieben, unter ihnen nothwendig eine Verfassung entstehen muste, durch welche sowohl alle Verbindungen dieses Volkes mit andern benachbarten Völkern aufgehoben, als auch alle öffentlichen und besondern, innern und äussern Angelegenheiten, des ganzen Volkes wie jedes einzelnen Bürgers, dem Jehova unmittelbar unterworfen wurden. Abgesondert in einem Winkel der Erde, auf einem Erdstrich, den die Natur selbst, schon von den übrigen Ländern, durch hohe Gebürge getrennt, und eben dadurch die Verbindung des Volkes welches ihn bewohnte, mit benachbarten Nazionen wenigstens sehr erschwert hatte, solte dieses Volk wohnen; keinen König oder menschlichen Regenten über sich haben; sondern die Gottheit, welche dasselbe verehrte, sollte auch der König dieses Volkes seyn. Diesem Plane gemäß, musten also nothwendig Kirche und Staat, bey demselben nur
ein

ein Ganzes ausmachen: denn die Gottheit welche man im Tempel anbetete und verehrte, war zugleich der Regent dessen Befehle man im bürgerlichen und häuslichen Leben beobachtete. Groß und erhaben war diese Idee von einer Theokratie und nur ein Geist von ausgezeichneter Grösse konnte sie hervorbringen, wohlthätig zeigte sie sich aber auch in ihrer Ausführung; wenigstens wurden alle die Zwecke, welche Moses durch sie bey seinem Volke zu erreichen wünschte, gröstentheils auch wirklich durch sie erreicht. Hiedurch wurde Jehova des Israeliten Ein und alles. Er war es, den er in der Stiftshütte oder im Tempel anbetete, Er war es aber auch, dem er im bürgerlichen und häuslichen Leben, ja in jedem menschlichen Verhältniß durch getreue Erfüllung seiner Pflichten diente. Und so war nach Moses Einrichtung, das ganze Leben eines wahren Israeliten, Gottesdienst [3]).

So lange nun das jüdische Volk, diese von Moses seiner Staatsverfassung und seinem Gottesdienste gegebene Einrichtung unverändert beybehielt, und das enge Band, welches nach derselben, Kirche und Staat zusammenknüpfte, unverlezt blieb; so lange wirkte auch die mosaische Verfassung das, was sie der Absicht ihres Stifters gemäß, bewirken solte: nämlich ausschliesliche Verehrung des Jehova, und alleinige Ergebung des Volkes an ihn. Freilich muste eben durch diese Verfassung, bey einem so wenig gebildeten und in aller Absicht, insbesondere aber in Rück-

---

[3]) Dieses ist eigentlich, wie ich glaube, der wahre Begrif, welchen man mit der ממלכת כהנים. 2 Mos. 19, 6. verbinden muß, zu welcher Moses sein Volk so gerne machen wolte.

Christus und seine Apostel. 15

Rücksicht seiner Begriffe von der Gottheit und ihren Gesinnungen gegen die Menschen, so gar nicht aufgeklärten Volke als das jüdische war, das Vorurtheil, welches diese Nation schon in ihren frühesten Vorfahren, einem Abraham Isaak und Jakob als sie noch einzelne Familie war, genährt hatte; daß die Juden nämlich aus dem ganzen menschlichen Geschlechte die einzigen Lieblinge der Gottheit wären, und welches in den kindischen Begriffen und eingeschränkten Empfindungen der frühern Menschen seinen Grund hatte *), nur noch immer tiefer Wurzel schlagen. Allein gewissermaaßen war Moses gezwungen diesem Vorurtheile zu huldigen, auch benahm es der mosaischen Verfassung keinesweges ihre anderweitige Wohlthätigkeit für das jüdische Volk. Die Sache verdient

---

*) Die Menschengeschichte lehrt sehr deutlich: daß, so gut wie die Verstandeskräfte des Menschen, sich nur allmählig und nach und nach erweitern und entwickeln, eben so gut erweitert sich auch sein Herz oder der Sitz seiner Empfindungen nur erst nach und nach. So beschränkt als die Einsichten des ungebildeten Menschen sind, eben so eingeschränkt sind auch seine Empfindungen. Daher kommt es z. B. daß man in den frühern Zeiten, als die Menschen noch wenig Bildung hatten, es durchgängig fand, daß ein Vater immer einen Liebling unter seinen Kindern hatte, den er nicht etwann wegen seiner Vorzüge, — denn oft war gerade das Gegentheil der Fall — vor allen andern Kindern liebte, sondern weiß man sich damals noch nicht zu einer Liebe die alle Kinder gleich umfaßt, erheben konnte. — Und dieses gab dann sehr natürlich, die Veranlassung, selbst zu den eingeschränkten Vorstellungen von der Liebe der Gottheit zu den Menschen.

dient wohl, da sie wichtig ist, einer etwas ausführlichen Erwähnung.

Nun da die Juden ein von allen übrigen Ländern ganz abgesondertes Land bewohnten, da sie einen ihnen ganz eignen Gottesdienst und eine ihnen ganz eigne Staatsverfassung hatten, bey der sie unmittelbar unter dem Jehova standen, und es ihnen noch dazu durch Mosis Gesetz zur Pflicht gemacht war, mit andern Völkern kein Verkehr zu unterhalten; musten sie sich nur noch um so vester überreden, daß sie ausschliessungsweise die Lieblingssöhne der Gottheit wären, und eben daher begünstigte die mosaische Verfassung dieses Vorurtheil gar sehr und begründete es noch um so vester.

Dieses alles sind Dinge, die nicht zu läugnen sind, und welche auch zu deutlich am Tage liegen, als daß man durch hartnäckiges Abläugnen derselben, hoffen dürfte, irgend einen Sachverständigen von der Wahrheit des Gegentheils zu überzeugen.

Indessen sind diese Mängel der mosaischen Verfassung, doch nur Unvollkommenheiten, welche nach den damaligen Umständen, und der ganzen damaligen Lage der Dinge, unvermeidlich waren; aus welchen daher auch kein treffender Einwurf, gegen die temporaire Güte und wirkliche Wohlthätigkeit der mosaischen Gesezgebung hergenommen werden kann, weil dieselbe ohngeachtet dieser nothwendigen Mängel, doch dem jüdischen Volke, sowohl für seine politische als moralische Bildung, wichtige Vortheile gewährte, die von jenen keinesweges aufgewogen wurden. Ein Volk, das sinnlich und roh ist und einge-

wurzelte

wurzelte Nazionalvorurtheile hegt, muß als ein sinnliches, rohes, und verjährten Vorurtheilen ergebenes Volk behandelt werden, wenn man auf dasselbe mit Nachdruck wirken und nicht vergeblich Zeit und Mühe bey seiner Bildung verschwenden will. Nie wird daher ein Gesezgeber oder sonst ein Reformator, — wenn er nicht etwan mit Gewalt seine Verbesserungen durchsezen, und wie es dann gewöhnlich geschieht, das Wohl der ganzen gegenwärtigen Generation an die künftige noch ungewisse Glückseligkeit der folgenden wagen will —, bey demselben sein Glück machen, wenn er sich nicht eben zu diesen Nazionalvorurtheilen so tief als möglich herabläßt, und an diese veralteten Lieblingsideen, seine neuen Lehren oder Vorschriften, so nahe er nur immer kann, anknüpft. Sind diese Vorurtheile überdem noch von der Art, daß sie mit der ganzen anderweitigen politischen sowohl als moralischen Bildung, welche ein Volk hat, ganz genau zusammenhängen, und man sie also, ohne das Volk gewaltsam auf eine höhere Stufe der Kultur fortreissen zu wollen, — welches aber niemals ganz gelingt —, nicht abschaffen kann, wie dieses alles offenbar bey der Idee von Gott, als blos den Juden geneigtem Vater der Menschen (nenne man es auch als Nazional-Gott) der Fall war; so sehe ich vollends nicht ein, was man Gegründetes gegen die Behauptung einwenden will: daß Moses weise oder doch zweckmässig gehandelt habe, indem er auf diesem Vorurtheil weiter fortbaute.

Von dieser Seite nun alles bey der mosaischen Gesezgebung betrachtet, begreiffe ich es gar nicht, wie man aus der innern Beschaffenheit dieser Einrichtung, welche Moses dem jüdischen Staate und der jüdischen Kirche gab, gegen die Zweckmässigkeit, ja sogar — vorausgesezt, daß

jemand

jemand sich durch anderweitige Gründe von der göttlichen Sendung des Moses überzeugt hätte — gegen ihre Göttlichkeit etwas Treffendes einwenden wolte; zumal, da wie die Erfahrung gelehrt hat, diese mosaische Gesezgebung für das jüdische Volk so äusserst wohlthätig wurde.

Ein Volk so roh und ungebildet als das jüdische es war, innerhalb den engen Gränzen eines kleinen Landes und eines Staates einzuschliessen, und ihm eine gesezmäßige Verfassung zu geben, das war schon an sich kein kleines Verdienst; und diese Verfassung, so mangelhaft sie auch in Vergleichung mit nachmaligen vollkommnern immerhin seyn mochte, war noch dazu von dem wohlthätigsten Einfluß auf die Veredlung und Bildung der Nazion. Sehr deutlich lehrt dieses die Geschichte: denn so lange man die mosaische Einrichtung unverändert beibehielt, waren bürgerliche und häusliche Tugenden von mannigfaltiger Art, unter den Juden zu finden, ja sogar grosse und ausgezeichnet edel denkende Männer waren bey ihnen nicht selten. Die Zeiten der Richter, in welchen dieses alles so war, wie ich es hier beschreibe, sind die anerkannt beste Periode im jüdischen Staate gewesen.

Sobald man jedoch der mosaischen Verfassung ungetreu wurde, und insbesondere das für sie so wesentliche Band, welches die jüdische Kirche mit dem jüdischen Staat zusammenknüpfte, zerriß, gieng auch der wahre Geist der mosaischen Gesezgebung, und mit ihm ihr wohlthätiger Einfluß auf die Bildung und Veredlung der Nazion verlohren; denn von nun an muste nothwendig die ganze jüdische Religion in einen leeren Ceremoniendienst ausarten. Alle jene Opfer, Waschungen, Festtage, ja überhaupt alle Ceremonien

nien, an welchen der jüdische Gottesdienst einen so grossen Ueberfluß hatte, die aber alle aus dem richtigen Gesichtspunkte betrachtet, einen sehr guten Sinn hatten, und nach Mosis Idee nichts anders waren, als nach der Sitte des Orients, der überhaupt in allem das Prachtvolle und Ueberladene liebt, gewöhnliche Vorbereitungen, welche man traf, um sich dem höchsten Regenten des Volkes, dem man sonst durch Beobachtung seiner Befehle im bürgerlichen und häuslichen Leben diente, mit Anstande nähern, und ihn um eine Gnade bitten, oder ihm bloß seine persönliche Hochachtung bezeugen zu dürfen, wurden izt der einzige Dienst, welchen man der Gottheit erzeigte. Mithin blieb von der ganzen mosaischen Religion nichts weiter übrig, als blos die Schaale, der entbehrlichste und beinahe ausserwesentliche Theil derselben, nämlich der blosse Hofdienst, das leere Ceremoniel, welches man, so oft man sich der Gottheit nähern wollte, beobachten muste; aber der wahre mosaische Gottesdienst, die Befolgung der Befehle Gottes im Leben und Wandel, gieng verlohren.

Natürlich muste durch diese Veränderung nicht nur der Keim von wahrer Gottesfurcht und ächter Moralität, der vielleicht doch schon in dem Herzen manches frommen Israeliten entstanden war, erstickt werden; indem Religion, durch welche er nur hervorgebracht werden und gedeihen kann, statt Hauptangelegenheit des Menschen in allen Verhältnissen seines Lebens zu seyn, izt zu einem blossen Ceremoniel herabgewürdigt wurde: sondern durch sie wurde auch der ganzen mosaischen Verfassung ihre Kraft benommen, mittelst welcher das halsstarrige und rohe jüdische Volk durch sie im Zaume gehalten, und vor der Abgötterey gesichert wurde.

Die Zeit, von welcher wir behaupten könnten, daß in ihr diese unglückliche Scheidung der jüdischen Kirche vom Staat völlig zu Stande gekommen sey, ist der Anfang des eigentlichen Königthums unter den Juden, welcher ohngefähr in die Regierung des Salomo, vornämlich aber in die Regierung seines unmittelbaren Nachfolgers, des Rehabeam, zu sezen ist. Denn die beiden ersten jüdischen Könige Saul und David, selbst gewissermaassen auch noch Salomo, waren immer zu nahe von Propheten und Priestern umgeben, und wurden eben durch diese zu sehr eingeschränkt, als daß, wenn sie auch gleich, wie z. B. Saul, selbst regieren wolten, sie etwas mehr als blosse Vollstrecker der mosaischen Geseze und Repräsentanten des Jehova hätten werden können. Je vester aber die Könige in der Folge der Zeit ihren Thron begründeten, und je mehr sie Selbstherrscher wurden, um desto deutlicher sieht man es, wie die mosaischen Einrichtungen ihre Kraft verliehren, und der wahre Geist dieser Gesezgebung verschwindet.

Von nun an war es ein anderer, dem man im Tempel, und ein anderer, dem man als Bürger des jüdischen Reiches diente. Jenen verehrte man in seinem Tempel, opferte hier ihm seine Opfer, sagte ihm seine Gebete her, und wenn dieses nach der vorgeschriebenen Regel geschehen war; so glaubte man alles gethan zu haben, was er nur billigerweise fordern konnte: denn daß auch er Anspruch auf das Herz und das Leben eines Menschen ausserhalb seinem Hause machen solte, dieses fiel wahrscheinlich izt nur wenigen noch ein. Zwar thaten Propheten und Priester, nach Kräften alles was sie vermochten, um das sinkende Gebäude der mosaischen Einrichtung zu stüzen, und seinen gänzlichen Einsturz zu verhindern; und gewiß wäre

ohne

ohne diese ihre Bemühungen, die Verehrung des Jehova als des einigen wahren Gottes sehr bald völlig untergegangen, und der Monotheismus vom Polytheismus verschlungen worden, — zumal da die Regenten des jüdischen und israelitischen Staates selbst mehr der Abgötterey als dem Dienste des Jehova ergeben waren —; allein ihre Bemühungen fruchteten im Ganzen nur sehr wenig. Abgötterey und zügellose Lasterhaftigkeit rissen, ihrer Lockungen und Drohungen ohngeachtet, unaufhaltbar im jüdischen und israelitischen Reiche ein, und beförderten den Untergang beider.

Indessen, wenn gleich die Stimme der Weisen und Rechtschaffenen im Volke, von den mehresten, in dem Augenblick da sie erscholl, überhört wurde; so kam doch eine Zeit, wo die Juden durch äusseres Elend, aus dem Taumel, in welchem sie während einer langen Zeit gelebt hatten, erwachten und zum Nachdenken kamen; — und dieses war die Zeit des Exils.

Nun erinnerten sie sich an das, was die Weisen ihrer Nazion, ihnen so oft und so laut gesagt hatten: daß Jehova sie zuletzt, wegen ihrer Treulosigkeit gegen ihn, verstossen, und nicht mehr für seine Lieblingssöhne erkennen, sondern in die Knechtschaft heidnischer Völker verweisen würde. Zugleich erinnerten sie sich aber auch daran, daß eben jene Weisen, zur Zeit des Verfalls des jüdischen Staats und Gottesdienstes, sich selbst und andere ächte Israeliten immer mit der Hofnung getröstet hatten: daß einst noch ein König den jüdischen Thron besteigen würde, der dem David, jenem in seinem Eifer für die Ehre des Jehova und in seiner Anhänglichkeit an die altmosaischen

Einrichtungen gewiß musterhaften Könige gleichen solte, und welcher eben deswegen auch als ein Sohn Davids, als ein aus seinem Geschlechte entsprossener und ihm an Anhänglichkeit und Folgsamkeit gegen Jehova ähnlicher Mann, von ihnen geschildert wird. Diese Hofnung faßten sie auf, trösteten sich mit ihr während des Exils, und freuten sich auf die Zeit wo er erscheinen, und sie in ihre Rechte wieder einsezen würde. So entstand dann jene brennende Sehnsucht, mit welcher die Juden im babylonischen Exil den Messias erwarteten, und die sich auch bey ihrer Rückkehr aus demselben so deutlich äusserte.

Als nämlich die Juden aus dem babylonischen Exil in ihr Land zurückkehrten, waren ihre Herzen durch die vermeintlichen Strafen, welche Jehova über sie geschickt hatte, mürbe gemacht, aber auch durch die neuen Wohlthaten, welche er ihnen izt erzeigte, indem sie in ihr Land zurückkehren konnten, gerührt von seiner Güte, gewiß voll demüthiger Unterwürfigkeit und dankbarer Ergebenheit gegen ihn; die sich denn auch in den ersten Zeiten deutlich genug äusserte. Daher schien es izt nicht blos, als ob die Juden zu der ächtmosaischen Verehrung des Jehova, die nicht in blossem Tempeldienst, sondern in einem seinem Dienste ausschlieslich geweihten Leben bestand, zurückkehren wolten; sondern sie thaten anfangs sogar auch manches, was von diesem ihrem redlichen Vorsaze sehr deutlich zeugte.

Kaum begann aber dieser gute Vorsaz unter ihnen zu keimen; so wurde er auch schon durch mancherley, größtentheils äussere Veranlassungen, wieder erstickt.

Schon

Schon der bloſſe Anſtrich von Armuth, welchen der jüdiſche Gottesdienſt nach dem babyloniſchen Exil dadurch bekam, daß kein ſo prächtiger Tempel als der ehemalige ſalomoniſche geweſen war, wieder aufgebaut werden konnte, ſchadete der jüdiſchen Religion ungemein; denn er warf einen gewiſſen Schein von Armuth und Ohnmacht auf den Jehova ſelbſt, den man in dieſem Tempel verehrte, bey welchem er nothwendig in den Augen eines ſo ſinnlichen, und ebendeswegen an Pracht und am Glanze klebenden Volkes, als das jüdiſche noch immer war, ſehr viel von ſeiner Achtungs- und Liebenswürdigkeit verliehren muſte.

Keinem aufmerkſamen Beobachter wird daher die Schläfrigkeit, welche bald nach dem babyloniſchen Exil in dem jüdiſchen Gottesdienſte herrſchte, entgangen ſeyn. Die Verehrung des Jehova nahm von hieran einen ſchleppenden Gang an, den ſie nachmals, als ſelbſt dieſes Hinderniß in dem prachtvollen herodianiſchen Tempel wegfiel, nicht wieder verlohr. Denn nun war einmal die Nazion an dieſe Schläfrigkeit in ihrer Gottesverehrung gewöhnt: und ſo etwas, iſt, wie die Erfahrung lehrt, ſelbſt wenn die erſte Urſache auch nachmals wegfällt, doch ſchwer auszurotten. Die erſte Quelle dieſer Schläfrigkeit war jedoch der eben angezeigte Mangel an Pracht bey dem Gottesdienſte. Es gieng den Juden bey demſelben nicht glänzend genug her, als daß ein ſo ſinnliches Volk wie ſie, gerne und willig ihren Jehova auf dieſe Art hätten verehren ſollen; ein williger Dienſt aber, kann nur allein wahre Gottergebenheit und Lebensfrömmigkeit erzeugen, daher muſte nothwendig bey dieſer Art von Gottesdienſt, das Volk in Abſicht der Moralität ſehr tief verfallen: und dieſes lehrt denn auch die Geſchichte ſehr deutlich. Kein

Volk hat nämlich, soweit unsere Nachrichten reichen, auf einer ähnlichen Stufe der Cultur, so viel wirkliche Bösartigkeit gezeigt, als eben das jüdische. Zwar hütete man sich, so viel als möglich, vor groben Verbrechen, weil diese von der Obrigkeit bestraft würden; allein der Baum taugte in der Wurzel nichts, und die verheerendsten menschenfeindlichsten Leidenschaften, hatten in den Herzen der Juden tiefe Wurzel geschlagen.

Lange hätte nun solch ein Volk die Verehrung des Jehova aufgegeben, — denn seiner Sinnlichkeit schmeichelte der Götzendienst weit mehr, und seine Bösartigkeit vertrug sich auch gewiß sehr schlecht mit den strengen mosaischen Vorschriften, — wenn nicht sowohl die jüdische Priesterschaft als auch der grosse Haufe, mithin das ganze Volk, eben in dieser Art von Gottesverehrung zugleich eine geheime Nahrung für ihr stolzes und feindseeliges Herz zu finden geglaubt hätten. Die Priester befanden sich ohngeachtet sie nicht ganz unumschränkt itzt mehr im jüdischen Lande gebieten konnten, doch noch immer in einer sehr guten Lage, denn das Volk verehrte sie aufs höchste, und ihre Einkünfte waren auch sehr beträchtlich, nothwendig vertheidigten sie nun im Judenthume ihren eigenen Vortheil; und sie thaten daher auch alles, um dasselbe aufrecht zu halten. Das Volk voll bitterer Todfeindschaft gegen alles was nicht Jude war, hofte daß aus seiner Mitte noch einst ein Herrscher hervorgehen sollte, der alle andere Völker der Erde unterjochen und die Juden zu Beherrschern derselben erheben würde, der Druck, welchen sie dann ausüben wolten und der ihrem feindseeligen Herzen so sehr schmeichelte, fesselte sie ans Judenthum, und erhielt sie bey dieser Art des Gottesdienstes.

So

So war, wie die Geschichte lehrt, die innere Lage der Juden beschaffen, als Christus erschien; daher kam es auch, daß die Priester ihn haßten und verfolgten, als er den für sie so einträglichen Opferdienst abschaffen zu wollen schien, und das Volk immer von ihm forderte, er solte sein messianisches Reich stiften und die Juden zu Herren der Erde erheben.

Unter diesen Menschen trat Jesus nun auf, und wurde ein Reformator, wie jeder, der Menschen bessern will, es nach seinem Bilde werden solte.

Ohne sich weiter über denjenigen Theil der Religionslehre zu verbreiten, welchen man die Glaubenslehre nennt, und sich auf tiefgehende Untersuchungen über das Daseyn und die wahre Natur der übersinnlichen Gegenstände, an welche die Religion den Menschen glauben heißt, einzulaßen; vermied er sichtbar alles, was mehr für die Spekulazion als für das praktische Leben gehörte, und griff unmittelbar in die Sittenlehre, oder in die Lehre von den Pflichten des Menschen ein: denn hier war es, wo das Uebel bey seinen Zeitgenossen zunächst seinen Siz hatte, und hier griff er es auch an, um das jüdische Volk von demselben gründlich zu heilen.

Freilich muste er bey dem Vortrage der bessern Moral, welche er predigte, und die den eigentlichen Hauptzweck seines ganzen Unterrichtes ausmachte, bisweilen auch nothwendig, sich über einige Glaubenslehren der Juden näher erklären, theils um manches Fehlerhafte und der Moral Nachtheilige in ihnen zu berichtigen, theils auch um ihren Zusammenhang mit den Lebensvorschriften die er vortrug zu zeigen, und seinen Geboten dadurch mehr Ansehen zu verschaffen. Insbesondre muste er die Juden eben um dieser Ursache willen, von sich selbst und seinem Berufe ein Verbesserer ihrer Gottesverehrung zu werden, näher belehren, es ihnen daher auch zu wiederholten Malen sagen: daß er kein gemeiner Mensch, sondern ein unmittelbarer Gesandter der Gottheit an sie sey, der überdem noch, nichts aus eigner Macht und ohne den ausdrücklichen Willen der Gottheit thue, sondern alle Gebote, die er bekannt mache, von Gott zur Bekanntmachung unmittelbar erhalten habe [z]). Allein auch hier schloß er sich mit bewundernswürdiger Weisheit, an die bey diesem Volke schon bekannten Erwartungen vom Messias, so nahe als möglich an, redete zu ihnen von seiner Person und seiner Bestimmung in den schon aus den Propheten bekannten Ausdrücken und Bildern, und entfernte blos die irrigen Begriffe, die sie vielleicht von der Absicht seines izigen Erscheinens auf der Erde, aus solchen Stellen des A. T. schöpfen könnten, welche von dem Messias als einem irrdischen Könige zu reden scheinen. Indessen redete er über Materien dieser Art nie so häufig, wenigstens war er, wenn er auf sie kam, nie so ausführlich, als wenn er über einzelne Pflichten des Menschen zu reden Gelegenheit hatte, und seine Zuhörer von eigentlich moralischen Materien unterhalten konnte.

Durch diese Art des Unterrichts, den er ertheilte, kommt es dann, daß, wenn man seine Lehre, so wie er sie vorgetragen hat, und wie sie in seinen Reden, welche die Evangelisten uns aufbewahrt haben, enthalten ist, betrachtet,

---
[z]) Joh. 6, 38. 7, 16. 8, 26, 28.

Christus und seine Apostel.

trachtet, dieselbe in Rücksicht auf ihren **theoretischen Theil** äusserst einfach und kurz, ja mit den Glaubenslehren des damaligen Judenthums, die einzige Lehre von **Gott als dem liebevollen Vater aller Menschen** *) ausgenommen, vollkommen übereinstimmend ist; dahingegen ihr **praktischer Theil** so weitläuftig und vollendet erscheint. Denn beinahe jedes einzelne Gebot der jüdischen Moral, finden wir von ihm berichtigt und erweitert; und die Lehre von den Lebenspflichten des Menschen, dankt ihm sehr viele beträchtliche Zusäze.

So entstand dann auch durch seinen Unterricht eine Religionslehre, die, in so ferne sie von ihm selbst herkommt, und aus seinen selbsteignen Belehrungen geschöpft ist, ihrem theoretischen Theile oder ihrer Glaubenslehre nach, nichts weiter als die schon unter den Juden bekannten Lehrsäze von diesen Dingen, mit der einzigen Abänderung enthält, daß dieser Gott nicht der liebevolle Vater eines Volkes, sondern der ganzen Menschheit ist. Das her finden wir auch im Christenthume, alle Lehren der damaligen jüdischen Religion, von der Einheit Gottes; von seiner unsichtbaren Natur; selbst die bestimmte Vorstellung von seinem Wohnen im Lichtmeer; von seinem

*) Dieses ist eigentlich die einzige Unterscheidungslehre des Christenthums vom Judenthum, aus ihr flossen dann erst die andern Lehren, in welchen das Christenthum vom Judenthum abweicht; z. B. daß das mosaische Ceremoniengesez, welches blos auf Palästina berechnet war, nicht weiter den einzigrichtigen Gottesdienst bestimmen könne, u. s. w.

Verhältniß zur Welt als Schöpfer, Erhalter und Regierer derselben; selbst die nähere Bestimmung der Art, wie seine Vorsehung insbesondere über diese sublunarische Welt und über die Menschen sich äussert, nämlich durch den Schuz der Engel; die Lehre vom Ursprunge und der Fortdauer des physischen und moralischen Uebels in der Welt durch Einwirkung des Teufels und der Dämonen; vom Ursprunge der menschlichen Seele und ihrem Schicksal nach dem Absterben des Leibes; kurz fast alle Glaubenslehren der Juden eben so wieder, wie sie entweder in den heiligen Büchern der Juden schon vorgetragen waren, oder doch wenigstens von den jüdischen Lehrern zu Christi Zeiten vorgetragen wurden. Sogar die mosaische Idee von einer Theokratie behielt Christus bey, nur freilich daß sie durch die Lehre von Gott, als dem Vater aller Menschen, eine gewiß für sie nicht nachtheilige Erweiterung erhielt. Diese Christliche Theokratie ist nämlich das Reich Gottes oder das Himmelreich, von dem so oft im N. T. geredet wird, und welches man sehr fälschlich in unsern Zeiten, beinahe allgemein, unter den Schriftauslegern *), für nichts weiter als für Christenthum überhaupt oder für christliche Religion und Kirche zusammengenommen, nimmt. Denn offenbar sind dieser Erklärung, wenn man unparteiisch die Aussprüche des Neuen Testaments von diesem Himmelreiche prüft, alle diejenigen Stellen, nicht bloß in den Briefen der Apostel, sondern in Jesu eigenen Reden zuwider,

*) Die neueste Schrift, in welcher diese Hypothese sehr sinnreich auseinander gesezt wird, ist: Flatt de notione regni coelestis. Tubingae 1794.

wider, in welchen dieses Himmelreich, selbst als schon das Christenthum auf der Erde bekannt gemacht worden war, noch immer als ein, noch erst in der Zukunft, durch Christum selbst zu stiftendes Reich vorgestellt wird, und welchen zu Folge man daher mit weit grösserm Recht Himmelreich oder Reich Gottes, für das künftige bey Christi Wiederkehr durch ihn zu stiftende messianische Reich, als für Christenthum überhaupt, nimmt *).

Bei-

*) Ich weiß wohl, was ich wage, indem ich hier der fast allgemein angenommenen Auslegung des Wortes Reich Gottes ἡ βασιλεια του Θεου oder Himmelreich ἡ βασιλεια των ουρανων, mich widerseze. Allein mag diese Meinung, so viele und berühmte Vertheidiger haben, als sie immer will; so müssen doch Gründe uns über alles, selbst über alle Auktorität gehen, und diese glaube ich für mich zu haben: denn offenbar wird in mehr als einer Stelle des N. T. von einer βασιλεια του Θεου oder βασιλεια των ουρανων geredet, die ganz etwas anders ist, als das Christenthum, oder die christliche Religion und Kirche. Stellen dieser Art lassen sich in grosser Menge auffinden, einige der vornehmsten will ich hier jedoch nur nahmhaft machen. Schon wenn Christus Matth. 6, 10. seine Jünger beten lehrt: dein Reich komme, fällt es in die Augen, daß er von diesem Reich als einer künftigen Sache rede; und Niemand, als der ein dogmatisches Interesse hat, wird auf den Einfall gerathen, diese Worte gegen allen Sprachgebrauch, ja gegen alle Regeln einer gesunden Auslegungskunst zu übersezen: dein Reich mehre sich unter uns, oder, die

Zahl

Beinahe alle Lehren, welche den theoretischen Theil der christlichen Religionslehre oder die christliche Glaubens-

Zahl deiner wahren Verehrer wachse mit jedem Tage; denn nach einer solchen Uebersezermethode kann es nicht schwer halten, alles was man will — nur freilich den wahren Sinn nicht — aus der Bibel herauszubringen. — Noch sichtbarer aber, ist in der bekannten Stelle Luc. 21, 31. ff. von einer ganz andern βασιλεια του Θεου als blos vom Christenthum oder der christlichen Religion die Rede; — die wirklich traurige Erklärung, nach welcher man diese Stelle nebst ihrer Parallelstelle Matth. 24, als eine bey der Zerstörung Jerusalems erfüllte Weissagung betrachtet, bedarf wohl keiner Widerlegung; denn um das höchst gezwungene derselben recht zu fühlen, darf man nur v. 27 vergleichen, und sehen, wie die Ausleger, welche dieser Erklärung beistimmen, diesen Vers interpretiren: gewiß wird jedem, wenn er gleich wenig mit den Regeln der Auslegungskunst bekannt ist, sondern nur etwas Geschmack und etwas exegetisches Gefühl hat, das Unnatürliche einer solchen Erklärung auffallen. — Eben dieses lehrt auch deutlich Apostelgesch. 1, 6, 7., wo gleichfalls von einem Reiche des Messias geredet wird, welches gar nicht das Christenthum seyn kann.

Ueberhaupt, da sich im N. T. ausser diesen hier angeführten, noch sehr viele andere Stellen finden, welche man äusserst gezwungen erklären muß, wenn man sie blos vom Christenthum oder der christlichen Religion und Kirche verstehen will; so muß man wohl einen andern

benslehre ausmachen, nahm Christus daher aus dem Judenthume, oder aus dem A. T. und dem damaligen jüdischen Volksglauben: mithin ist die christliche Religion von dieser Seite betrachtet offenbar auf das Judenthum gegründet.

Aber

dern Gesichtspunkt wählen, aus welchem man die neutestamentliche Lehre von der βασιλεια του Θεου oder βασιλεια των ουρανων, betrachtet: und hier glaube ich, wird der richtige dieser seyn. Die erste Zukunft Christi geschah um das Christenthum oder die christliche Lehre zu predigen, und durch diese die Menschen auf das Reich Gottes oder das Himmelreich vorzubereiten, die zweite sollte geschehen, um dieses Reich Gottes oder Himmelreich zu stiften. Nach diesem allgemeinen Grundsaz lassen sich auch alle Stellen des N. T., in welchen von diesem Reiche Gottes die Rede ist, sehr natürlich erklären. Ob übrigens dieses Himmelreich oder messianische Reich, ein irrdisches Reich sey oder nicht, darüber zu entscheiden, ist hier der Ort nicht; sondern hiervon wird sich unten, bey der Auseinandersezung des Lehrbegriffs solcher Kirchenväter, welche den groben Chiliasmus vertheidigt haben (z. B. beym Dialogus cum Tryphone) ausführlich handeln lassen. Soviel erinnere ich jedoch schon hier im voraus, daß die Stelle Joh. 18, 36. gar nicht dieser Meinung widerspricht; denn sie sagt nur soviel als: mein Reich ist nicht von der Erde, nicht irrdischen Ursprungs; (es kommt nämlich vom Himmel herab, daher es auch βασιλεια των ουρανων heißt), Gott stiftet es, nicht Menschen.

Aber auch, — was noch mehr ist —, bey dem Vortrage seiner moralischen Vorschriften, legte er, so oft er nur konnte, die Geseze des Judenthums zum Grunde, und schloß sich also auch mit seiner Moral, so nahe als möglich an das Judenthum an: daher sezt man, wie ich glaube, mit Recht, Christi Hauptgeschäfte darin, daß er ein Verbesserer des Judenthums werden wolte, und nennt seine Lehre sehr richtig, eine verbesserte und erweiterte jüdische Lehre.

So fremde dieses alles nun auch in den Ohren solcher Leser klingen mag, welche, durch die gewiß gutgemeinten Aeusserungen bekanter neuerer Theologen, die das Christenthum ganz vom Judenthum getrennt, und als eine völlig neue Lehre vorgestellt wissen wollen, sich haben überreden lassen, das Christenthum habe mit dem Judenthum auch nicht das Geringste gemein; so verhält sich doch, wie ich glaube, die Sache in der That anders. Deswegen bitte ich jeden Unpartheyischen, ehe er gegen mich entscheidet, nur noch folgendes zu bedenken; und ich weiß gewiß, er wird, wenn auch nicht sogleich für mich, doch auch nicht auf der Stelle gegen mich entscheiden, sondern die Sache wenigstens noch einmal, einer reiflichen Ueberlegung werth halten.

Erstens. Jesus selbst trennte sich von der jüdischen Kirche nie, und wollte auch nie, daß nach seinem Hinwegscheiden von dieser Erde, seine Jünger sich von derselben trennen solten. Dieses erhellet sehr deutlich daraus,

daraus, daß er ihnen es als ein künftiges Mißgeschick, welches sie um des Bekenntnisses zu ihm willen, treffen würde, voraussagt, daß man sie von den Synagogen ausschliessen würde Joh. 16, 2. Hätte er aber nicht gewollt und vorausgesezt, daß seine Jünger bey den Juden bleiben, und sich auch noch in Zukunft zur jüdischen Kirche halten solten, wie konnte er ihnen denn dieses als eine künftige Strafe, die sie um seinetwillen würden erdulden müssen, voraussagen, und sie auf diesen Vorfall vorzubereiten suchen?

Zweitens. Die Jünger Christi blieben auch, wie aus der Apostelgeschichte erhellet, eine lange Zeit bey der jüdischen Kirche, und hielten sich zu den Juden, beobachteten sogar noch immerfort die jüdischen Gebräuche [1], trennten sich auch nur sehr schwer und beinahe gezwungen, von dem Hauptsize des Judenthums, von Jerusalem [2]; ja die mehresten von ihnen behielten immer eine Art von kindlicher Anhänglichkeit an die jüdische Mutterkirche, und zwar dauerte diese höchstwahrscheinlich so lange, bis endlich durch die Zerstörung Jerusalems dem ganzen Judenthum ein Ende gemacht wurde.

Drittens. Der innige und unzertrennliche Zusammenhang des Judenthums mit dem Christenthum, wird endlich auch dadurch ausser allem Zweifel gesezt, daß Jesus nebst seinen Jüngern, immer die heiligen Bücher der Juden oder das A. T. als die göttlichen Schriften zum Grunde legen,

---

[1] Apost. Gesch. III. 1.
[2] siehe z. B. Apost. Gesch. VIII, 3, 4.

legen, aus welchen sie für ihre Behauptungen Beweise hernehmen; ja daß selbst in den ersten christlichen Gemeinden, diese heiligen Schriften der Juden, auch als die heiligen Schriften der Christen behandelt und öffentlich vorgelesen zu werden pflegten; und, was noch mehr ist, daß bis gegen das Ende des zweiten Jahrhunderts, von allen Kirchenvätern der rechtgläubigen Kirche, immer nur das A. T., die Schrift oder heilige Schrift (η $\gamma\rho\alpha\phi\eta$) genannt, und als die eigentliche Quelle, aus welcher jede religiöse Behauptung bewiesen werden müsse, behandelt wird [z]). Ein sehr deutlicher Beweis, was für einen grossen Werth die Apostel selbst auf diese Schriften gesezt, und daß sie dieselben als die Quelle aller Religionserkenntniß in die christliche Kirche eingeführt haben müssen.

Demnach ist denn wohl nicht die Behauptung unserer neu, sondern unserer alt-gläubigen oder sogenannten orthodoxen Theologen richtig: daß das Judenthum und Christenthum sehr genau zusammenhängen, und eigentlich nur ein Ganzes ausmachen; und daß also auch das A. T. wesentlich mit zu den heiligen Schriften der Christen gehöre, ja, nach der ursprünglichen Absicht Jesu und seiner

---

[z]) Der Beweis für diese leztere Behauptung, wird sich in der Folge erst bey den Schriften der einzelnen Kirchenväter führen lassen. Hier im voraus sey es mir erlaubt, mich auf das Zeugniß Anderer zu berufen, die etwas ähnliches schon vor mir behauptet haben, man vergl. daher I. S. Semleri hist. eccl. selecta capita Tom. I. p. 18, 19. auch Eiusd. Commentar. hist. de antiquo Christianorum statu. Tom. I. p. 35—39.

ner Apostel auch für den Christen Religionsquelle seyn müsse.

Durch den ganzen Unterricht nun, den Jesus seinen Zeitgenossen ertheilte, und welcher zunächst darauf abzielte, die Juden in Absicht ihrer Pflichten aufzuklären, und diese selbstsüchtigen, und gegen alles, was nicht Jude war, feindseelig gesinnten Menschen, zu guten, friedfertigen, duldsamen und wohlwollenden Mitgliedern der grossen Menschenfamilie zu machen; entstand daher eine Religionslehre, welche eines Theils zwar nichts weiter als blosses — freilich hie und da berichtigtes und erweitertes — Judenthum war, andern Theils aber auch zugleich die besten Vorschläge und richtigsten Vorschriften zur Veredlung des Menschen nach Sinn und Wandel enthielt, und obwohl sie von dem unvollkommnen und nur auf äussere Frömmigkeit dringenden mosaischen Sittengesetz ausgieng, dennoch so tief in die geheimsten Falten des menschlichen Herzens eindrang und auf die verborgensten Triebfedern seiner Meinungen hin, berechnet war, daß wir kühn alle Weisen des Erdbodens auffordern können, um sich in Absicht ihrer Sittenlehre, mit dem Sittenlehrer Jesus von Nazareth zu messen; und gewiß wird der Sieg auf Seiten des leztern seyn [z]). In dieser Rücksicht

---

[z]) Ich muß es hier, um allen Misverständnissen vorzubeugen, erinnern, daß ich gar nicht von der Sittenlehre als System rede; denn ein System der Moral hat Christus nie aufgestellt. Daher man auch in seiner Sittenleh-

ſicht ſteht er oben an, und wird ewig als ein Stern der erſten Gröſſe unter den Aufklärern und Beglückern der Menſch-

tenlehre keinen lezten Imperatif der Sittlichkeit oder ſonſt einen lezten Grundſaz, der für die Moral, als philoſophiſche Wiſſenſchaft betrachtet, tauglich ſeyn könnte, ſuchen muß. Er predigte eine Sittenlehre für Menſchen, das heiſt für vernünftig freye zugleich aber auch ſinnliche Weſen, die vermöge dieſer ihrer gemiſchten Natur, auch einen gemiſchten Zweck, nämlich mit Glückſeeligkeit verbundene Sittlichkeit ſuchen, und nach dieſem Ziele, als dem lezten Ziele ihrer Wünſche ſtreben. Sehr weiſe ſtellte er daher in ſeiner Sittenlehre, wie auch ſchon Moſes vor ihm gethan hatte, immer die Pflicht als Geſez Gottes auf, zur Befolgung dieſes Geſezes aber ermunterte er durch die wahren Vortheile der Frömmigkeit. Und dieſes kann und wird auch für immer der einzig mögliche Weg bleiben, wie ſolche Weſen, als wir ſind, zur Tugend erzogen werden können, und wie ihnen die Tugend lieb und werth gemacht werden kann. Für die Spekulazion tadle ich freilich dergleichen feine Diſtinktionen, wie die genaue Scheidung zwiſchen dem Pflichtmäſſigen und dem Vortheilhaften iſt, nicht; ſie haben auch ihren ganz ausgemachten ſcientiſiſchen Werth, und führen auf Unterſuchungen, die ſelbſt am Ende von praktiſchem Nuzen ſeyn können: nur glaube ich, irrt derjenige ſehr, welcher ſich überredet, man könne auch in ſolchen Vorträgen von ihnen vollen Gebrauch machen, in welchen wiſſenſchaftliche Form überhaupt an ihrer unrechten Stelle iſt, z. B. beym Volksunterricht. Hier wo Moral nicht ſowohl als Ge-

genſtand

Menschheit glänzen. Ja von dieser Seite, nämlich von Seiten ihrer Sittenlehre betrachtet, ist die Lehre Jesu auch so göttlich und wahr, daß sie nicht blos auf die Bewunderung eines jeden, der es mit der Vervollkommnung seines Geschlechtes redlich meint, sondern auch auf seinen uneingeschränkten Beyfall, ja sogar auf seine willige Annahme, die gegründetesten Ansprüche macht.

Sey es daher auch, daß — wie einige glauben — hie und da in einzelnen Vorstellungsarten in Hinsicht auf die Glaubenslehren des Christenthums, manches uns nicht mehr so deutlich einleuchten und unserer ganzen Denkungsart sich nicht mehr so nahe anschmiegen will, als es jenen Menschen einleuchtete und ihrer Denkungsart als Juden, sich anschmiegte; so wird doch das, was eigentliche Lehre Jesu,

genstand der Spekulazion, sondern vielmehr als Gegenstand der Neigung vorzutragen ist, muß man sich wohl hüten, durch trockne Spekulazionen und wissenschaftliche Distinkzionen, etwas zur blossen Kopfsache zu machen, was mehr als Anlegenheit des Herzens behandelt werden muß; und dieses geschicht gar zu leicht, wenn man sich so sehr an die Unterscheidungssäze einzelner philosophischen Schulen bey der Abhandlung einzelner Materien bindet. Der gemeine Mann, der diese philosophischen Grundsäze nicht kennt, und also auch das Gründliche, welches in solchen feinen Unterschieden liegt, nicht einsehen kann, fühlt gar zu leicht nur das Trockene, was sie immer bey sich führen, und so verfehlt der Lehrer, der nach ihnen seinen Vortrag einrichtet, beinahe jedes Mal, seinen Zweck ganz.

Jefu, neue nur durch ihn bekannt gemachte Wahrheit ist: daß nämlich Gott der liebevolle Vater aller Menschen sey, dessen Wohlgefallen man nur durch möglichstgrösseste Reinigkeit des Sinnes und des Wandels erlangen könne, der ewige Grundsaz jeder wahren und ächtmoralischen Religion seyn und bleiben müssen.

Selbst die Idee von einer Theokratie und einem zu stiftenden Reiche Gottes auf Erden, in welchem man nur durch Tugenden sich das Bürgerrecht erwerben könnte, — gesezt sie wäre auch in Jesu Reden gegründet — ist so erhaben, und hat, wenn man die lokalen Ausmalungen der in demselben zu hoffenden Glückseeligkeit, die Jesus, um seinen Zeitgenossen verständlich zu werden, nothwendig anbringen muste, davon abzieht, mit allen Idealen eines Staates, welche je von Menschen entworfen wurden, die es mit der Vervollkommnung ihres Geschlechts redlich meinten, und deren Herz, warm für das Wohl ihrer Brüder, sich erweitert und zu glänzenden Aussichten auf die künftige Veredlung des Menschengeschlechts emporgehoben fühlte, eine so unverkennbare Aehnlichkeit, daß nur ein gefühlloser und gegen sich und die Menschheit mistrauischer Mensch an derselben Anstoß nehmen kann. — Gewiß, wenn je ein Reformator von Seiten seines Verstandes bewundert und von Seiten seines Herzens geliebt zu werden verdiente, so war es Christus, der Verbesserer des Judenthums und der Stifter des Christenthums. —

So stand dann also die Lehre Jesu in ihrer ersten sehr einfachen aber gewiß auch sehr liebenswürdigen Gestalt da.
Sie

Sie bestand, wenn man das was Jesus als neue Wahrheit bekannt gemacht hatte, blos rechnet, ihrem theoretischen Theil nach aus den wenigen Säzen: Gott ist der liebevolle Vater aller Menschen; Jesus Christus ist sein Sohn sein Vertrauter, den er auf die Erde gesandt hat, um die Menschen zu belehren und zu beglücken. Dieses aber kann nur — und dieses war ihr praktischer Theil — dann geschehen, wenn die Menschen Folgsamkeit gegen ihn ihren Lehrer beweisen, und ihren Sinn und Wandel seinen Vorschriften gemäß einrichten *). Die übrigen nähern Bestimmungen, von der wahren Natur und Beschaffenheit der übersinnlichen Gegenstände, an welche jede Religion glauben heist, und auf welchen jede Religion beruht, sezte Jesus als bekannt aus dem Judenthum voraus, und ließ es hierin also beim Alten.

Auf Jesum folgten die Apostel. Sie alle waren, wie bekannt, bis auf den Paulus, unmittelbare Schüler Jesu gewesen, und hatten, wie man nicht läugnen kann, den eigentlichen Geist seiner Lehre gefaßt. Im Ganzen blieben sie derselben völlig getreu, nur freilich daß Zeit und Umstände sie bisweilen nöthigten, bald einige Einschränkungen

---

*) Gewissermaaßen hat Jesus dieses selbst, als den Hauptinnhalt seiner ganzen Lehre angegeben, in den Worten Joh, 17, 3. das ist das ewige Leben (das ist der Weg zur wahren dauerhaften Glückseligkeit) daß sie dich, den einigen wahren Gott, und den du gesandt hast Jesum Christum, erkennen.

kungen bald einige Erweiterungen mit der ursprünglichen Lehre ihres Herrn und Meisters vorzunehmen.

Jedoch geschah dieses alles, wie ja niemand glauben darf, gar nicht gegen seinen Willen; nein, vielmehr hatte Christus selbst schon ehemals seinen Aposteln zu verstehen gegeben, daß sie dergleichen Erweiterungen mit seiner Lehre vornehmen würden, und auch ohne Besorgniß vornehmen könnten [*]).

Da nun aber, wie schon erinnert worden, die Sittenlehre, welche Jesus predigte, so vollständig und in gewisser Absicht vollendet war, daß hier seinen Nachfolgern nicht viel mehr übrig blieb, als, das was er schon gesagt hatte, zu wiederholen, und etwan mit nähern Bestimmungen auf besondere Fälle anzuwenden; auch in diesem Theile der Religionslehre überhaupt mehr Uebereinstimmung unter den Menschen herrscht, und sich die Begriffe der verschiedensten Menschen hier auf eine sehr auffallende Art einander nähern: so läßt sichs schon im voraus abnehmen, daß diese Erweiterungen, welche die Apostel mit der Lehre Christi vornahmen, mehr den theoretischen als praktischen Theil, mehr die Glaubenslehre als die Sittenlehre derselben betroffen haben werden. — Und dieses war denn auch wirklich der Fall.

Zwey von den ersten Predigern des Christenthums nach Christo oder von den Aposteln, erweiterten die Glaubenslehre

---

[*]) Dieses liegt sehr deutlich z. B. in der Stelle Joh. XVI, 12, 13, 14.

Lehre oder den theoretischen Theil der christlichen Religion, wie wir aus ihren Schriften sehen, merklich. Beide waren jedoch hierzu, sowohl durch die Kenntnisse, welche sie besaßen, als auch durch die Umstände, welche eintraten, vollkommen berechtigt.

Johannes, der Lieblingsschüler Jesu, sein Freund und Vertrauter, war, ehe er zu Jesu kam, höchstwahrscheinlich ein Schüler Johannes des Täufers gewesen [1], und hatte, da Johannes ein Priestersohn war, in dessen Schule gewiß eine Art von gelehrter Bildung bekommen, durch welche er in den Stand gesezt wurde, eher als die übrigen Apostel, die bey Jesu sich mehr zu Volkslehrern als zu Theologen gebildet hatten, sich über den theoretischen Theil des Christenthums näher zu erklären: er nahm es daher über sich, die Lehre von Jesu höherer Natur näher auseinander zu sezen [2], und nachmals auch gegen

---

[1] Joh. 1, 27—32. wo der Jünger, welcher nicht genannt wird, höchst wahrscheinlich Johannes ist.

[2] Dieses thut er in seinem Evangelium. Ueber die nähere Veranlassung, welche er hatte, dasselbe zu schreiben, läßt sich hier, wo ich mich überhaupt der Kürze befleißigen muß, nichts ausführliches sagen. Es thut auch gerade hier nichts zur Sache, welchen Zweck des Evangeliums Johannis, man annimmt; soviel indessen glaube ich mit Sicherheit behaupten zu können, daß er kein polemischer gewesen sey. Ich werde überdem Gelegenheit haben, mich über diese Materie, ausführlich in dem zweyten Theil der Schriften des Johannes, der sobald als möglich erscheinen soll, näher zu erklären.

Gegner zu vertheidigen [1]). Bey dieser Auseinandersezung gieng er ganz in die jüdische Theologie zurück, und schöpfte aus derselben seine Lehre vom λογος als Θεος, oder wie er auch von jüdischen Skribenten genannt wird, als Θεος δευτερος [2]). Dieser Zusaz war aber keinesweges eine Verfälschung, sondern nur eine Erweiterung oder vielmehr eine gelehrte Dedukzion der von Christo selbst schon vorgetragenen Lehre von seiner höhern Natur, bey welcher Johannes in die jüdische Theologie zurückgieng, und aus ihr die ausführliche Vorstellung von dem Θεος δευτερος zum Christenthum herübernahm. Denn daß Christus selbst von sich behauptet habe, er sey ein höheres Wesen, ja daß er selbst, wiewohl ohne sich der Kunstausdrücke der jüdischen Theologie zu bedienen, sich für dasselbe Wesen ausgegeben habe, welches die jüdischen Theologen den Θεος oder den Θεος δευτερος nannten, ist ausser allem Zweifel, sobald man die Behauptungen Jesu von sich: daß er vor Abraham da gewesen [3]); daß er dem Abraham erschienen sey [4]); daß er bey Gott im Himmel sich

---

[1]) Dieses thut er offenbar in s. ersten Brief.

[2]) Eine ausführliche Untersuchung über diesen λογος als Θεος oder Θεος δευτερος, wird unten bey der Lehre des Dialogus cum Tryphone vorkommen; daher ich hier, um nicht eine Sache zweymal zu schreiben und dadurch das Werk unnüz zu vergrössern, auf sie verweise.

[3]) Joh. VIII, 1. 58.

[4]) Joh. VIII, 56. Diese Stelle, über welche die Ausleger soviel gestritten haben, erhält ein sehr helles Licht, eben aus der jüdischen Lehre vom Θεος δευτερος, denn

Christus und seine Apostel.

sich befunden ¹); daß er droben von ihm alles das gelernt, was er hier auf Erden vortrage ²); daß er nichts weiter rede, als was er dort oben, von Gott, gehört und gelernt habe ³), mit der Lehre der jüdischen Theologie von diesem Θεος zusammenhält.

Der zweite Apostel, welcher die Religionstheorie des Christenthums in seinen Schriften merklich mit Zusäzen bereicherte, war Paulus. Er war ehe er zum Christenthum übertrat, ein jüdischer Gelehrter, und — welches man bey ihm nie vergessen muß — nicht ein eigentlicher Schüler Jesu gewesen; sondern hatte den berühmten und hellbenkenden Gamaliel zum Lehrer gehabt. Seine Schriften zeugen, daß es ihm weder an Scharfsinn eine Sache zu fassen, noch auch an der Geschicklichkeit sie vorzutragen, gefehlt habe; vielmehr war er der scharfsinnigste und beredteste unter allen Aposteln.

Diejenige Lehre, welche man vorzüglich als einen von ihm gemachten Zusaz oder als eine Erweiterung der christlichen Religionstheorie ansehen kann, war seine Lehre vom Glauben an Jesum Christum. Christus selbst hatte nie in seinen Reden von einem Glauben an sich,

---

von diesem wird behauptet, daß er eben derjenige sey, welcher dem Abraham, Isaak und Jakob erschienen sey. Siehe unten beym Dialogus cum Tryphone die Lehre vom λογος als Θεος δευτερος.

¹) Joh. VI, 38.
²) Joh. VIII, 26.
³) Joh. VIII, 28.

sich, als ein Opfer für die Sünden der Welt, etwas gesagt, alles was er von seinen Zuhörern verlangte, war Glaube an ihn, als einen von Gott gesandten Lehrer; selbst — welches merkwürdig ist — in den ausführlichen Unterredungen, wo er sich mit seinen Jüngern absichtlich von dem Zweck seines Todes unterhält *), kommt nichts von der Art vor. Blos die Einsezungsworte des Abendmahls scheinen dergleichen etwas zu enthalten; und es ist auch ausgemacht, daß, wenn die Ausdrücke, auf welche hier alles ankommt, nämlich die Worte: **zur Vergebung der Sünden**, in allen vier Stellen, in welchen diese Einsezungsworte enthalten sind, Matth. 26, 26. ff. Marc. 14, 22. ff. Luc. 22, 19. 1 Cor. 11, 23. ff. stünden, man wenigstens dem ersten Anscheine nach, in ihnen die Lehre von Jesu Tod als einem Opfer für die Sünden, als von ihm selbst vorgetragen, finden könnte. Allein, da nur der einzige Matthäus sie hat, und selbst Paulus nicht, der durch die Worte: εγω γαρ παρελαβον απο του Κυριου ὁ και παρεδωκα ὑμιν, doch wohl wenigstens soviel anzeigen will, daß er hier sehr genau verfahre, und die selbsteigenen Worte Jesu, anführe, — wobey man mit Recht voraussezen kann, daß er sich genau darnach erkundiget haben werde, welches Jesu Worte bey der Einsezung des Abendmahls denn eigentlich gewesen seyen —: so ist dieser einzelne Ausdruck, der sich überdem, noch gar wohl anders erklären läßt, offenbar nicht hinreichend, daß man auf ihm allein, die Behauptung gründen wolte, **Jesus selbst habe die Lehre, von seinem Tode als einem Opfertod für die Sünden der Menschen, vorgetra**-
gen

*) Joh. XV, 18. — Kap. XVII, 26.

gen *), da in allen seinen übrigen Reden nichts von demselben vorkommt.

Uebrigens hatte aber Jesus auch nicht die nähere Veranlassung, welche den Paulus bewog, die Lehre vom Tode Jesu gerade so vorzustellen, und derselben diese ganz eigne Wendung zu geben.

Jesus beschäftigte sich während seines Lebens auf dieser Erde, eigentlich nur mit dem Unterrichte der Juden, welche

---

*) Ich muß hier eine Bemerkung machen, sowohl um mich selbst gegen jeden ungegründeten Verdacht zu sichern, als auch, um den Leser auf den eigentlichen Punkt der Untersuchung aufmerksam zu machen, und auch bey ihm allem zu raschen Aburtheilen über Wahrheit oder Falschheit der Lehre, von welcher hier die Rede ist, vorzubeugen. Daraus, daß Jesus selbst diese Lehre nicht vorgetragen hat, folgt noch gar nicht, daß sie auch nicht wahr sey; denn vorausgesetzt, daß es mit der Lehre von der Inspiration der Apostel seine Richtigkeit hat, — welches zu untersuchen hier ganz am unrechten Orte wäre —; so ist, da sich in Jesu Reden nichts findet, was dieser Lehre widerspräche, dieselbe für eine von denen Lehren zu halten, die der verheissene Paraklet den Aposteln erst bekannt machte, und von welchen Jesus schwieg, weil seine Jünger noch nicht reif für dergleichen schwerere Lehren wären.

welche zu belehren er auch, wie er selbst sagt, nur gesandt war [1]), und auf welche er sich mit seinem Unterricht daher größtentheils einschränkte. Seinen Jüngern gab er jedoch bey seinem Hinwegscheiden von dieser Erde, den Befehl, daß sie ausgehen, seine Lehre auch ausserhalb dem jüdischen Lande verkündigen, und sie überhaupt jedem predigen möchten, der sie hören wollte.

Paulus machte nun, da er zum Christenthum übergetreten war, — höchstwahrscheinlich durch die harten Verfolgungen, welche er sowohl [2]), als auch die Christen, um seinetwillen [3]), so lange er in Palästina war, von den Juden erdulden musten —, es vorzüglich zu seinem Geschäfte, das Christenthum ausserhalb Palästina, und zwar unter den Heiden, zu verkündigen, und diese zu Anhängern Jesu zu machen. Er war hierin auch nicht unglücklich, sondern bekehrte mehrere von den Heiden zum Christenthum. Diese Heidenchristen wurden aber von den Judenchristen, und zwar vornämlich von denen, die zur Sekte der Pharisäer gehörten [4]), beständig verachtet, ja diese wollten sie sogar unter keiner andern Bedingung für ihre Brüder und für Theilhaber an der durchs Christenthum zu hoffenden Glückseeligkeit anerkennen, als wenn sie sich beschneiden liessen und das mosaische Ceremoniengesez beobachteten [5]). Denn immer noch hiengen die Juden

[1]) Matth. XV, 24.
[2]) Apostelges. IX, 24, 30.
[3]) Apostelges. IV, 5.
[4]) Apostelges. IX, 32.
[5]) Apostelges. XV, 5.

denchristen an dem alten jüdischen Vorurtheil, daß man ein Sohn Abrahams der Geburth nach, oder wenigstens durch die Beschneidung in seine Familie aufgenommen seyn müsse, um der Gottheit angenehm und ihrer Seegnungen theilhaftig zu werden.

Wie die Apostelgeschichte lehrt, so gieng diese Hartnäckigkeit der Judenchristen in Verachtung der Heidenchristen so weit, daß sie sogar läugneten, daß das Christenthum für die Heiden bestimmt wäre [1]) und es z. B. dem Apostel Petrus sehr übel nahmen, daß er es einer heidnischen Familie geprediget und den Cornelius nebst seiner Familie zu Christen angenommen hatte. Indessen, vornämlich Petrus brachte es durch sein Ansehen bey den andern Aposteln und den übrigen Judenchristen in Jerusalem endlich so weit [2]), daß man von diesen strengen Forderungen nachließ, und es sowohl für erlaubt hielt, daß den Heiden das Christenthum geprediget würde, als auch, daß man nicht mehr die Beobachtung der Beschneidung und des mosaischen Ceremoniendienstes, von den Heidenchristen verlangte. Einen gewissen Stolz scheinen jedoch die Judenchristen noch lange Zeit hindurch in ihrem Betragen gegen die Heidenchristen geäussert zu haben.

Diesen Anmaassungen der Judenchristen und dem Joche, welches sie den Heidenchristen durch die Beobachtung des mosaischen Ceremoniendienstes auflegen wolten, stellte

---

[1]) Apostelges. XI, 1. ff. insbesondere auch Kap. XIII, 44—50.

[2]) Apostelges. XV, 7. ff.

stellte nun Paulus seine Lehre von dem Tode Jesu als einem Opfertod für die Sünden der Menschen, und von dem Glauben an ihn den gestorbenen Erlöser, als an ein Sühnopfer für die Sünden der Welt, entgegen. Welche ganze Lehre auf weiter nichts abzweckte, als die völlige Entbehrlichkeit des ganzen mosaischen Ceremoniengesezes für die Christen zu beweisen, und darzuthun, daß man nun, nachdem Jesus Christus für die Sünden der Menschen wäre geopfert worden, es gar nicht mehr nöthig hätte, die alttestamentlichen Gebräuche, dergleichen die Beschneidung und der ganze mosaische Ceremoniendienst wären, zu beobachten, weil eben durch Jesu Tod dies überflüssig gemacht wäre.

Sehr sinnreich stellte er diese seine ganze Theorie so auf, daß ihre Hauptmomente ohngefähr folgende waren.

Das Gesez (als buchstäblich durch Mosen gegebene Vorschrift) ist offenbar nicht gegeben worden, damit die Menschen durch Beobachtung desselben glücklich würden, denn Niemand kann es beobachten [1], und von niemand wird auch nur gesagt, daß er es beobachtet hätte, also kann auch niemand durch dasselbe glücklich werden, und selbst die grössesten Helden in der Tugend wurden nicht durch dasselbe, wie das A. T. ausdrücklich sagt, glücklich [2]. Vielmehr war Glaube von jeher der einzige Weg, auf dem sie, bey ihrer mangelhaften Tugend, des Wohlgefallens Gottes

---

[1] Dieses geben die Stellen Römer VII, 7—24. Römer III, 19, 20.

[2] Römer IV, 2, 8.

Gottes theilhaftig wurden ¹). Mithin gab denn auch das mosaische Gesez denen die es hatten, vor den andern die es nicht hatten, keinen Vorzug, denn ganz vollkommen wurden sie dadurch nicht und wenn blos nach demselben ihre Glückseeligkeit entschieden werden solte, so würden sie nach diesem Gesez eben so gut von Gott verdammt werden, als die, welche es nicht haben, von Gott wegen ihrer Vergehungen verdammet werden ²). — Das mosaische Gesez muste mithin einen andern Zweck haben, es war der Erzieher auf Christum ³), d. h. Gott gab den Nachkommen Abrahams diese strengen Vorschriften, um sie bis auf die Zeit, wenn der Messias erschien, im Zaum zu halten und vor der Abgötterey zu sichern, zugleich aber auch um sie auf das, was durch Christum geschehen solte, nämlich die Erlösung der Menschen, durch den ganzen Ceremoniendienst, der diese Erlösung abbildete, vorzubereiten. Izt da dieser Erlöser gekommen ist, fällt das Gesez als mosaische Vorschrift weg, und blos Glaube an Jesum, als den erschienenen Heiland, ist nöthig um glücklich zu werden. Dieser Glaube an J. Christum den Paulus fordert, ist nun sichtbar ein Glaube an ihn als ein Sühnopfer für die Sünden der Menschen *), bey welchem der

---

¹) Römer IV, 9. ff.

²) Römer II, 11, 12.

³) Gal. III, 23.

*) Römer II, 25. III, 21. V, 6, 9, 18, 19. VIII, 3, 4, 5. Galat. I, 4. III, 13. Ephes. II, 13, 18. 2. Timoth. II, 5.

Glaube, den der Jude an das Sühnopfer, welches er für seine Sünden darbrachte, und welchem seine Sünden aufgelegt waren, das auch durch seinen Tod für die Sünden dessen, der es darbrachte, büste, haben muste, sichtbar zum Grunde gelegt wird.

Sehr richtig und — im Fall dieser Brief nicht von Paulus seyn solte, — doch ganz im Geiste des Apostels, wird daher auch im Briefe an die Hebräer [1]) eben aus dieser Theorie vom Glauben noch insbesondere die Nichtigkeit des ganzen Opferdienstes für die Zeiten, da Christus schon erschienen war, auf folgende Art gefolgert: Christus war das grosse Opfer für die Sünden aller Menschen, welches den ganzen Opferdienst, der nur ein Vorbild auf ihn gewesen war, schloß, zulezt opferte sich der Hohepriester selbst; er starb und bewirkte dadurch eine immerwährende Vergebung. Neue Opfer sind nun nicht mehr nöthig, sondern jeder darf nur an ihn als ein Opfer auch für seine Sünden glauben; so erlangt er durch ihn Vergebung.

Offen-

---

[1]) Die Sache mit der Aechtheit des Briefes an die Hebräer, mag sich verhalten, wie sie will; so bleibt doch, wie mir es scheint, immer das richtigste Urtheil über denselben, wohl dasjenige, was schon zum Theil Origenes fällte: die Gedanken sind des Apostels. Mögen daher auch die Worte vielleicht von einem Andern herrühren —; genug, sein Sinn war das, was in dem Briefe steht.

Offenbar steht diese ganze Theorie jenen Forderungen, welche die Judenchristen an die Heidenchristen machten, gerade entgegen. Denn im Christenthum ist nun nichts mehr als dieser Glaube an Jesum Christum nöthig, um all' der Vortheile, die ehemals Beschneidung und der ganze Ceremoniendienst dem Juden brachten, theilhaftig zu werden. Eben daher darf man denn auch nicht die Verbindung einer solchen Lehre mit dem Christenthum als eine Verfälschung desselben ansehen; denn Paulus stellt sie nur den jüdischen Behauptungen entgegen, und bedient sich ihrer auch zu weiter keinem andern als bloß zu dem polemischen Zweck: um die jüdischen Behauptungen von der Unentbehrlichkeit der Beschneidung und des Ceremoniendienstes für die Heidenchristen zu widerlegen. Daher man auch nicht findet, daß dieselbe von den übrigen Aposteln, — ausgenommen von Petrus, der aber auch mit Paulo in dem nämlichen Falle war, denn er hatte mit den Judenchristen Streit wegen der Heidenchristen, Apost. Ges. 11, 1. ff. — oder von allen Lehrern der frühern Zeit, wie sich dieses auch bey der Untersuchung über ihre Lehren und Schriften sehr deutlich zeigen wird, stark wäre getrieben worden. Wer noch auf sie sich bisweilen etwas weitläuftiger einließ, das waren Christen, die zum Christenthum aus dem Judenthum übertraten. Diese waren auch nur im Stande sie zu verstehen; aber die Heidenchristen achteten auf sie wenig oder gar nicht, höchstens bediente man sich ihrer beim Polemisiren gegen die Juden. — Ein sicherer Beweis, daß man sie in den frühesten Zeiten nicht zur Hauptsache der Lehre Jesu gerechnet habe.

Die übrigen Apostel haben nun, wie ihre Schriften zeugen, nichts Merkliches zur Erweiterung der christlichen Religionstheorie beigetragen, und, wie man sieht, so war es auch gar nicht ihre Absicht, hierin weiter zu gehen als Christus gegangen war, oder irgend einen Theil der christlichen Glaubenslehre weiter auszuführen und näher zu bestimmen. Daher denn auch ihre Lehre für uns hier nicht weiter merkwürdig ist.

Die apostolischen Väter.

So war nun das Christenthum beschaffen, als es aus den Händen Jesu und seiner Schüler kam. Es war eine Religion, die immer noch nichts weiter als ein geläutertes Judenthum genannt werden konnte, und welcher man ihre ursprüngliche Quelle auch noch sehr deutlich ansah.

Während des ganzen ersten und dem Anfange des zweiten Jahrhunderts, veränderte dasselbe, wie wir mit Gewißheit behaupten können, beinahe gar nicht seine Gestalt: denn theils war niemand da, der viel für die Erweiterung des theoretischen Theils desselben hätte thun können; theils machten auch die Umstände dergleichen Zusäze gar nicht nothwendig.

Gelehrte Juden und Heiden, deren Neigung zu gelehrten Spekulazionen sie etwan auf den Gedanken gebracht hätte, die christliche Religionstheorie weiter auszubilden, waren zu demselben noch nicht übergetreten; und die Irrlehrer, welche sich fanden, konnten aus den schon vorhandenen apostolischen Schriften hinlänglich widerlegt werden: daher fühlte denn niemand weder ein inneres noch äusseres Bedürfniß, sehr weit über die einmal abgesteckten Gränzen hinaus zu gehen.

Daß dieses nun wirklich so der Fall gewesen seyn, und die christliche Religionstheorie in den unmittelbar auf die Apostel folgenden Zeiten, nämlich während dem ersten und dem Anfange des zweiten Jahrhunderts, keine merklichen Erweiterungen und Zusäze erhalten haben müsse; kann man, wenn man auch keine von den Schriften, welche als aus jener Zeit herrührend, bisweilen angenommen werden, für ächte Schriften gelten lassen will, schon daraus sehr deutlich abnehmen: daß nach der ersten Hälfte des zweiten Jahrhunderts, aus welcher Zeit wir anerkannt ächte Schriften, zum Beyspiel die Schriften Justin des Märtyrers und Anderer haben, die Lehre des Christenthums eben um weiter nichts ausgebildeter war, als sie die Apostel in ihren Schriften ihren Nachfolgern überliefert hatten. Denn, wie man sehr deutlich sieht, fangen diese Schriftsteller gerade da an, wo die Apostel es mit der christlichen Religionstheorie gelassen hatten; mithin muß während des ganzen Zeitraums vom Ende des ersten Jahrhunderts bis über die Mitte des zweiten hinaus, wenigstens nichts Bedeutendes für die Erweiterung derselben gethan worden seyn.

Das nämliche bestätigt sich aber auch, wenn man die wenigen Ueberbleibsel, welche uns als von viris apostolicis herrührend, überliefert worden sind, als ächt annimmt.

Denn wenn man die ganze Sammlung von Schriften durchgeht, die unter dem Titel scripta SS. Patrum apostolicorum bekannt sind, und die z. B. Cotelerius zusammen

sammen herausgegeben hat*) und das, was offenbar unächt und untergeschoben ist, davon abzieht ᵃ); so haben
die übrigen Schriften alle für die Dogmengeschichte keinen
erheblichen Werth, weil die Verfasser derselben beinahe in
keinem Stück der christlichen Religionstheorie, um einen
Schritt weiter gehen, als die Apostel schon selbst gegangen
waren. Fast jede einzelne Schrift wiederholt nur dasjenige,
was schon irgend ein Apostel entweder in einer oder in
mehrern von seinen Schriften gesagt hatte, freilich mit
andern Worten, oft auch anders zusammengestellt, hie
und da auch mit kabbalistischen und allegorischen Erläuterungen verbremt und ausgeschmückt; aber die Lehre selbst
rückt im Grunde um keinen Schritt weiter fort.

Blos der Vortrag wurde während dieses Zeitraums
etwas gekünstelter und eben dadurch dunkler und unver-
ständlicher, und dieses ist auch das einzige, wodurch sich
die Schriften der Patrum apostolicorum von den Schriften der Apostel — freilich zu ihrem grossen Nachtheil —
unterscheiden.

Die Schriften selbst, welche man uns als von den
viris apostolicis herrührend überliefert hat, werden nun
zwar

---

*) SS. Patrum, qui temporibus Apostolicis floruerunt,
opera edid. I. B. Cotelerius. Antwerpiae 1698. To-
mi II. Dieses ist auch diejenige Ausgabe, deren ich
mich bey der Ausarbeitung dieses ganzen Abschnitts,
von den apostolischen Kirchenvätern, bedient habe; daher alle Citate, die man in diesem Abschnitte findet, auf sie hinweisen.

zwar von den mehresten neuern Gelehrten, gröstentheils als ausgemacht unächt verworfen, von einigen, z. B. von den Canonibus und Conſtitutionibus apoſtolorum und andern, läſt ſich dieſes auch ſehr deutlich darthun, von andern hingegen iſt es wohl nicht ſo ausgemacht, als man bisweilen glaubt. Daher wenigſtens dieſe leztern hier ausführlich angezeigt zu werden verdienen, und der Geiſt, welcher in ihnen herrſcht, kenntlich gemacht werden muß.

Die erſte Schrift dieſer Art iſt

Der Brief des Barnabas [1].

Man hat von jeher sehr viel darüber gestritten, welchem Barnabas dieser Brief beigelegt werden solle, ob demjenigen, dessen als eines Christen schon im Neuen Testament Erwähnung geschieht [2], und welcher nach der Apostelgeschichte schon frühe ein Freund des Apostels Paulus [3], nachmals auf seinen Reisen sein Gefährter und sein Gehülfe bey der Predigt des Evangeliums war [4], zulezt jedoch sich mit ihm entzweite und den Apostel verließ [5]; oder einem andern Manne gleiches Namens, welcher erst nach der Apostel Zeiten, vielleicht am Anfange des zweiten Jahrhunderts nach Christi Geburt, gelebt haben mag. Die neuern Gelehrten, sind gröstentheils der leztern Meinung zugethan [6]. Indessen ich sehe mich durch

Gründe

---

[1] Die gewöhnliche Ueberschrift ist τοῦ ἁγίου Βαρναβα τοῦ Ἀποστολου Ἐπιστολη καθολικη. Wer einigermaaßen weiß, wie überhaupt die Sache mit den Ueberschriften steht, der wird aus ihr nichts schliessen wollen.

[2] z. B. Apostelgesch. IV, 13.

[3] Apostelgesch. IX, 27.

[4] Apostelgesch. XI, 26. XIII, 2. ff.

[5] Apostelgesch. XIV, 39, 40.

[6] Der gelehrte Herr D. J. G. Rosenmüller scheint in seiner Historia interpretationis librorum sacrorum,

Gründe genöthigt, mich für eine dritte Meinung zu erklären, und unsern Brief für vollkommen unächt zu halten,

Pars I. Hildburghufae 1795, jedoch der erſtern Meinung zugethan zu ſeyn, nach welcher, Barnabas der Gefährte des Apoſtels Paulus, für den Verfaſſer dieſes Briefes gehalten wird, p. 42. ſagt er: Veteres eam adſcripſerunt Barnabae, familiari atque comiti Apoſtoli Pauli; alii vero de auctore dubitarunt. Recentiorum pauci eam pro genuino foetu Barnabae habent; plerique incerti auctoris eſſe exiſtimant *). Qui eam reiiciunt, ii offenduntur ſacrorum oraculorum interpretationibus, quas ea continet, nec perſuadere ſibi poſſunt, a viro tantae auctoritatis, cuius toties libri ſacri meminerint, quique ſemper Pauli comes fuerit individuus, et ipſe quoque unus e minoribus Apoſtolis, ſic potuiſſe capi ſacrae ſcripturae loca. Sed neſcio an ſatis recte ita iudicent viri docti. Qui enim proximis temporibus vixerunt, *Clemens Alexandrinus*, *Origenes*, *Eusebius* et alii, non tantum laudarunt hanc epiſtolam, ſed etiam nominatim *Apoſtolici*, et *Apoſtoli* Barnabae nomine laudarunt, quamvis dubitaverint, an ea inter canonicas ſcripturas recte referenda eſſet nec ne? (vid. veterum teſtimonia de Epiſt. S. Barnabae in Cotelerii editione).

*) vid. *Cotelerii* SS. Patrum, qui temporibus apoſtolicis floruerunt — opera. Antwerpae 1698. Tom. I. *Gallandi* Biblioth. veterum Patrum. Venet. 1765. Tom. I. Köſlers Biblioth. der Kirchenväter. Band I.

ten, und zu glauben: daß ein Alexandrinischer Judenchrist im Anfange des zweiten Jahrhunderts diesen Brief im Namen des Barnabas, welcher der Begleiter Pauli war, untergeschoben habe. Die Gründe, welche mich für diese Meinnng bestimmen, sind folgende.

1) Der Brief bezieht sich, wie man sehr deutlich sieht, noch auf den fortdauernden jüdischen Gottesdienst, der als noch nicht aufgehoben und durch Jerusalems Zerstörung geendiget, vorgestellt wird *). Also im Namen jenes Barnabas, der zu den frühesten Zeiten des Christenthums, als Jerusalem und der Tempel noch stand, ist er wenigstens geschrieben worden.

2) Aber jener Barnabas selbst, kann ihn wohl schwerlich geschrieben haben, denn unser Verfasser weicht, so sehr er auch übrigens mit den Grundsäzen des Apostels Paulus übereinstimmt, dennoch von dem Vortrage, der in den Schriften, nicht blos dieses Apostels, sondern auch überhaupt aller Schriftsteller aus dem apostolischen Zeitalter herrscht, so weit ab; daß ich mich
nie

tione). Videndum igitur esset, an recte faciant ii, qui post tot secula ob caussas magis dogmaticas, quam criticas et historicas reiiciant epistolam, quam, qui proxima aetate vixerunt, Barnabae adscripserunt?

*) Man vergleiche z. B. S. 48 das ganze 18 Kapitel, schwerlich würde der Verfasser so geschrieben haben, wenn er nicht den Tempel als noch stehend, voraussezte.

nie werde überreden können, Barnabas der Begleiter und beständige Gefährte des Paulus, der noch dazu
einer von den 70 Jüngern Jesu, also ein paläſtinen-
fiſcher Jude geweſen ſeyn ſoll, habe dieſen Brief ge-
ſchrieben. Der ganze Brief iſt nämlich ein Gewebe von
lauter, ſo weit als möglich ausgeſponnenen Allegorien,
und alexandriniſchen und kabbaliſtiſchen Grillen, wobey
noch überdem die Gnoſis — und zwar gerade die
alexandriniſche Gnoſis, welcher nachher Clemens ſo
eifrig anhieng, und die gröſtentheils im Allegoriſiren
und Myſtiſiren beſtand — immer als die geheimſte und
erhabenſte Wiſſenſchaft gerühmt wird ^{1}).

Dieſes

---

^{1}) Wer für dieſes alles einzelne Beweiſe haben wollte,
wiewohl beinahe jede Periode des Briefes als Beweis
in dieſem Falle gelten kann, dem wird wahrſcheinlich
an folgender Probe genügen. Am Schluſſe des IX.
Kapitels p. m. 28 f. findet Barnabas in der Zahl der
318 Mannsperſonen, die Abraham nach 1 Moſ. 17
beſchnitt, einen deutlichen Wink auf Jeſum. Er ſpricht:
„die Schrift erzählt, daß Abraham von ſeinen Haus-
„genoſſen 318 beſchnitten habe, was wurde ihm nun
„hiedurch für ein geheimer Aufſchluß ($\gamma\nu\omega\sigma\iota\varsigma$) gegeben?
„Lernet; zuerſt 10 und 8, dann 300, 10 und 8 wer-
„den aber alſo ausgedruckt: 10 durch ι und 8 durch η;
„hier haben wir Jeſum ($I\eta\sigma o\upsilon\nu$). Das Kreuz im T.
„(welches 300 bedeutet) zeigt an, daß wir durch ihn
„Gnade erlangen ſollen, daher ſteht noch 300. Durch
„die zwey erſten Buchſtaben wird alſo Jeſus, durch
„den dritten das Kreuz vorgeſtellt." Am Ende ſezt er
noch hinzu, $o\upsilon\delta\varepsilon\iota\varsigma\ \gamma\nu\eta\sigma\iota\omega\tau\varepsilon\rho o\nu\ \varepsilon\mu\alpha\vartheta\varepsilon\nu\ \alpha\pi'\ \varepsilon\mu\alpha$
$\lambda o\gamma o\nu$.

Dieses alles erwecft in mir den Verdacht, daß unser Brief von einem alexandrinischen Judenchristen, der etwan um den Anfang oder die Mitte des zweiten Jahrhunderts gelebt hat, verfertiget worden sey [1]). Womit es denn auch sehr gut übereinstimmt, daß Clemens von Alexandrien, der dieses Briefes zuerst erwähnt, gerade derjenige ist, welcher ihn dem apostolischen Barnabas beilegt,

λογον· αλλα οιδω, οτι αξιοι εστε υμεις. Woraus man sieht, für was für hohe Weisheit, er dieses gehalten haben müsse. Das nun folgende X. Kapitel enthält eine allegorische Erklärung über die Stelle 3 Mos. 11. Aus dieser nur etwas zur Probe. Er sagt unter andern: „Ihr sollt kein Schwein essen, das heist soviel „als ob stünde, ihr sollt euch nicht mit solchen Men„schen einlassen, die den Schweinen gleichen und so „lange sie im Ueberfluß leben, nicht an Gott denken, „wenn aber Mangel eintritt, ihn gar wohl kennen. „So auch das Schwein, wenn es frist, kennt es den „Herrn nicht, hungerts aber, so schreyts, bekommts „Speise, so ists wieder stille." In dieser Manier geht es nun einige Seiten über diese Stelle aus dem Moses fort, bis er wieder zu einer andern Materie kommt, die er dann gleichfalls auf die nämliche Art behandelt. Kurz, durch den ganzen Brief hat das Allegorisiren und Mystisiren kein Ende.

[1]) Späterhin als in diese Zeit dürfen wir die Abfassung unseres Briefes wohl nicht versezen, weil sonst Clemens von Alexandrien ihn wohl schwerlich für eine Schrift des apostolischen Barnabas hätte halten, oder wenigstens doch ausgeben können.

legt. Auch das Zeugnis des Origenes, (gleichfalls eines Alexandriners) erhält hieraus einiges Licht, und die Auktorität beider Zeugen wird — so groß sie auch sonst seyn mag — sobald sie für den Brief des Barnabas auftreten, um ein merkliches geschwächt. Ihre Zeugnisse verdienen jedoch noch eine ausführliche Anzeige.

Clemens von Alexandrien, führt nämlich aus unserm Briefe Stellen an, und sezt ausdrücklich hinzu, daß Barnabas der $\alpha\pi o\sigma\tau o\lambda o\varsigma$ [1]) und $\alpha\pi o\sigma\tau o\lambda\iota\kappa o\varsigma$ dieses sage, welcher einer von den 70 Jüngern und der Gehülfe des Apostels Paulus gewesen sey [2]). Auch Origenes nennt unsern Brief ausdrücklich einen katholischen Brief [3]). Eusebius redet zwar auch von unserm Brief als von diesem Barnabas herrührend [4]), allein er drückt sich doch an einer Stelle über ihn zweifelhaft aus [5]); worinn ihm dann sein getreuer Nachbeter Hieronymus gleichfalls folgt [6]). Indessen dieser spätere Zweifel des Eusebius

---

[1]) Clemens Alex. Stromat. Lib. 2. Edit. Parif. p. 375. B. $\kappa\alpha\iota\ \beta\alpha\rho\nu\alpha\beta\alpha\varsigma\ \dot{o}\ \alpha\pi o\sigma\tau o\lambda o\varsigma$.

[2]) Ibid. p. 410. C. $o\upsilon\ \mu o\iota\ \delta\epsilon\iota\ \pi\lambda\epsilon\iota o\nu\omega\nu\ \lambda o\gamma\omega\nu,\ \pi\alpha\rho\alpha\vartheta\epsilon\mu\epsilon\nu\omega\ \mu\alpha\rho\tau\upsilon\nu\ \tau o\nu\ \alpha\pi o\sigma\tau o\lambda\iota\kappa o\nu\ B\alpha\rho\nu\alpha\beta\alpha\nu\ (\dot{o}\ \delta\epsilon,\ \tau\omega\nu\ \dot{\epsilon}\beta\delta o\mu\eta\kappa o\nu\tau\alpha\ \eta\nu,\ \kappa\alpha\iota\ \sigma\upsilon\nu\epsilon\rho\gamma o\varsigma\ \tau o\upsilon\ \Pi\alpha\upsilon\lambda o\upsilon)$.

[3]) $\gamma\epsilon\gamma\rho\alpha\pi\tau\alpha\iota\ \delta\epsilon\ \eta\ \epsilon\nu\ \tau\eta\ B\alpha\rho\nu\alpha\beta\alpha\ \kappa\alpha\vartheta o\lambda\iota\kappa\eta\ \epsilon\pi\iota\sigma\tau o\lambda\eta$. Lib. I. contra Celfum, fub finem; Edit. Augúft. p. 50.

[4]) Eusebius hift. eccl. Lib. 1. c. 12. und Lib. 2. c. 1.

[5]) Ibid. Lib. 3. c. 19. $\eta\ \Phi\epsilon\rho o\upsilon\mu\epsilon\nu\eta\ B\alpha\rho\nu\alpha\beta\alpha\ \epsilon\pi\iota\sigma\tau o\lambda\eta$.

[6]) Hieronymus, in Comment. ad Ezechielem ad verf. 19.

stius würde hier nichts entscheiden, wenn jene frühern Zeugnisse ganz unverdächtig wären. Allein gegen das Zeugniß des Clemens von Alexandrien, welcher eigentlich der Hauptzeuge ist, — denn ihm ist Origenes nachher gefolgt — entsteht ein sehr starker Verdacht, wenn man bedenkt, daß dem Clemens sehr viel daran gelegen seyn muste, unserm Briefe ein so grosses Ansehen, als es nur immer möglich war, zu verschaffen, da er den Verfasser desselben, als einen Patron der Gnosis, die er, wie bekannt, so eifrig trieb, sehr wohl gebrauchen konnte.

Nimmt man nun gerade die, von mir vorgetragene Meinung von der Unächtheit unseres Briefes an, so ist alles klar, und selbst die Auktorität so wichtiger Zeugen, vermag nicht die Aechtheit desselben zu beweisen; nimmt man diese aber nicht an, so weiß ich nicht, wie man sich die Entstehung dieses Briefes, anders, als daß man glaubt der apostolische Barnabas habe ihn wirklich geschrieben, erklären will. Und auch dann, bliebe noch immer die grosse Schwierigkeit ungehoben, welche daraus entsteht, daß es gar nicht erklärbar ist, wie Barnabas, zu derjenigen Art des Vortrages, welche in seinem Briefe herrscht, gekommen seyn, und wo er sie erlernt haben solte. War er einer von den 70 Jüngern [*]), und also ein palästinensischer Jude, so ist dieses völlig unerklärbar. War er anderswo her, und kurz nach Christi Zeiten erst

zum

---

19. Cap. 43: *et praecipue Barnabae epistola, quae habetur inter scripturas apocryphas.*

[*]) Wofür ihn Clemens Alex. ausgiebt Strom. Lib. 2. p. 410. edit. Parif.

zum Christenthum gekommen und Pauli Gefährte geworden; so würde er sich doch wahrscheinlich auch nach Paulo in seinem Vortrage gebildet haben, allein auch dieses ist gar nicht der Fall. Denn, wenn gleich Paulus nicht selten allegorische Erklärungen einzelner Stellen des A. T. anbringt, auch bisweilen die Allegorie eine Weile lang fortsezt, so ist doch das lange Ausspinnen dieser Allegorien, und das immer fortwährende Allegorisiren, wobey mittelst eines biblischen Spruchs immer eine Allegorie an die andere gereiht wird, so daß das Ganze zulezt nichts als eine zusammenhängende Allegorie ist, von seiner Art des Vortrages ganz verschieden, und offenbar alexandrinisch.

Was den Innhalt unseres Briefes nun noch betrift, so stimmt er ganz mit dem Innhalt vieler paulinischen Briefe überein. Denn Barnabas hat bey Abfassung desselben auch den Zweck gehabt, welchen Paulus beinahe in allen seinen Briefen verfolgte [x]), nämlich zu zeigen:

daß

---

[x]) Ich kann nicht umhin, hier eines falschen Zweifels zu erwähnen, den man gegen die Aechtheit des Briefes des Barnabas auch bisweilen anzubringen pflegt, ihn hat z. B. auch Herr Hänlein in seiner Einleitung ins N. T. Th. 1. S. 74 wiederholt. Hier heißt es: Ein (nämlich dem Barnabas, dem Gefährten Pauli,) zugeschriebener Brief, stand im grösten Ansehen bey der alten Kirche, ob aber der auf uns gekommene Brief des Barnabas der ächte sey, wird mit Recht stark bezweifelt. Keine Stelle des N. T. wird darinnen angeführt, keine Berufung auf Paulus

daß das jüdische Ceremoniengesez nebst dem ganzen Opferdienst gar nicht für die Christen gehöre, sondern durch Christi vollgültiges Opfer abgeschaft sey. Für die Dogmengeschichte ist jedoch diese Schrift gar nicht merkwürdig, — wiewohl sie für den Ausleger des N. T. insbesondere aber der paulinischen Briefe immer höchstmerkwürdig bleibt, und als ein unentbehrliches Hülfsmittel hierbey anzusehen ist —, denn ihr Verfasser sieht mit allen seinen

lus, in der Lehre von der Entbehrlichkeit des mosaischen Gesezes für Christen, darinnen gefunden. Nur zwey Stellen dieses Briefes stimmen mit dem Innhalt des Evang. Matthäi überein, ohne es jedoch zu nennen. Sie können eben so gut aus einem andern Evangelium oder aus Tradition geschöpft seyn. Allein, diese Gründe gegen die Aechtheit des Briefes des Barnabas, den wir haben, möchte ich beinahe Gründe für die Aechtheit desselben nennen. Denn 1) daß kein Buch des N. T. zitirt wird, dieses ist ganz im Geiste der frühern Zeit, wo man entweder die Schriften des N. T. noch nicht hatte, oder wo man sie doch noch gar nicht zu der γραφη oder heil. Schrift zählte, welches bis ins zweite Sekulum geht. 2) Daß Barnabas den Paulus, gesezt, er hätte auch nach ihm geschrieben, gar nicht zitirt, ist wieder ganz den Umständen jener Zeit angemessen; denn Paulus und Barnabas hatten sich ja entzweit — Apostelg. 14, 39. 40. — Mithin möchte man aus diesen Gründen, wohl schwerlich an der Aechtheit des Briefes Barnabä zweifeln können.

nen Behauptungen gerade da wo Paulus stand, und geht auch um keinen Schritt weiter, daher eine ausführliche Inhaltsanzeige derselben hier überflüssig seyn würde [1]).

Bemerkenswerth ist indessen noch der Schluß des Briefes; denn er zeugt sehr deutlich, was man in den damaligen Zeiten, noch immer für die Hauptsache des Christenthums gehalten habe. Der Weg des Lichts (ein bekannter Ausdruck, für: der rechte Weg, der zur wahren Glückseeligkeit führt) ist, nach unserm Verfasser dieser: Liebe deinen Schöpfer (Gott), preise den, der dich vom Unglück errettet hat (Christum); und nun folgen lauter einzelne moralische Vorschriften, die auf Gesinnungen sowohl, als Thaten sich beziehen [2]).

Liebe gegen Gott, Dankbarkeit gegen Jesum, und ein frommer Sinn und Wandel, dieses war damals der Weg des Lichts. Wäre er es doch für immer geblieben!

Eben so wenig merkwürdig als dieser Brief des Barnabas für die Dogmengeschichte war, ist auch für dieselbe

---

[1]) Wem noch daran gelegen seyn solte, mit der innern Oekonomie dieses Briefes d. Barnabas näher bekannt zu werden, ohne daß er es nöthig hätte, die Schrift selbst zu lesen, der wird hinlängliche Befriedigung in D. I. G. Rosenmülleri historia interpretationis librorum sacrorum. Pars 1. p. 47. sq. finden.

[2]) αγαπησεις τον σε ποιησαντα. Δοξαξεις τον σε λυτρωσαμενον, etc. Tom. I. p. 51.

Der erste Brief des Clemens an die Corinthier [1].

Denn er enthält gar keinen weitern Fortschritt in irgend einem Lehrpunkte; sondern ist, sowohl in Absicht des Vortrages als auch der Sachen, eine nur zu sichtbare Nachahmung der paulinischen Briefe.

Hier findet man daher auch alles, gerade so vorgetragen und aufgestellt, wie Paulus es vorzutragen und aufzustellen pflegt. Kurz der ganze Brief ist nichts weiter als paulinische Lehre, gröstentheils sogar mit paulinischen Worten ausgedruckt.

Eben so wie Paulus in mehrern seiner Briefe immer von dem Blute (oder dem blutigen Tode Jesu), als der

---

[1] Die griechische Ueberschrift, wird gewiß Niemand, für vom Clemens herrührend, halten; theils weil dergleichen Ueberschriften — wie bekannt — mehrentheils erst in viel spätern Zeiten verfertigt worden sind, theils weil schon der Ausdruck zeugt, daß sie nicht wohl von ihm herrühren kann. Sie heist Του αγιου Κλημεντος του Ρωμης Επισκοπου, Επιστολη προς Κορινθιους πρωτη, εκ προσωπου της Ρωμαιων εκκλησιας γαρφεισα.

Ursache unserer Glückseeligkeit redet, spricht auch Clemens von demselben [1]); eben so nennt er Jesum selbst, **unsern Hohenpriester** [2]); auch spricht er von ihm **als demjenigen, der von Jakob nach dem Fleisch (als Mensch) herkommt** [3]).

Bey diesen allgemeinen Aeusserungen bleibt er aber auch stehen, und läst sich übrigens auf gar keine weitläuftigere Entwickelung irgend eines Theiles des Dogma von Christo ein. Er nennt ihn auch nie, weder Θεος noch λογος; sondern **sagt bloß daß er von Gott gesandt worden sey** [4]). Ueberhaupt sucht man in diesem Briefe des

[1]) Αντενισωμεν εις το αἱμα του χριστου, καὶ ιδωμεν ὡς εστι τιμιον τω Θεω (αἱμα) αυτου. ὁτι (ich glaube daß man besser, wie ich, punktiren solte. ὁτι als wie Cotelerius hier hat, ὁ, τι, wenigstens paßt es mehr zum Zusammenhang; indessen für den eigentlichen Sinn der Stelle ist beides gleich) δια την ἡμετεραν σωτηριαν εκχυθεν, παντι τω κοσμω μετανοιας χαριν ὑπήνεγκεν. Cap. VII. p. 150. — το αἱμα αυτου εδωκεν ὑπερ ἡμων ὁ χριστος ὁ κυριος ἡμων, εν θεληματι Θεου, καὶ την σαρκα ὑπερ της σαρκος ἡμων, καὶ την ψυχην ὑπερ των ψυχων ἡμων. C. 49. p. 175.

[2]) Αὑτη ἡ ὁδος, αγαπητοι, εν ἡ εὑρομεν το σωτηριον ἡμων Ιησουν χριστον, τον αρχιερεα των προσφηρων ἡμων, τον προστατην καὶ βοηθον της ασθενειας ἡμων. Cap. 26. p. 167.

[3]) εξ αὑτου ὁ κυριος Ιησους το κατα σαρκα. Cap. 32. p. 164.

[4]) Οἱ αποστολοι ἡμιν ευαγγελισθησαν απο του κυριου Ιησου

Die apostolischen Väter.

des Clemens, vergeblich nach bestimmten Aeusserungen über irgend einen theoretischen Lehrsaz des christlichen Glaubens: welches ihm jedoch gar nicht zum Vorwurf gemacht werden kann. Denn die Absicht, warum Clemens schrieb, machte dergleichen gar nicht nothwendig; vielmehr war sie ganz praktisch. Er wolte, wie man sehr deutlich aus dem Innhalte dieses Briefes sieht, gewisse Irrungen, welche in der korinthischen Gemeinde wegen des Amtes oder der Würde eines Aeltesten (επι το ονομα της επισκοπης [1]) entstanden waren, beilegen, deswegen ermahnt er die Leser, aller Aemulation und allem Stolz — welche der Grund ihrer Streitigkeiten waren — zu entsagen, und sich der Liebe, Eintracht, und Demuth aus allen Kräften zu befleissigen. Hierauf zielt der ganze Brief ab, und in der Ausführung dieser Materien ist Clemens sehr vollständig, dahingegen er der Glaubenslehren nur im Vorbeigehen erwähnt.

Was nun noch die Frage über die Aechtheit dieses Briefes betrift; welche auch oft sehr verschieden ist beantwortet

Ιησου χριστου, Ιησους ο χριστος απο του Θεου. Εξεπεμφθη ο χριστος ουν απο του Θεου, και οι αποστολοι απο του χριστου· εγενοντο ουν αμφοτερα ευτακτως εκ θεληματος Θεου. Cap. 42. p. 172.

[1]) Cap. XIV. p. 171. Edit. Coteler. Indessen ist επισκοπος und πρεσβυτερος bey ihm noch immer einerley. Dieses erhellet aus unzähligen Stellen, besonders deutlich wird dieses aber, wenn man Cap. XLIV. p. 171, 72. durchliest.

wortet worden; so kann ich sie nicht anders, als bejahen. Denn ich halte den Clemens von Rom wirklich für den Verfasser desselben. Alles nämlich zeigt auf ihn hin. Innhalt sowohl als Schreibart ist nicht blos ganz dem apostolischen Zeitalter, sondern auch insbesondere ganz einem Schüler des Apostels Paulus (welches Clemens war) angemessen, und an Zeugnissen für seine Aechtheit fehlt es dem Briefe auch nicht. Innere und äussere Gründe sprechen also für ihn.

Freilich glauben einige in ihm ein Paar Stellen zu finden, welche für die spätere Abfassung desselben entscheiden sollen; allein ich habe nach wiederholter aufmerksamer Durchlesung derselben, nichts in ihnen entdecken können, was nicht dem Zeitalter sowohl, in welchem Clemens schrieb, als auch dem Geiste, der damals, insbesondere in der römischen Gemeinde geherrscht haben muß, vollkommen angemessen wäre. Ueber das Jahr jedoch, in welchem dieser Brief geschrieben ist, läßt sich itzt wohl nichts mehr mit Gewißheit bestimmen; soviel erhellet indessen aus dem Briefe selbst, daß er nach dem Märtyrertode des Petrus und Paulus, geschrieben ist [1]).

So unbedeutend indessen dieser erste Brief des Clemens für die Dogmengeschichte ist; so wichtig ist er doch bey der Auslegung der paulinischen Schriften: auch darf man ihn gar nicht, sowohl bey der Untersuchung über die Aechtheit des Briefes Pauli an die Hebräer, als auch bey der

---

[1]) Man vergleiche das 5te Kapitel des Briefes selbst. Coteler. Tom. I. p. 48.

Die apostolischen Väter.

der Erklärung dieses Briefes übersehen, denn mehrere Stellen zeigen sehr deutlich auf denselben hin.

Von diesem Clemens von Rom soll denn auch noch, wie einige wenigstens ehemals glaubten, ein anderer Brief herrühren, er ist überschrieben:

Des heiligen Clemens, Episkopus zu Rom zweiter Brief an die Corinthier [1]

Indessen die Aechtheit desselben, würde ich, abgerechnet die äussern Gründe, welche alle gegen ihn sind [2], schon aus folgenden innern Gründen bezweifeln.

1) Der Brief sieht schon dadurch einer Interpolation ganz ähnlich, daß er gar keiner bestimmten Veranlassung auch nur auf die entfernteste Weise erwähnt [3], um welcher willen er geschrieben worden ist, sich auch gar nicht etwan auf den ersten Brief ausdrücklich bezieht; sondern

---

[1] Του αγιου Κλημεντος του Ρωμαιων Επισκοπου επιστολη προς Κορινθιους δευτερα.

[2] Diese findet man angezeigt, in Cotta Versuch einer Kirchenhistorie des N. T. Th. 1. S. 623 ff.

[3] Obgleich das, was wir von diesem Briefe haben, nur ein Fragment ist; so ist es doch ein sehr beträchtliches Fragment und wäre überhaupt der Brief auf eine bestimmte Veranlassung geschrieben worden; so würde diese Veranlassung doch auch in diesem kenntlich werden müssen.

sondern gerade so unbestimmt dasteht, wie ohngefähr ein Interpolator zu schreiben pflegt, der schon etwas zu weit von den Zeiten desjenigen, in dessen Namen er schreibt, entfernt lebt, um irgend ein bestimmtes Verhältniß angeben zu können, und daher nur immer beim Allgemeinen stehen bleiben muß, um nicht etwan durch einen Verstoß gegen die Zeitumstände sich zu verrathen.

2) Die innre Oekonomie ist zwar im Allgemeinen mit der des ersten Briefes gleich, denn dieser zweite Brief ist eine sichtbare Nachahmung des ersten: allein es findet sich doch hier auch eine sehr merkwürdige und höchst bedenkliche Verschiedenheit. Im ersten Briefe zitirte Clemens gröstentheils immer das A. T., selten kam etwan eine Anspielung auf Stellen des N. T. und zwar nur der Paulinischen Briefe und des Evangeliums des Lukas vor. Hier zitirt er beinahe immer das N. T. und zwar ausserordentlich häufig das Evangelium Matthäi, dessen er dort gar nicht erwähnte. Zudem, welches gleichfalls bedenklich ist, sind seine Citate aus dem N. T. und insbesondere diejenigen, welche er aus Jesu Reden nimmt, alle von der Art, daß, wenn es überhaupt seine Art gewesen wäre, sich häufig aufs N. T. zu berufen, er sich sehr wohl auf sie, da er sie aus dem Lukas den er hatte, kennen mußte, auch bey seinem ersten Brief hätte berufen können, weil sie eben zu jener Materie sehr gut paßen. Für mich liegt in diesem Umstande ein sehr merklicher Wink, daß der Brief aus spätern Zeiten, etwan aus dem Ende des zweiten Jahrhunderts, wo man die neutestamentlichen Schriften auch schon als heilige Schrift zu betrachten anfieng, herrühren

Die apostolischen Väter.

rühren müsse, und wo eben ein christlicher Schriftsteller, um die Auktorität des N. T. desto vester zu begründen, jene erste Epistel des Clemens an die Corinthier, in dieser zweiten nachahmte und alles so viel wie möglich mit Zitaten aus dem N. T. belegte.

Da übrigens der Brief sehr kurz und blos moralischen Innhaltes ist; so darf man hier keine weitläuftigen Ausführungen über Glaubenslehren suchen, daher er für die Dogmengeschichte, selbst wenn man ihn als ächt annimmt, weiter nicht merkwürdig ist. Ein paar Aeusserungen in demselben verdienen jedoch, daß man sie nicht übersehe, sie betreffen das Dogma von Christo. Er nennt Christum Θεος [1] und sagt auch von ihm, daß Christus ehe er Mensch (σαρξ) geworden, πνευμα gewesen sey [2]; sie ist bemerkenswerth, weil, wenn gleich dieser Brief unächt und kein Werk des Clemens von Rom ist, er doch im zweiten Jahrhundert nach Ch. G. verfertigt seyn muß, und diese Aeusserung sehr mit demjenigen übereinstimmt, was ich, wie in der Folge gezeigt werden soll, für die früheste Meinung, die in der christlichen Kirche von Christi höherer Natur geherrscht hat, halte, und welche, wie wir weiter unten sehen werden, auch noch die Meinung

[1] Gleich am Anfange heißt es: αδελφοι, ουτως δει ημας φρονειν περι Ιησου Χριστου, ως περι Θεου, ως περι κριτου ζωντων και νεκρων. Cotel. Tom. I. p. 184.

[2] ὁ Ιησους Χριστος ὁ κυριος, ὁ σωσας ημας, ων μεν το πρωτον πνευμα, εγενετο σαρξ. Cap. IX. p. m. 187.

nung Justin des Märtyrers war; daß nämlich λογος und πνευμα ein und ebendasselbe Subjekt sind. Freilich weiß ich wohl, daß man unsere Stelle auch sehr wohl anders auslegen kann, und gewissermaaßen auch anders auslegen muß, wenn man ihren eigentlichen Sinn angeben will, denn πνευμα steht hier blos dem σαρξ entgegen, und so wie dieses leztere die menschliche Natur anzeigt, muß jenes eine höhere Natur anzeigen; allein bemerkenswerth ist sie doch, wenigstens gehört sie zu denjenigen Stellen, wo Christi höhere Natur ausdrücklich πνευμα genannt wird, und deswegen führe ich sie hier blos an.

Der Pastor¹) des Hermas.

Der Verfasser des Buches heißt Hermas nicht Hermes, wie Cotelerius ²) sehr gründlich und ausführlich gezeigt hat.

Ob dieser Hermas der nämliche sey, welchen Paulus am Ende des Briefes an die Römer C. 16, 14. grüssen läßt, ist nicht mit Gewisheit auszumachen; unwahrscheinlich ists gerade nicht, bewiesen kann es aber auch nicht werden ³).

Soviel

---

¹) ὁ ποιμην wie es die Alten nennen, f. Euseb. hist. eccl. Lib. III. c. 26. und wie die griechische Innschrift wahrscheinlich gelautet hat. Wie bekannt, so ist der griechische Originaltext bis auf einige wenige Fragmente, die sich in andern Schriftstellern finden, verlohren gegangen.

²) Cotelerius Tom. I. p. 73. sqq.

³) Was sich mit Gewisheit in Absicht auf die Zeit, in welcher diese Schrift verfertiget worden ist, behaupten läßt, ist blos dieses: daß sie nach dem Ableben der Apostel verfertiget seyn muß: denn dieses giebt die Stelle: Quoniam hi *Apostoli* et doctores, qui praedicaverunt nomen filii Dei, cum habentes fidem ejus et potestatem, *defuncti essent*, etc. Edit. Coteler. Tom. I. p. 118.

Soviel ist gewiß, das Buch, von dem wir reden, ist sehr alt, und ist eine der ersten Schriften, welche wir aus den frühern Zeiten des Christenthums haben, die, wo nicht schon im ersten Jahrhundert, doch wenigstens bald zu Anfange des zweiten verfertiget worden.

Wie bekannt, so stand dieses Buch in der griechischen Kirche in grossem Ansehen [1]), ja es war sogar bey einigen Gemeinden kanonisch [2]), das heißt nach der Bedeutung, welche das Wort Canon in den ältern Zeiten hatte, es gehörte mit in den Catalogus der Schriften, die in den Gemeinden öffentlich vorgelesen wurden; insbesondere bediente man sich desselben bey dem Unterricht der Catechumenen [3]), zu welchem Zweck es in den Händen vorurtheilfreier Lehrer wohl hätte nüzlich werden können: — wo aber waren diese damals? —

Indessen, so groß auch sein Ansehen in einigen Gemeinden war; so fand es doch bey andern, und zwar vornämlich in der lateinischen Kirche, sehr starken Widerspruch.

---

[1]) Irenäus zitirt es als heilige Schrift c. haer. Lib. IV. c. 37. auch Clemens von Alexandrien, redet von ihm als einer göttlichen Schrift Strom. Lib. 1. p. 316. Edit. Paris., selbst Origenes hat es für inspirirt gehalten, s. Explanatio in epistolam ad Rom. Lib. X. und zwar bey Röm. 16, 14.

[2]) Eusebius hist. eccl. Lib III. c. 3. auch Athanasius in epistola paschali. edit. Paris. Tom. II. p. 39, 40.

[3]) Euseb. hist. eccl. Lib. III. c. 3.

spruch. Insbesondere eifert Tertullian gegen dasselbe sehr [5]). Der Grund jedoch, warum es ihm so sehr mißfiel, läßt sich leicht errathen. Denn Tertullian hieng, wie bekannt, stark zu den Montanisten über; natürlich muste ein solcher Feuerkopf, wie er war, einem Buche abgeneigt seyn, dessen man sich gerade gegen die Montanisten zu bedienten pflegte. In diesem seinem Eifer gieng er nun auch in seinem Urtheil über das Buch zu weit, und setzte es zu tief herab.

Denn so verschieden auch die Urtheile über den Werth dieser Schrift von jeher gewesen seyn, und noch seyn mögen; so können wir doch folgendes von demselben mit Zuverlässigkeit behaupten.

Erstens. Für eine inspirirte Schrift kann der Pastor wohl schwerlich gelten; da das Ganze von der Art ist, daß man nicht absehen kann, welcher Nuzen sowohl für die Berichtigung in der Erkenntniß der Lehren des Christenthums, als auch für die wahrhaft christliche Frömmigkeit, durch ihn ehemals hätte gestiftet werden können oder noch gestiftet werden könnte. Denn mit dem Buche mag sein Verfasser es so herzlich gut gemeint haben, als er immer will; so ist es doch, genau besehen, nur ein sehr mittelmässiges Machwerk was er uns in demselben geliefert hat, durch welches nichts fürs Christenthum gewonnen wird, und welches auch keine Vergleichung mit solchen Schriften der Apostel, die für inspirirt gehalten werden, aushält.

Zwei-

---

[5]) Tertull. de pudicitia cap. 10.

Zweitens. So schlecht jedoch, wie viele diese Schrift vorstellen, indem sie dieselbe als das Werk eines unsinnigen Schwärmers und eines ganz kopflosen Menschen, angesehen wissen wollen, ist sie aber auch nicht. Denn zuvörderst, ihrer Form nach, wegen welcher man sie schon oftmals so sehr getadelt hat, ist sie ein allegorisches Gemälde, welches eine ganz unverkennliche Aehnlichkeit mit andern Werken der Art zum Beispiel mit dem πιναξ des Cebes hat, welche Schrift doch niemand noch für Unsinn erklärt hat. Freilich steht Hermas dem Cebes in der Kunst weit nach, aber man sieht doch, was für eine Art von Schrift er habe liefern wollen, und wie sie dasteht, so ist sie auch in dieser Form erträglich. Was weiter, ihren Innhalt *) betrift, so ist auch er so beschaffen, daß man wenigstens nicht die Schrift für Unsinn erklären kann. Das Buch ist asketisch. Hermas hatte, wie man sehr deutlich sieht, den Zweck, zu einem frommen und wahrhaft christlichen Sinn und Wandel durch dasselbe zu ermuntern, und dieses that er hier auf die ihm am zuträglichsten und faßlichsten scheinende Art. Daher man auch nur äusserst wenige Stellen antrift, in welchen er einiger Glaubenslehren erwähnt, und auch hier thut er dieses noch dazu, nur im Vorbeygehen und ohne irgend eine merkliche Abweichung von den apostolischen Grundsäzen. Aus seiner Schrift kann deswegen für die Dogmengeschichte nicht viel genommen werden.

---

*) Wer eine ziemlich vollständige Innhaltsanzeige zu haben wünscht, der findet sie, in Herrn. D. Rosenmüllers Schrift de Theologiae Christianae Origine.

In den zwey erſten Büchern ſeiner Schrift (nämlich in den Viſionibus und im Paſtor,) ſind äuſſerſt wenige Stellen, die man eigentlich dogmatiſche nennen könnte *). Bloß im dritten Buch, welches Similitudines über-
ſchrieben

*) Die wenigen Stellen von der Art will ich hier der Reihe nach anführen, ſie ſind folgende S. 97 im erſten Buch Kap. IV. erwähnt er der Engel auf folgende Art: Hi ſunt angeli Dei, qui primo conſtituti ſunt, quibus tradidit dominus univerſam creaturam ſuam, (creandi et) ſtruendi, aedificandi, et dominandi creaturae illius...... Caeteri.... et ipſi ſancti angeli Domini, ſed illi ſunt his excellentiores. Wie man ſieht, ſo liegt hier der bibliſche Begrif von den Engeln als Dienern der göttlichen Vorſehung und von ihrer Verſchiedenheit untereinander zum Grunde. Im zweiten Buch und zwar im Mandatum primum p. 85. redet er von Gott alſo: Primum omnium, crede quod unus Deus, qui omnia creavit, et conſummavit, et ex nihilo omnia fecit. Ipſe capax univerſum, ſolus immenſus eſt. Qui nec verbo definiri, nec mente concipi poteſt. Crede igitur in eum et time eum; et timens habe abſtinentiam. Haec cuſtodi, et abiice omnem nequitiam, et inde virtutem juſtitiae, et vives Deo, ſi cuſtodieris Mandatum hoc. Auch hier iſt nichts als Bibellehre. — Endlich ſelbſt die vielen Stellen, in welchen er des Teufels erwähnt, beſtimmen gar nichts über die wahre Natur und eigentliche Art der Wirkſamkeit dieſes Weſens; ſondern ſind bloſſe Ermunterungen ihm als dem Feinde alles Guten zu widerſtehen, ohne daß für

das

schrieben ist, finden sich gewisse Aeusserungen über den Sohn Gottes und über den heiligen Geist, welche wenigstens angezeigt zu werden verdienen, wiewohl man eigentlich nicht sagen kann, daß durch sie in Absicht auf das Dogma von Christo irgend etwas vestgesezt würde. Denn theils sind sie zu dunkel und zu unbestimmt, theils sieht man auch zu deutlich daß Hermas sie nicht sowohl um etwas über die wahre Natur des Sohnes vestzusezen; sondern blos um der praktischen Folgerungen willen, die er als Asketen, aus ihnen herleiten will, hingeschrieben habe. Soviel man indessen nach Maasgabe derselben auf die Vorstellung, welche er sich von dem sogenannten λογος oder der höhern Natur Christi gemacht haben mag, schliessen kann; scheint er mir den λογος vom πνευμα oder dem heiligen Geist gar nicht unterschieden zu haben. Vielmehr nimmt er sichtbar an, daß das höhere Wesen, welches dem Menschen Jesus einwohnte (der λογος wie er sonst heist) eben der spiritus sanctus gewesen sey.

Folgende von seinen Aeusserungen haben mich auf diesen Gedanken gebracht, der mir auch noch über dieses deswegen nicht ohne Grund zu seyn scheint: weil, wie wir in der Folge sehen werden, selbst noch Justin, der Märtyrer, dieser Meinung zugethan war. Sie scheint die früheste Theorie der Kirchenskribenten vom λογος gewesen zu seyn, erst weiterhin fieng man λογος und πνευμα, an zu unterscheiden.

Die

das Dogma vom Teufel irgend etwas mehr, als was das N. T. schon von ihm ausdrücklich enthält, vestgesezt würde.

Die Stelle, auf welche es hier vorzüglich ankommt, ist folgende: in der Similitudo V. cap. 3. p. m. 104. erzählt er ein Gleichniß, welches ich hier blos kurz angeben will. „Jemand hatte," sagt er, „einen Weinberg, er „befahl seinem Knecht den Weinberg zu bepfählen, dieser „that aber noch mehr, er bepfählte nicht blos den Wein- „berg, sondern gätete alles Unkraut aus, und grub und „reinigte die Gänge. Als der Herr nun in den Weinberg „kam, alles in so schöner Ordnung und noch viel mehr „gethan fand, als er befohlen hatte; rief er seinen Sohn „und seine vertrautesten Freunde herzu, und eröfnete „ihnen seinen Entschluß, den treuen Knecht zum Miter- „ben seines Sohnes einzusezen. Der Sohn und die „Freunde billigten denselben. Einige Tage darauf, lud „der Hausherr seine Freunde ein, und schikte dem Knecht „zu essen von seinem Tische. Der Knecht nahm von den „Speisen soviel er bedurfte und theilte das übrige unter „seine Mitknechte aus. Der Herr vernahm diese edle „Handlung seines Knechtes mit der grössesten Freude, „erzählte sie seinem Sohne und seinen Freunden, und „diese billigten nun noch mehr seinen Entschluß, ihn zum „Miterben seines Sohnes zu machen." Nun giebt er von den einzelnen Bildern folgende Deutung, die ich mit seinen eigenen Worten, — so wie sie noch in der höchstelenden Uebersezung übrig sind —, hersezen will. S. 105 heißt es: „Dominus autem fundi, demonstratur esse is, „qui creavit cuncta, et consummavit, et virtutem illis „dedit. Filius [1] autem, Spiritus sanctus est. *Servus „vero*

---

[1] Der Sohn nämlich, dessen im Gleichniß Erwähnung geschahe.

„*vero ille; filius Dei* ¹) *eſt.* Vinea autem, populus
„eſt, quem ſervat ipſe. Pali vero, Nuncii ſunt, qui
„a Domino praepoſiti ſunt ad continendum populum
„eius. Herbae autem, quae evulſae ſunt de vinea,
„admiſſa ſunt ſervorum Dei. Cibi vero quos de coe-
„na miſit illi, mandata ſunt quae per filium dedit po-
„pulo ſuo. Amici autem illi, quos in conſilium ad-
„vocavit, Angeli ſunt ſancti, quos primo creavit.
„Abſentia vero illius patrisfamilias, tempus eſt quod
„in adventum eius reſtat. Dico ei ²): Domine, ma-
„gnifice et mire omnia haec ſe habent, et honeſte:
„numquid ergo, Domine, inquam, haec poteram in-
„telligere? Ne quidem quispiam praeterea homo,
„tametſi valde prudens ſit, poterit intelligere ea
„Sed nunc mihi demonſtra, Domine, quod quaero.
„Quaere quod vis, inquit. Quaero, inquam, *Filius*
„*Dei* ³), in ſimilitudine hac, ſervili loco ponitur?

„Audi, inquit: in ſervili conditione non ponitur
„Filius Dei, ſed in magna poteſtate et imperio. Ei
„dixi: quomodo inquam Domine? Non intelligo.
„Quoniam, inquit, eis quos filio ſuo tradidit, Filius
„eius, Nuncios praepoſuit, ad conſervandos ſingulos.
„Ipſe autem plurimum laboravit, plurimumque per-
„peſſus

---

¹) Dieſes iſt nun Chriſtus, wie der Zuſammen-
hang lehrt.

²) ſcilicet paſtori, denn dieſer erklärt dem Hermas
das Gleichniß.

³) Chriſtus iſt hier wieder der *Filius dei.*

"peſſus eſt, vt aboleret delicta eorum [2]). Nulla enim
"vinea poteſt fodi ſine labore ac dolore. Deletis igitur
"peccatis populi ſui, ipſe eisdem monſtravit itinera vi-
"tae, data eis lege, quam a Patre acceperat. Vides
"igitur, eſſe Dominum populi, accepta a Patre ſuo
"omni poteſtate? Quare autem Dominus in conſiliis ad-
"hibuerit Filium [2]) de haereditate, et bonos angelos?
"Quia nuncius audit illum Spiritum ſanctum, qui in-
"fuſus eſt omnium primus in corpore, in quo habita-
"ret Deus. Collocavit enim eum intellectus in corpo-
"re, ut ei videbatur. Hoc [3]) ergo corpus, in quod
"inductus eſt Spiritus ſanctus, ſervivit illi Spiritui,
"recte in modeſtia ambulans et caſte, neque omnino
"maculavit Spiritum illum. Cum igitur corpus illud
"paruiſſet omni tempore Spiritui ſancto, recteque et
"caſte laboraſſet cum eo, nec ſuccubuiſſet omni tem-
"pore; fatigatum illud corpus, ſerviliter converſatum
"eſt, ſed fortiter cum ſpiritu ſancto comprobatum Deo
"receptum eſt. Placuit igitur Deo huiusmodi potens
"curſus, quia maculatus non eſſet in terra, poſſidens
"in ſe Spiritum ſanctum in conſilio. Advocavit ergo
"Filium et nuncios bonos, ut et huic ſcilicet corpori,
"quod ſervivit Spiritui ſancto ſine querela, locus ali-
"quis conſiſtendi daretur, ne videretur mercedem ſer-
"vitu-

---

[1]) Diese Stelle zeigt deutlich, daß hier von Christo geredet werde.

[2]) Filius der Sohn ist hier der Sohn aus dem Gleichniß oder wie Hermas es schon oben erklärte, der heilige Geist.

[3]) Alles dieses bezieht sich noch auf Christum.

„vitutis suae perdidisse." — Eine andere Stelle steht in der Similitudo IX Cap. 1. p. m. 111: „Volo osten-„dere tibi quaecunque *Spiritus* tibi ostendit, qui in ef-„figie Ecclesiae locutus est tecum. *Spiritus* ille, *Fi-„lius Dei est.* — Ferner sagt er in derselben Similitudo Cap. XII. p. 115: „Filius quidem Dei omni creatura „antiquior est, ita, ut in consilio patri suo adfuerit „ad condendam creaturam."

Aus diesen Stellen ergiebt sich nun sehr deutlich,
1) daß er den heiligen Geist (den spiritus sanctus) für den eigentlichen Sohn Gottes oder wie die Griechen ihn nennen, den λογος gehalten habe,
2) daß er Christum, den er zwar auch den Sohn Gottes nennt, so weit er blos Mensch war, für den Diener der Gottheit hält, der ihre Befehle hier unter den Menschen mit möglichster Treue ausrichtete, dem aber der heilige Geist beiwohnte.

Mithin hat er den λογος oder was man sonst die höhere Natur Christi nennt, und das πνευμα, den eigentlichen heiligen Geist, gar nicht für zwey verschiedene Subjekte; sondern nur für ein Subjekt gehalten.

Dieses sind nun diejenigen Schriften, welche von allen, die sonst noch den apostolischen Vätern beigelegt werden, noch das mehreste in Absicht auf ihre Aechtheit für sich haben und zugleich in gewisser Rücksicht für die Dogmengeschichte merkwürdig sind. Die übrigen Schriften, welche

welche man sonst auch aus diesem frühen Zeitalter von christlichen Verfassern abzuleiten pflegt, sind

entweder, wenn sich auch gleich ihre Aechtheit noch einigermaassen vertheidigen liesse, doch für die Dogmengeschichte gar nicht brauchbar, weil sie nichts enthalten, das auf irgend ein Dogma sich bezöge, wie dieses der Fall bey der epistola Polycarpi ad Philippenses [1] ist, die gar nichts enthält, was hieher gehörte, ausser man müsse dann die paar Worte „Deus autem et pater Domini nostri Iesu Christi, et ipse sempiternus pontifex, Dei filius, Iesus Christus, aedificet vos" [2], auch hieher rechnen wollen, welches aber auch beinahe der einzige Ausdruck ist, der aus dem ganzen Brief auf ein Dogma bezogen werden könnte, und der überdem nichts erklärt noch irgend etwas vestsezt,

oder diese Schriften sind, wenn gleich einiges in ihnen von einem alten Verfasser herrühren solte, doch so stark interpolirt und von spätern Händen verfälscht worden, daß man izt gar nicht mehr entscheiden kann, wie sich die Sache mit ihrer Aechtheit und Unächtheit verhalte, und was an ihnen ächt oder unächt seyn möge; daher sie auch für die Dogmengeschichte völlig unbrauchbar sind, indem wir aus ihnen in Absicht auf den Lehr-

tropus

---

[1] Του ἁγίου Πολυκαρπου Επισκοπου Σμιρνης και Ιερομαρτυρος προς Φιλιππησιους ἐπιστολη. Sie steht in Cotelerii Opp. SS. Patrum. p. 184. Tom. II.

[2] Siehe Cotelerii Opera SS. Patrum Tom. p. 189. §. 12.

tropus der frühern Zeit nichts mit Sicherheit folgern können. So verhält sich die Sache mit den Briefen des Ignatius [1], welche, wenn auch etwas in ihnen ächt seyn und vom Ignatius herrühren solte, doch so wie sie izt dastehen, gar nicht von ihm herkommen können, sondern sehr sichtbar durch Interpolationen entstellt sind [2]

oder endlich, diese Schriften sind offenbar unächt und untergeschoben, und da man nie mit völliger Gewißheit bestimmen kann, in welchem bestimmten Zeitpunkt sie sind verfertiget worden; so können sie auch kein sicheres Resultat für die Dogmengeschichte geben. Hieher gehören nun zuförderst die Constitutiones Apostolorum [3], welche schon

[1] Sie stehen im zweiten Theil von Cotelerii Opp. SS. Patrum, p. 11 sqq. und haben die Ueberschrift, του αγιου Ιγνατιου Επιστολαι.

[2] Das neueste was über den Text dieser Briefe des Ignatius ist geliefert worden, ist die Abhandlung vom Herrn Adjunkt Seidenstücker. Sie steht in des Herrn Abt Henke Magazin für Religionsphilosophie u. s. w. Band 3. Stück 1. S. 91. Indessen ist der ganze Vorschlag wohl nicht viel mehr als ein sinnreicher Einfall, der sich zwar gut hören, aber wohl schwerlich deutlich beweisen, noch viel weniger ins Werk stellen läßt, und ich stimme völlig dem bey, was Herr D. Rosenmüller in s. Histor. Interp. T. I. p. 117. gleichfalls bey Gelegenheit dieser Ignatischen Briefe sagt: Quis autem in re tam obscura pronunciaverit?

[3] Eusebius Hist. eccl. Lib. III. c. 25. εν τοις νοθοις κατατεταχθω και των Παυλου πραξεων η γραφη.

schon Eusebius für unächt erklärt [1]), und von deren Unächtheit sich auch jeder durch den Augenschein überzeugen kann, indem in ihnen von Gebräuchen geredet wird, von welchen wir bestimmt wissen, daß sie erst im dritten Jahrhundert nach Christi Geburt aufgekommen sind. Ferner die Canones Apostolorum ja überhaupt alles was Cotelerius in seiner Ausgabe der Patrum apostolicorum noch hat [1]). Endlich auch die übrigen Apokrypha des N. T. die Evangelien, de nativitate Mariae, Infantiae, Nicodemi [2]), das Protevangelium Iacobi, und alle Schrif-

ὁ, τε λεγομενος ποιμην, καὶ ἡ αποκαλυψις Πετρου καὶ προς τουτοις, ἡ Φερομενη Βαρναβα επιστολη, καὶ των αποστολων αἱ λεγομεναι διδαχαι.

[1]) Die Gründe für die Unächtheit aller dieser Schriften findet man sehr ausführlich im Cotelerius, auch in Cotta Versuch einer ausführlichen Kirchenhistorie des N. T. 1771. im zweiten Theil, und zwar im Abschnitt von den unächten Schriften des christl. Alterthums S. 1107 ff.

[2]) Ueber dieses Evangelium Nicodemi haben wir neuerlich eine schäzbare Arbeit erhalten, sie führt den Titel: *Disquisitio historico-critica, de indole, aetate et usu libri apocryphi, vulgo inscripti: Evangelium Nicodemi. Auct. Guil. Lud. Brunn, Minist. Candidato, Seminarii Reg. theol. Berolin. Alumno, societ. Turicensium Asceticae nec non Palatinor. Pastorali Adscripto. Berolini.* In Bibliop. Acad. reg. artium elegant. 1794. vergl. die Rezension dieser Schrift im Neuen theologischen Journal herausgegeben von

Schriften, welche Fabricius in seinem Codex Apocryphus N. T. gesammelt hat, sie alle sind offenbar unächt¹), fallen auch überdem gröстentheils in spätere Zeiten, aus welchen wir schon anerkannt ächte Schriften haben, und wo wir zur Bestimmung des herrschenden Lehrbegriffs ihrer füglich entbehren können, oder doch wenigstens in einem Werke, wie das gegenwärtige ist, wo alles auf sichere Resultate hingeführt werden muß, uns von ihrem Gebrauche enthalten müssen. Denn wie schon der unsterbliche Semler sehr richtig sagt: so seзt die Absicht, bey einer Dogmengeschichte, lauter solche Quellen voraus, deren eigentliche Gewisheit nach allen historischen Umständen einer Schrift oder eines Buches eine vorzügliche Kenntlichkeit und Erweislichkeit hat, folglich alle sowohl unächten, als auch durch Einschiebungen oder andere Veränderungen verstelleten Schriften oder Theile derselben, anders nicht hier gebraucht werden können, als in so ferne ihre Zeit, oder auch der Ort ihres Ursprunges wahrscheinlich gemacht werden können. S. D. Joh. Sal. Semlers Geschichte der christlichen Glaubenslehre im ersten Bande von Baumgartens Untersuchung der christlichen Streitigkeiten. Halle 1762, S. 13, 14.

von Ammon, Hänlein und Paulus. Fünften Bandes erstes Stück S. 16.

¹) Auch über sie vergleiche man Cotta Kirchengesch. des N. T. Th. 2. S. 1107. ff.

Aus diesem Zeitraum der Unsicherheit, wie man ihn füglich nennen könnte, weil alles was wir aus demselben haben, selbst das, was noch die mehresten Gründe für sich hat, dennoch nicht ohne Schein bezweifelt werden kann, und wirklich auch bezweifelt worden ist; gehen wir izt in einen etwas sicherern Zeitraum über, in dem wir nicht mehr mit bloſſer Wahrscheinlichkeit sowohl in Absicht auf Schriften als auch in Absicht auf Schriftsteller vorlieb nehmen dürfen; sondern aus welchem wir, ganz sichern Nachrichten zufolge, sowohl Schriften als Schriftsteller kennen. Von hier fängt auch erst, wie man mit Zuverläſſigkeit annehmen kann, diejenige Periode an, in welcher merkliche Erweiterungen mit den Glaubenslehren des Christenthums vorgenommen, und der theoretische Theil des Christenthums mit Zusäzen von mancherley Art, von denen Christus und seine Apostel nichts gewuſt hatten, vermehrt wurden.

Denn während der Zeit, in welcher die sogenannten apostolischen Kirchenväter gelebt haben (d. h. im ersten und Anfange des zweiten Jahrhunderts nach Ch. Geb.) kann, wenn wir auch gleich alle Schriften, die als aus jenen Zeiten herrührend angegeben werden, verwerfen, und also annehmen wollen, daß kein einziges schriftliches Denkmal aus jener Zeit auf uns gekommen sey, doch ohnbeschadet dieses gänzlichen Mangels glaubwürdiger Zeugen, von uns mit vollkommener Sicherheit behauptet werden, daß man während dieses ganzen Zeitraums der Lehre der Apostel fast in allen Stücken ganz getreu blieb. Weil man sehr sichtbar sieht, daß die auf die apostolischen Väter folgenden Kirchenlehrer, kein, weiter als blos durch die Lehre der Apostel ausgebildetes Christenthum von ihren Vorgängern müssen erhalten haben, indem sie eben da anfangen, wo die Apostel es liessen; also, während der Zeit, die zwischen den Aposteln und ihnen verflossen war, wenig oder nichts bedeutendes in dieser Absicht gethan worden seyn muß.

Der erste Schriftsteller nun, welchen wir aus diesem Zeitraume haben, ist,

Justin

Justin der Märtyrer.

Er war zu Sichem oder Flavia Neapolis [1]) in Samarien gebohren worden [2]), und blühte vom Jahr Christi 140 bis 164. Unmöglich kann er also ein unmittelbarer Schüler der Apostel [3]), — wie ihn die unächte Epistola Iustini ad Diognetum fälschlich nennt —, gewesen seyn, ja da er vorher ein Heide war, und also nicht von Jugend auf, den christlichen Unterricht genoß, so ist es nicht einmahl wahrscheinlich, daß er einen unmittelbaren Schüler irgend eines Apostels zum Lehrer gehabt habe.

Er

---

[1]) Daß Sichem und Flavia Neapolis einerley sey, erhellet aus dem Epiphanius Haeres. 80. hier heißt es: εν Σικιμοις, εν τη νυνι καλουμενη Νεαπολει. Auch hat dieses Spanhemius dissert. IX. de Praestantia et usu Numismatum, p. 769. sqq. edit. Amstel. sehr deutlich gezeigt.

[2]) Dieserwegen, und nicht weil er der Religion nach ein Samariter war, nennt ihn auch Epiphanius Σαμαρειτης, denn Justin war ehe er zum Christenthum übertrat, seinen eignen Aeusserungen nach, ein Heide.

[3]) Κein μαθητης των αποστολων.

Er hatte sich vor seinem Uebertritt zum Christenthum, so lange er noch ein Heide war, mit Philosophie beschäftigt, und zwar war er, seinem eigenen Geständniß zu Folge, vornämlich der platonischen Philosophie geneigt gewesen [1], an welcher er auch noch, wie man nicht undeutlich aus seinen Schriften sieht, als Christ einen grossen Gefallen hatte. Denn zwar platonisirt er nicht in so ferne, daß er platonische Begriffe ins Christenthum herübergetragen hätte, aber wo er kann, bringt er doch gerne ein Citat aus dem Plato bey, und vergleicht Plato's Aussprüche mit den Aussprüchen der Bibel.

So weit wir den Mann nun noch itzt, aus seinen auf uns gekommenen Schriften zu beurtheilen im Stande sind, können weder die Fähigkeiten seines Geistes die stärksten, noch auch seine erworbenen Kenntnisse die ausgebreitetesten gewesen seyn; denn die beyden Apologien, welche wir von ihm besitzen, und welche wahrscheinlich auch nur die beiden ächten Schriften sind, die wir von ihm haben [2] zeigen durch Form sowohl als durch Innhalt, daß
kein

---

[1] Apologia minor p. 30. sagt er von sich: και γαρ αυτος εγω τοις Πλατωνος χαιρων διδαγμασι.

[2] Daß die Cohortatio ad Graecos und andere Schriften, welche man Justin dem Märtyrer auch noch beyzulegen pflegt, stark bezweifelt werden, und auch höchst wahrscheinlich unächt sind, ist bekannt, vergl. Cotta Versuch einer Kirchenhist. des N. T. Th. 2. S. 736. ff. deswegen ich sie hier, wo alles auf sichere Data ankömmt, auch gar nicht in Anschlag gebracht habe. Was den Dialogus cum Tryphone betrift, der
noch

kein Mann von Kopf und Kenntnissen sie verfertiget habe; vielmehr ist beides an ihnen so schlecht, daß wenn nicht die Zeugnisse der Alten und die eigne Aussage des Justin selbst, uns nöthigten, ihn für einen ehemaligen heidnischen Philosophen zu halten, wohl schwerlich irgend jemand bey Lesung seiner Schriften auf den Gedanken verfallen würde, daß der Mann, welcher hier spricht, sich jemals im regelmässigen Denken geübt, oder sich mit wissenschaftlichen Untersuchungen beschäftiget habe. Denn hier kündigt sich der Philosoph durch nichts an.

Der Vortrag ist unordentlich, die Sprache ganz einfach, die Gedanken sind ganz gemein, Spekulazionen findet man gar nicht, Rücksichten auf Unterscheidungssäze einzelner heidnischer Schulen, oder Vergleichungen der Lehren des Christenthums mit den Lehren der heidnischen Philosophen fehlen gänzlich; alles was er thut ist dieses, daß er die Fabeln der heidnischen Mythologie mit den Lehren der christlichen Theologie oftmals in Vergleichung stellt, und daß er bisweilen einen Gemeinplaz aus dem Plato mit Stellen des A. oder des N. T. verbindet.

Schwerlich darf man aber diese Einfachheit seines Raisonnements über die Glaubenslehren des Christenthums ihm als Verdienst anrechnen, und glauben, als habe er die reine Lehre Jesu, nicht durch heidnische Philosopheme

noch izt beinahe allgemein für Justin des Märtyrers Schrift gehalten wird, so hoffe ich weiter unten mit möglichstgrössester Wahrscheinlichkeit darzuthun, daß er nicht von ihm herrühren kann.

sophemе verunreinigen wollen; sondern der Grund, warum er so einfach in allen Stücken zu Werke geht, ist wohl die Einfachheit seiner eignen Einsichten. Hätte er mehr gewußt, so hätte er auch gewiß mehr gegeben; zumal da er, wie man sieht, das Wenige was er weiß, doch bey jeder Gelegenheit an den Mann zu bringen sucht.

Ganz darf indessen, auch das wenige, was er gethan hat, nicht übersehen werden.

Denn, wenn gleich die Dogmen des Christenthums nicht durch ihn erweitert und mit Zusäzen vermehrt wurden; so sind seine Schriften doch schon deswegen für die Dogmengeschichte äusserst merkwürdig, weil sie nicht blos einen ziemlich vollständigen Lehrbegrif eines Kirchenvaters der frühern Zeit, sondern auch eben durch die Vergleichung der Glaubenslehren des Christenthums mit Fabeln aus der heidnischen Mythologie, manchen schäzbaren Wink über die eigentliche Vorstellungsart enthalten, nach welcher man sich damals, wenigstens unter den aus dem Heidenthum zum Christenthum übergetretenen Christen, z. B. das Verhältniß des Logos zum Vater und andere dunkle und mysteriöse Lehren gedacht hat.

Ehe ich aber zu der Darstellung des Lehrbegrifs des Justin fortgehe, wird es nöthig seyn, seiner Schriften ausführlich zu erwähnen, zumal da sich bey dieser Gelegenheit manches über das ganze Denksystem dieses Mannes beibringen läßt, was zum Verständniß seiner einzelnen Behauptungen von Wichtigkeit ist.

Die

Die grössere Apologie [1] des Justin, welche wahrscheinlich mit der Oratio ad Marcum Antoninum Philosophum, deren Nicephorus hist. eccl. Lib. IV, c. 6. erwähnt, einerley Schrift ist [2], ist unter den beiden Apologien, welche wir vom Justin haben, zuerst verfertiget [3], und, wie man wenigstens nicht ohne Wahrscheinlichkeit vermuthet, dem Kayser nicht wirklich übergeben worden [4]. — Sie

---

[1] Ich glaube es ist besser, immer von der grössern und kleinern, als von der ersten und zweiten Apologie Justin des Märtyrers zu reden, da durch diesen leztern Sprachgebrauch sehr leicht Verwirrung entstehen kann: denn in einigen Ausgaben heist die kürzere die erste in andern die grössere. Diese grössere Apologie führt nun die Ueberschrift: Του αγιου Ιουστινου Απολογια πρωτη υπερ Χριστιανων προς Αντωνινον τον ευσεβη. Auch diese Ueberschrift ist neu, wie ich wohl kaum zu erinnern brauche.

[2] Diesen leztern Zusaz mache ich deswegen, weil Langus in seiner Praefatio in Iustini Orationem, quae Christianos apud Antonium Pium defendit, welche in der Ausgabe dieser grössern Apologie des Justin von I. E. Grabe. Oxoniae 1700 zu finden ist, glaubt, es sey dieses eine eigne verlohren gegangene Schrift des Justin, allein es ist eben diese erste Apologie, wie Grabe richtig bemerkt, von welcher Nicephorus hist. eccl. Lib. IV. C. 6. auf welchen Langus sich beruft, redet.

[3] Cotta in s. Versuch e. Kirchenh. des N. T. Th. 2. S. 723 auch den Grabe in Specileg. SS. Patrum Seculi II. Tom. I. p. 150.

[4] So glaube ich, kann man nur über diese immer noch dunkle

Sie hat, wie man aus ihrem Innhalte sieht, den Zweck, den heidnischen Regenten bessere Begriffe, als sie bis daher von

dunkle Sache sprechen. Denn wahrscheinlich ist es nicht, daß die Apologien für die Christen den Kaysern wirklich sind übergeben worden; da man auch so gar keinen Effekt von denselben sieht, sondern die alten Vorurtheile, welche man gegen die Christen einmahl gefaßt, und die Vorwürfe, die man ihnen von Anfang an, gemacht hatte, selbst bis auf spätere Zeiten herab immer die nämlichen bleiben, welches sich nicht wohl erklären läßt, wenn man nicht annimmt, daß die Apologien, welche die Christen zu ihrer Vertheidigung schrieben, und in denen sie diese Vorwürfe jedesmahl ausführlich widerlegten, den Regenten nicht wirklich zu Gesichte gekommen sind. Wenigstens hätte dieses, wenn es der Fall gewesen wäre, doch etwas fruchten, und wo nicht mehr doch soviel bewirken müssen, daß man wenigstens nicht so gerade zu, und als eine Sache, gegen welche sich nichts einwenden liesse, ihnen diese Verbrechen Schuld gegeben hätte. Indessen so wahrscheinlich durch dieses alles diese Meinung wird, so hat doch die entgegenstehende: daß nämlich die Apologie wirklich an die Behörde ist übergeben worden, sobald man auf historische Gründe Rücksicht nimmt, das Mehreste für sich. Denn die Alten haben in der Meinung gestanden, daß die Apologien des Justin wirklich sind übergeben worden, welches man aus der Art wie sie sich über sie ausdrücken, sehr deutlich sehen kann. Euseb. hist. eccl. Lib. V. Cap. XI — XIII. Hieronymus Epistola 48. ad Magn.

von dem Christenthum und den Christen, gehabt hatten, beyzubringen, und eben dadurch es zu verhindern, daß die Christen nicht mehr in Zukunft ungehört, blos darum weil sie Christen waren, verurtheilt und gestraft würden. Diesem seinem Zweck gemäß sucht Justin daher in dieser Schrift

1) recht deutlich zu zeigen, daß ein Christ, wenn er den Lehren und Vorschriften seiner Religion getreu bleibe, weder ein Thor noch ein Verbrecher seyn könne, weil er eben im Christenthum nicht nur den besten und vernunftmäßigsten Unterricht, von Gott und göttlichen Dingen, sondern auch die stärksten und dringendsten Bewegungsgründe überhaupt zu jeder menschlichen, insbesondere aber auch zu jeder bürgerlichen Tugend finde;

2) sucht er die Christen seiner Zeit, gegen einige ihnen gemachten Vorwürfe, in Absicht wirklicher Verbrechen, die sie begangen haben solten, zu vertheidigen, und sie als treue Bekenner dieser so vortreflichen Religion, mithin auch als schuldlose Menschen und gute Bürger darzustellen.

Diese Schrift kann daher in zwiefacher Absicht eine Apologie genannt werden, in so ferne sie nämlich eine Schutzschrift sowohl für das Christenthum selbst, als auch für die Christen jener Zeit seyn solte. In der erstern Rücksicht ist sie für uns hier bey der Dogmengeschichte merkwürdig, in der andern hingegen, verdient sie die Aufmerksamkeit des Kirchenhistorikers.

Sehen wir nun auf die Art, wie unser Verfasser dieses an sich gewiß lobenswürdige und den damaligen Zeitumständen höchstangemessene Unternehmen ausgeführt hat,

hat, so müssen wir gestehen, daß diese Arbeit wohl nicht leicht in schlechtere Hände hätte gerathen können. Denn so sehr Justin auch immerhin als redlicher und muthiger Vertheidiger des Christenthums die Achtung jedes wahren Christen, selbst noch in unsern Zeiten, verdienen mag, so kann er doch auf den Namen eines geschickten Vertheidigers desselben, auch nicht den geringsten Anspruch machen. Denn an seinem Buche sind Form und Innhalt höchst fehlerhaft.

Der Form nach ist diese Apologie ein sehr mittelmäßiges, wo nicht gar sehr schlechtes Werk; denn die Art wie Justin hier den Lobredner des Christenthums macht, zeigt sehr deutlich, daß es dem guten Manne an nichts weniger als an allem, gefehlt habe, was selbst auch bey dem Lobredner der besten Sache noch immer nothwendig erfordert wird, wenn er nicht durch seine Apologie der guten Sache mehr schaden als nützen soll. Sein Vortrag ist äusserst schleppend, sein Gedankengang gedehnt, weitschweifig und im höchsten Grade unordentlich; kurz, gänzlicher Mangel an Ordnung und Bündigkeit sowohl in den Gedanken als im Ausdruck blikt beinahe aus jeder Zeile hervor. Alle Augenblike stöst man auf Wiederholungen und unnüze Digressionen; in Nebendingen herrscht eine ganz überflüssige Ausführlichkeit, in der Hauptsache oft eine unverständliche Kürze. Durch dieses alles, wird nun sein Buch, der Form nach, mit Recht, zu den schlechtesten Schriften, die wir von den ältern Kirchenskribenten (oder den Patribus) haben, gezählt [1]).

Alle

---

[1]) Diese Unordnung im Vortrage, ist beim Justin so groß, daß

Alle diese Fehler der Form, würden indeſſen der Schrift ſelbſt ihren Werth noch gar nicht nehmen, wenn der Innhalt derſelben nur von der Art wäre, daß er dem Zweck warum Juſtin ſchrieb auch nur einigermaaſſen entſpräche. Denn, was

daß ſelbſt ſein eifriger Vertheidiger, der berühmte Johann Ernſt Grabe, welcher ſo ſehr für ihn eingenommen war, daß er in der Vorrede zu ſeiner Ausgabe dieſer gröſſern Apologie des Juſtin Oxoniae 1700. p. 2 ſchreiben konnte „recte autem faciunt, qui fidem apoſtolicam a S. Martyre per omnes fere articulos dilucide expoſitam et egregie confirmatam, firmiter tenent. Atque in horum numero me eſſe, et a S. Iuſtini mente in nulla re diſſentire lubens fateor; adeo ut profeſſionem fidei meae, maxima ex parte cum hoc libello edere mihi videar!" dennoch in eben dieſer Vorrede. p. 4. ſich gezwungen ſieht, über den Vortrag des Juſtins in dieſer Apologie, ſich, wiewohl ſehr entſchuldigend, auf folgende Art zu äuſſern. „Nolim etiam ob longiores aliquando parrhenteſes, vel digreſſiones, per quas fit, ut membra huius Apologiae haud bene cohaerere videantur, vel ob eorundem dictorum repetitiones, quae ſubinde occurrunt, vel ob myſticas aliquanto longius petitas unius atque alterius dicti expoſitiones, S. Martyrem traduci, aut librum eius abiici; ſiquidem iſtius ſeculi mos eiusmodi tulit, quem non modo in profanis, ſed et in ſacris divinitus inſpiratis ſcriptis paſſim deprehendimus." Eine, in mehr als einer Rückſicht, merkwürdige Stelle!

Zuvörderst die Vertheidigung des Christenthums als einer vernünftigen und moralischen Religion, welche gewissermaaßen den einen Theil dieses Werkes ausmacht, betrift, so würden wir gewiß zufrieden seyn, wenn er uns auch nicht neue Aufschlüsse über dunkle Lehren des A. oder des N. Testaments gäbe; sondern nur den Leser auf einen richtigen Standpunkt stellte, aus welchem er die wahre Beschaffenheit der Lehre Jesu zu übersehen, und sich vornämlich von ihrer Nützlichkeit sowohl für Menschenwohl überhaupt, als auch für Staatenwohl insbesondere — welches doch der Hauptzweck dieser Schrift mit sich brachte — zu überzeugen im Stande ist. Allein etwas in dieser Absicht auch nur zum Theil Befriedigendes sucht man hier vergeblich. Die Schrift enthält neben einigen einzelnen moralischen Vorschriften des Christenthums, nichts weiter, als eine sehr seichte Vertheidigung des Christenthums als einer wahren und göttlichen Religion, die vornämlich aus den erfüllten Weissagungen des A. T. hergenommen ist, und auf diese Erfüllung als ihren Hauptbeweis sich stützt. Dabey werden die Stellen des A. T., in welchen eben diese Weissagungen enthalten seyn sollen, oft auf eine so ganz unrichtige Art interpretirt und gemisdeutet, daß für unsere Zeiten aus dem ganzen Buche beinahe gar nichts zu gebrauchen ist. Was

Weiter noch zur Vertheidigung der damals lebenden Christen, gegen die Verbrechen, welche man ihnen Schuld gab, gesagt wird, ist auch nicht immer treffend, sondern größtentheils zu allgemein, als daß es viel bey denen, welche durch diese Apologie für die Sache der Christen gewonnen werden sollten, hätte ausrichten können.

Unbe-

Unbemerkt darf man in Rüksicht dieser grössern Apologie des Justin, auch dieses nicht vorbeilassen: daß, so schuldlos auch die Schrift an sich immerhin seyn mag, sie doch eben dadurch einen sehr grossen Schaden gelegentlich gestiftet hat, daß durch sie eine ganz falsche Bahn bey der Vertheidigung des Christenthums gebrochen wurde, welche fast alle nachfolgenden Apologeten des Christenthums unter den Kirchenvätern betraten. Hätte Justin einen richtigern Weg eingeschlagen, gewiß wären alle seine Imitatoren ihm eben so gut auf demselben nachgefolgt, als sie auf diesem falschen Wege ihm beinahe Schritt vor Schritt nachgehen. Indessen zum persönlichen Vorwurf darf ihm dieses nicht gemacht werden, denn was er thun konnte, that er wohl; leider daß seine Kräfte so schwach waren.

Eine andere Schrift, welche wir noch von diesem Justin dem Märtyrer haben, ist

Die kleinere Apologie [1]). Sie verräth durch ihre Form sowohl als durch ihren Innhalt denselben Verfasser, der die grössere verfertiget hat. Denn sie ist eben so planlos als jene, und kann dem Innhalte nach, für einen Auszug aus der grössern gelten. Justin verfertigte sie auf Veranlassung eines speziellen Vorfalles: da nämlich von dem Praefectus Urbicus [2]) drey Christen auf ein-

[1]) Ihre Ueberschrift, die gleichfalls neu ist, lautet: τοῦ αυτου Ἁγιου Ἰουστινου Φιλοσοφου καὶ Μαρτυρος Ἀπολογια ὑπερ Χριστιανων, προς την Ῥωμαιων συγκλητον.

[2]) welchen Valesius in s. Anmerkungen zu Euseb: hist. eccl.

mal, um keines andern Verbrechens willen, als weil sie sich für Christen bekannten, zum Tode verdammet wurden. Zwey von ihnen nennt er, der eine hieß Ptolomäus, der andere Lucius, den dritten macht er nicht nahmhaft. Auch in dieser Apologie ist es, wie man sieht, seine Absicht, die Ehre des Christenthums sowohl als auch der Christen seiner Zeit zu retten, und jenes als eine vernünftige und wohlthätige Religion, diese hingegen als schuldlose Leute und gute Bürger darzustellen. Aber auch hier thut er dieses mit eben so wenigem, ja vielleicht noch mit geringerm Glück, als er es in der grössern Apologie that. Denn die Unordnung ist hier noch weit grösser als in jener. Kaum zwey Perioden handeln von der nämlichen Sache, er fällt immer von einem ins andere; führt nichts aus; kurz es herrscht hier eine Verwirrung in den Begriffen und Säzen, die beinahe mit nichts zu vergleichen und so groß ist, daß, wenn Justin nicht im Anfange angäbe, bey welcher Gelegenheit er diese Schrift verfertiget habe, wohl schwerlich jemand errathen würde, in welcher Absicht sie von ihm verfertiget worden wäre.

Der Lehrbegriff dieses Mannes von den Glaubenslehren des Christenthums, so wie seine Schriften uns denselben geben, ist nun folgender.

I. Justins Lehre von der Gottheit.

Da Justin überhaupt in seinen Schriften wenig, ja beinahe gar nicht, über die Lehren des Christenthums philosophirt,

eccl. Lib. IV. c. 17 für den Lollius hält, womit jedoch zu vergleichen Grabe im Specil. Patrum Sec. II. Tom. I. p. 146.

losophirt, so darf man von ihm keine ausführliche Entwickelung irgend einer Glaubenslehre oder eines Dogma's erwarten. Daher er denn auch über die Hauptlehre jeder Religion, von dem Daseyn, den Eigenschaften und dem Verhältniß der Gottheit zur Welt, nur sehr kurz und gröstentheils in biblischen Ausdrücken redet. So viel erhellet jedoch aus dem wenigen, was er von der Gottheit sagt: daß er sie für das **allervollkommenste Wesen** [1]) gehalten habe, **welches die Welt nicht blos geschaffen hat** [2]), — und zwar wie er ausdrüflich sagt, **aus einer ungeformten Materie** [3]) —; sondern von dem sie auch **regiert wird, und unter dessen Aufsicht sie noch bis auf den heutigen Tag steht, wobey der Engel** [4]), wie er behauptet, sich

---

[1]) Καὶ ὁμολογουμεν των τοιουτων νομιζομενων θεων αθεοι ειναι, αλλ' ουχι του αληθεστατου, και πατρος δικαιοσυνης και σωφροσυνης, και των αλλων αρετων, ανεπιμικτου τε κακιας Θεου. Apol. I. §. 6. p. 10, 11.

[2]) ὡς απο του πατρος των ὁλων και δεσποτου Θεου. Apol. I. §. 56. p. 85. — ὁ Θεος τον πάντα κοσμον ποιησας etc. Apol. II. §. 6. p. 10. — αθεοι μεν ουν ὡς ουκ εσμεν, τον δημιουργον *) τουδε του παντος σεβομενοι. Apol. I. §. 16. p. 23.

*) Es ist zu bemerken, daß Justin diesen Ausdruck vom höchsten Gott hier gebraucht.

[3]) Και παντα την αρχην αγαθον οντα δημιουργησαι αυτον (scil. τον Θεον) εξ αμορφου ὑλης. Apol. I. §. 10. p. 17.

[4]) ὁ Θεος, τον παντα κοσμον ποιησας ..... την των ανθρωπων και των ὑπο του ουρανου προνοιαν, αγγελοις, οὑς επι τουτοις εταξε, παρεδωκεν. Apol. II. §. 6. p. 11.

die Gottheit, besonders in Absicht dieser sublunarischen Welt, nämlich unserer Erde, als Werkzeuge ihrer Fürsehung bedient; welchen sie die Aufsicht über dieselbe und insbesondere über die Menschen übertragen hat. Denn diese leztern liegen Gott vorzüglich am Herzen [1], um ihrer willen schuf er die Welt [2], zu ihrem Heil sandte er auch Christum in die Welt, ließ ihn leiden und sterben [3]. Ueber sie wird er aber auch einst, und zwar durch Christum Gericht halten, die Guten unter ihnen belohnen und die Bösen bestrafen [4].

Diesen

---

[1] εις επιτασιν και αναμνησιν αει αγων το των ανθρωπων γενος, δεικνυς ότι και μαλλον εστι αυτω, και προνοειται αυτων. Apol. I. §. 58. p. 87.

[2] και παντα την αρχην αγαθον οντα δημιουγησαι αυτον (sc. Θεον)... δι ανθρωπους. Apol. I. §. 10. p. 17.

[3] νυν δε (scil. λογος) δια θεληματος Θεου υπερ του ανθρωπειου γενους ανθρωπος γενομενος, υπεμεινε και παθειν όσα αυτον ενηργησαν οι δαιμονες διατεθηναι υπο των ανοητων Ιουδαιων. Apol. I. §. 83. p. 122.

[4] και δογματος οντος παρ' αυτων, κατ αξιαν των πραξεων έκαστον αμειψεσθαι μελλοντα των ανθρωπων, και τα παρ αυτου κατ αξιαν των πραττομενων απαντησεσθαι, δια του προφητικου πνευματος προλεγει. Apol. I. §. 58. p. 87. — ότι πρωτοτοκος τω αγεννητω Θεω εστι (scil. Χριστος) και αυτος την κρισιν του παντος ανθρωπειου γενους ποιησεται. Apol. I. §. 68. p. 101.

Diesen höchsten Herrscher über Himmel und Erde, diesen Wohlthäter des menschlichen Geschlechts durch Christum denkt er sich nun, wie man aus allem was er über ihn sagt, sieht, als ein e i n i g e s W e s e n, in dem nicht mehrere (nenne man es Personen oder wie man sonst will) sind, sondern welches einzig das höchste unter allen ist. Man findet daher auch beim Justin nicht die geringste Spur von der spätern Dreyeinigkeitslehre, welche in der christlichen Kirche so allgemein angenommen wurde. Dieses wird einem jeden noch um so deutlicher einleuchten, sobald er nur aufmerksam die Lehre des Justin vom Logos und vom Pneuma, betrachtet.

II. Vom Logos und Pneuma.

Auſſer dieser höchsten Gottheit redet Justin noch von einem andern, vom Vater oder höchsten Gott verschiedenen [1] über Engel sowohl als Menschen erhabenen Wesen, welches auch Gott (Θεος) [2] sey, von dem er aber auch zugleich sagt, daß es der Gesandte

und

[1] οἱ γαρ τον υἱον πατερα φασκοντες ειναι, ελεγχονται μητε τον πατερα επιστάμενοι, μεθ᾽ ὅτι εστιν υἱος τω πατρι των ὁλων γινωσκοντες· ὁ; και λογος πρωτοτοκος ων του Θεου, και Θεος ὑπαρχει. Apol. I. §. 83. p. 122, 23.

[2] Die lezten Worte der eben angeführten Stelle „και Θεος ὑπαρχει," sagen dieses. Indessen ist, wie man aus dem gleichfolgenden sehen wird, hier gar nicht an eine Gottheit des Logos zu denken, nach welcher er der höchste Gott ist. Vergl. unten beim Dialogus c. T. die Abhandlung über den λογος als Θεος.

und Bothe der Gottheit heisse ¹). Dieses Wesen nennt er nun auch das erste Hervorgebrachte oder erste Geschöpf²) und den Logos und die Erstgeburth Gottes ³), den Sohn Gottes, die erste (oder höchste) Kraft nach Gott ⁴), (welche Benennung wohl nichts anders anzeigen soll, als das mächtigste Wesen

---

¹) Apol. I. §. 83. p. 122 redet er von der Stelle 2 Mos. III, 2, 14, 15, wo es heißt „und der Engel des Herrn sprach zu Mose" und sagt: es sey nicht der Vater und Schöpfer des Weltalls oder der höchste Gott gewesen, der hier zu Mose redete, sondern der Logos. Nun sezt er hinzu: Ιουδαιοι ουν ηγησαμενοι αει τον πατερα των ολων λελαληκεναι τω Μωσει, του λαλησαντος αυτω οντος υιου του Θεου, ὁς και αγγελος και αποστολος κεκληται, δικαιως ελεγχονται και δια του προφητικου πνευματος, και δι' αυτου του Χριστου, ὡς ουτε τον πατερα, ουτε τον υιον εγνωσαν. Nun folgen die in der vorlezten Note zitirten Worte: οἱ γαρ τον υιον etc.

²) τω δε και τον λογον, ὁ εστι πρωτον γεννημα του Θεου ανευ επιμιξιας φασκειν ἡμας γεγενησθαι Ιησουν Χριστον τον διδασκαλον ἡμων. Apol. I. §. 28. p. 40.

³) ἡ τον λογον, ὁς και πρωτοτοκος τω Θεω εστι. Apol. I. §. 43. p. 69. auch §. 28. p. 40.

⁴) ἡ δε πρωτη δυναμις μετα τον πατερα παντων και δεσποτην Θεον, και υιος ὁ λογος εστιν. Apol. I. §. 41. p. 66.

Justin der Märtyrer.

Wesen ²) nach Gott) den Geist ²) oder den prophetischen Geist oder den göttlichen Geist u. s. w., welche Namen er alle für gleichbedeutend hält ³).

Von diesem Wesen behauptet er ferner, daß es vor allen Geschöpfen da gewesen sey ⁴); daß Gott durch dasselbe die Welt geschaffen ⁵); und

¹) Denn δυναμις bedeutet bey den Patribus auch so viel als ein Wesen (ens) s. Dial. c. T. p. m. 364. διαβολος, τουτ' εστιν η δυναμις, η και οφις κεκλημενη και Σατανας.
²) το πνευμα ουν και την δυναμιν, την παρα του Θεου, ουδεν αλλο νοησαι θεμις, η τον λογον ος και πρωτοτοκος τω Θεω εστι. Apol. I. §. 43. p. 69. Diese Stelle ist entscheidend, und ich sehe nicht ein, wie man nach einer so klaren Behauptung noch sagen könne: Justin halte den λογος und das πνευμα nicht für ein Subjekt.
³) ως προεῤῥεθη υπο του Θεου, αγιου, προφητικου πνευματος. Apol. I. §. 40. p. 64.
⁴) ο δε υιος εκεινου (scil. του Θεου), ο μονος λεγομενος κυριως υιος, ο λογος προ των ποιηματων και συων και γενομενος *). Apol. II. §. 6. p. 13.
 *) Ich lese mit Grabe γενομενος nicht γεννωμενος, wie die gewöhnliche Lesart heißt. Indessen für den Gebrauch, welchen wir hier von dieser Stelle machen, ists beynahe einerley, welche Lesart man wählt.
⁵) αλλ' επειδη συνοηθεντα τον Θεον δια λογου τον κοσμον ποιησαι εγνωσαν Apol. I. §. 46. p. 73. und noch deutlicher ο δε υιος εκεινου (scil. του Θεου)

und durch dasselbe das ganze menschliche Geschlecht erleuchtet habe, indem er jedem Menschen in der Vernunft einen Theil dieses seines göttlichen Geistes einpflanzte [1]).

Dasselbe Wesen hat auch, nach seiner Meinung, von jeher die Menschen gesucht zu erleuchten, und zur Erkenntnis der Wahrheit zu führen; bey jedem Volke hat es dieses durch die Weisen [2]), welche dasselbe hatte, bey

Θεου) ὁ μονος λεγομενος κυριως υιος, ὁ λογος προ των ποιηματων και συνων γενομενος, ὁτε την αρχην δι' αυτου παντα εκτισε και εκοσμησε. Apol. II. §. 6. p. 13. 14.

[1]) ἑκαστος γαρ τις απο μερους του σπερματικου θειου λογου το συγγενες ὁρων, καλως εφθεγξατο. Apol. II. §. 13. p. 34. Hiermit muß man vergleichen die Stelle: Χριστον πρωτοτοκον του Θεου ειναι εδιδαχθημεν, και προεμηνυσαμεν λογον οντα, οὑ παν γενος ανθρωπων μετεχε. Και οἱ μετα λογου βιωσαντες, χριστιανοι εισι, καν αθεοι ενομισθησαν. οἱον εν Ελλησι και Σωκρατης και Ηρακλειτος και οἱ ὁμοιοι αυτοις. Apol. I. §. 60. p. 90. 91. auch: ὁπερ γαρ ουκ εδυνηθησαν οἱ ανθρωπειοι νομοι πραξα, ταυτα ὁ λογος θειος ων ειργασατο, ει μη οἱ φαυλοι δαιμονες κατεσκεδασαν πολλα ψευδη και αθεα κατηγορηματα. Apol. I. §. 10. p. 18.

[2]) Dieses sagen die eben angeführten beiden Stellen. Apol. II. §. 13. p. 34. redet er von den heidnischen Weisen und sagt: ἑκαστος γαρ τις απο μερους του σπερματι-

bey den Juden aber, insbesondere durch die Propheten gethan ¹). Endlich, glaubt er, sey eben dieses Wesen in Jesu Mensch geworden, und habe eine menschliche Natur angenommen ²), die der Logos (also er selbst) sich im Leibe der Maria, nicht durch Beyschlaf, sondern blos durch seine Kraft, (welches hier wohl soviel sagen soll, als übernatürliche Wirkung) bereitet habe ³).

Aus

ματικου λογου το συγγενες ὁρων, καλως εφθεγξατο und Apol. I. §. 60. p. 90, 91. sagt er: Χριστον πρωτοτοκον του Θεου ειναι εδιδαχθημεν, και προεμηνυσαμεν λογον οντα, οὑ παν γενος ανθρωπων μετεσχε. και οἱ μετα λογου βιωσαντες, χριστιανοι εισι, καν αθεοι ενομισθησαν· οἷον εν Ἑλλησι μεν Σωκρατης και Ἡρακλειτος, και οἱ ὁμοιοι αυτοις.

¹) ὁταν δε τας λεξεις των προφητων λεγομενας ὡς απο προσωπου ακουητε, μη απ' αυτων των εμπεπνευσμενων λεγεσθαι νομισητε, αλλ' απο του κινουντος αυτους Θειου λογου. Apol. I. §. 46. p. 73.

²) ὑπ' αυτου του λογου μορφωθεντος και ανθρωπου γενομενου και Ιησου Χριστου κληθεντος. Apol. I. §. 5. p. 10.

³) δια λογου Θεου σαρκοποιηθεις Ιησους Χριστος ὁ σωτηρ ἡμων Apol. I. §. 86. p. 128. — το πνευμα ουν και την δυναμιν την παρα του Θεου ουδεν αλλο νοησαι θεμις, ἠ τον λογον, ὁς και πρωτοτοκος τω Θεω εστι, Μωσης ὁ προδεδηλωμενος προφητης εμηνυσε. και τουτο ελθον επι την παρθενον

Aus diesen ausdrücklichen und so deutlichen Behauptungen des Justin, erhellet nun sonnenklar, daß er von dem Unterschiede zwischen Sohn und Geist als verschiedenen Subjekten oder Personen nichts gewust habe *), und daß

νον και επισκιασαν, ου δια συνουσιας αλλα δια δυναμεως, εγκυμονα κατεστησε. Apol. I. §. 43. p. 69. 70.

*) Ich kann hier nicht umhin, das nochmals zu behaupten, was ich schon in meiner Dissertation, welche den Titel führt: Dissertatio historico - critica, in qua Iustini Martyris Apologia I. sub examen vocatur. Ienae, 1795. behauptet habe; daß nämlich Justin, den Logos und heiligen Geist für ein Subjekt halte, ohngeachtet der würdige Herr Rezensent meiner Dissertation im Neuen theologischen Journal 6s St. 1795, mir sowohl als auch Herrn Prof. Ziegler, der dieses schon vor mir behauptete (s. theologische Abhandlungen von Ziegler 1791 B. I. S. 91 f.) widersprochen hat. Denn ich weiß nicht, wie man diejenigen Stellen, welche dieses ausdrücklich sagen, anders erklären will, als daß man dieses annimmt. Ueberdem sind ja diese Stellen gar nicht zweydeutig, es darf auch nicht blos, wie der Herr Rec. S. 614 sagt „scheinbar aus ihnen gefolgert „werden, daß Justin den λογος und den prophetischen „Geist als ein Subjekt sich gedacht habe;" sondern dieses steht, wie wir gesehen haben mit dürren Worten da. Nach welcher Regel der Interpretation nun der Herr Rez. schon überhaupt solche sonnenklare und ganz bestimmte Aeusserungen eines Schriftstellers, nicht als den Maasstab bey Bestsezung seines Lehrsystems gelten lassen,

daß also Justin — wenn wir einmal in solchen Ausdrücken reden wollen — höchstens eine Zweyheit aber keine Dreyheit (oder Dreyeinigkeit, wie man es späterhin nannte,) kenne. Indessen würde man seine Meinung doch auch sehr falsch verstehen, wenn man glauben wolte, daß er diese Zweyheit (wie ich sie hier nennen will) nämlich Vater

sen, sondern dunkle und unbestimmte als die Hauptstellen annehmen und nach, diesen dann die deutlichen erklären will, das muß ich gerade heraus gestehen, sehe ich nicht ein. Insbesondere aber ist, Erstens selbst die Stelle, auf welche der Herr Rezensent seine ganze Argumentation von der Personalität des h. Geistes als einer Lehre, die in Justin dem Märtyrer gefunden wird, gründet, gar nicht von der Art, daß man so etwas, gegen seine anderweitigen klaren Aeusserungen aus ihr folgern könnte; wie, so bald wir auf diese Aeusserung des Justin kommen werden, gezeigt werden soll. Zweitens. Wenn man des Herrn Rez. Meinung beitritt, so entsteht eine grosse Schwierigkeit, auf welche er gar nicht Rücksicht genommen hat, in dem ganzen Lehrsystem des Justin vom Logos und Pneuma. Das Pneuma hat nämlich nach dem Justin, gar kein eigenthümliches persönliches Geschäfte. Denn Justin legt, wie wir gesehen haben, dem Logos sogar die Inspiration der Propheten bey. Solte nicht eben dieses noch ein Grund mehr seyn, warum man Logos und Pneuma beim Justin für ein Subjekt halten muß? Drittens. Schon bey den apostolischen Kirchenvätern fanden wir die Meinung, daß Logos und Pneuma nur ein Subjekt sind, und Tatian, und Theophylus von Antiochien, haben sie auch. Solte hier die Analogie nicht auch schon entscheiden?

ter und Sohn als in einem Wesen vereinigt sich denke und behaupte, daß eine solche Einigkeit des Wesens zwischen Beiden Statt hätte, als die rechtgläubige christliche Kirche nachmals eine Einigkeit des Wesens zwischen den Personen der Gottheit annahm.

Denn zu geschweigen, daß Justin in den Stellen, wo er von der Verehrung der Gottheit und des Logos redet, ausdrüklich immer spricht: Gott und der Logos, welches er nicht gethan haben würde, wenn er den Logos für den höchsten Gott gehalten hätte; so sagt er sowohl ausdrüklich, daß die Christen den Logos nach Gott verehrten [1]), als auch daß der Logos vom Vater ganz verschieden sey [2]). Freilich bleibt es demohngeachtet noch immer schwer zu bestimmen, was Justin sich von diesem Wesen, und seinem Zusammenhange mit der Gottheit, für eine bestimmte Vorstellung gemacht habe; es könnte auch wohl gar leicht seyn, daß ein Mann wie er, dem es, wie seine Schriften sehr deutlich zeugen, wenig um bestimmte Begriffe zu thun war, sich überall keine bestimmte Vorstellung von dieser Sache gemacht habe: indessen hier scheint dieses bey ihm doch nicht so ganz der Fall gewesen zu seyn. Wenigstens finden sich in seinen Schriften einige Stellen, die uns nicht ganz ohne allen Aufschluß in dieser Absicht lassen. Denn

Erstens

---

[1]) τον γαρ απο αγεννητου και αρρητου Θεου λογον, μετα τον Θεον προσκυνουμεν και αγαπωμεν. Apol. II. §. 13. p. 34. 35.

[2]) Dieses liegt offenbar in der schon oben S. 105 angeführten Stelle Apol. I. §. 83. p. 122. 23.

Erstens. Schon der Ausdruck erstes Geschöpf (πρωτον γεννημα) deſſen er ſich wie wir geſehen haben, vom Logos bedient, iſt gewiſſermaaſſen entſcheidend, und zeigt wenigſtens ſoviel an, daß Juſtin ſich der Logos als etwas durch Gott Entſtandenes — ſey es auch als etwas aus Gott ſelbſt, vielleicht ſogar von Ewigkeit her Entſprungenes —, mithin als ein ſolches Weſen gedacht habe, welches den Grund ſeines Daſeyns in der Gottheit, alſo nicht in ſich ſelbſt hat [1], und eben deswegen ein wahres Geſchöpf derſelben und weniger als ſie [2] iſt.

Zweitens. Ueber die Art, wie dieſer Logos durch Gott entſtanden iſt, ſagt er nichts deutliches, indeſſen iſt vielleicht folgendes als ein Wink zu betrachten. In einer Stelle nämlich, wo er von der Verfälſchung der Lehren der wahren Religion durch die Dämonen [3] redet, ſagt er, um die Lehre vom Logos im Heidenthum nachzuahmen, hätten die Dämonen die Lehre von der Minerva erfunden [4]. Die Aehnlichkeit, welche Juſtin zwiſchen beiden Lehren

---

[1] Alſo hat der Logos nach ihm, nicht wie man ſpäterhin lehrte blos rationem ſubſiſtentiae ſondern rationem exiſtentiae im Vater.

[2] Daß er ſich es ſo auch wirklich gedacht habe, beſtätigt die ſchon angeführte Stelle, aus der Apol. II. §. 13. p. 34. τον ... λογον, μετα τον Θεον προσκυνουμεν, και αγαπωμεν.

[3] Die er, welches ich hier blos im vorbeygehen erinnere, und wie weiter unten ausführlich gezeigt werden ſoll, für die Urheber und Stifter des Heidenthums hält.

[4] και την Αθηναν δε ομοιως πονηρευομενοι, θυγατερα του Διος εφασαν, ουκ απο μιξεως. αλλ᾽ επειδη εννοη-

Lehren fand, lag natürlich in dem Entspringen aus dem höchsten Gott, er dachte sich also den Logos **als aus Gott entstanden.**

Drittens. Nimmt man eben diese Stelle von der Minerva, und vergleicht damit sowohl die schon angeführten Stellen, in welchen das eigentliche Geschäfte des Logos immer die Erleuchtung und Belehrung des menschlichen Geschlechtes ist, als auch folgende Aeusserung, wo Justin, als er von Christo redet, sagt: er heisse mit Recht der Sohn Gottes, wegen der Weisheit, die er hatte [1]) und noch eine andere Stelle, wo er offenbar den Logos zur höchsten Vernunft macht [2]); so scheint sich mir aus diesem Allen zu ergeben, daß Justin sich den Logos **als ein Geschöpf Gottes, welches Gott aber aus sich selbst hervorgebracht hat, dessen charakteristische Eigenschaft die Weisheit ist,** gedacht habe.

III. Von der Verehrung des Vaters, Jesu Christi, und des prophetischen Geistes.

Zwey höhere, um das menschliche Geschlecht als seine höchsten Wohlthäter verdienten und daher auch von demselben zu verehrenden Wesen, nämlich die Gottheit und den

εννοηθεντα τον Θεον δια λογου τον κοσμεν ποιησαι εγνωσαν, ως τον πρωτην εννοιαν εφασαν την Αθηναν. Apol. l. §. 84 p. 124.

[1]) υιος δε Θεου ὁ Ιησους λεγομενος, ει και κοινως μονον ανθρωπος, δια σοφιαν αξιος υιος Θεου λεγεσθαι. Apol. I. §. 30. p. 44.

[2]) Apol. II. p. 35—36.

den Logos, der auch bey ihm Geist (πνευμα) heist, kennt Justin nur. Mithin hat er keinen Begriff von der kirchlichen Lehre von der Dreyeinigkeit gehabt; vielmehr unterscheidet sich seine Meinung von dieser Lehre wesentlich dadurch, daß er theils den Sohn (den Logos) dem Vater unterordnet, theils Sohn und Geist für ein einziges Subjekt hält. Da dieses alles bisher mit sehr deutlichen und gar nicht zweydeutigen Stellen aus ihm ist bewiesen worden; so frägt es sich, wie sind also diejenigen Stellen zu verstehen, in welchen er von der Verehrung des Vaters, Jesu Christi und des prophetischen Geistes redet, und die man bisher gröstentheils von einer Dreyeinigkeit verstanden hat? z)

z) Diese Stellen sind folgende zwey: **Erstens** Apol. I. §. 6. p. 10 - 12 heist es: και ομολογουμεν των τοιουτων νομιζομενων θεων αθεοι ειναι, αλλ ουχι του αληθεστατου και πατρος δικαιοσυνης και σωφροσυνης, και των αλλων αρετων ανεπιμικτου τε κακιας θεου: αλλ᾽ εκεινον τε, και τον παρ αυτου υιον ελθοντα, και διδαξαντα ημας ταυτα και τον των αλλων επομενων και εξομοιουμενων αγαθων αγγελων στρατον, πνευμα τε το προφητικον σεβομεθα, και προσκυνουμεν εν λογω και αληθεια τιμωντες. — **Zweitens:** Apol. i. §. 16. p. 23. 24. (Dieses ist diejenige Stelle, welche der Herr Rezensent meiner Dissertation im N. theol. Journal, wie ich oben schon erinnerte, gegen mich angeführt hat) αθεοι μεν ουν ως ουκ εσμεν, τον δημιουργον τουδε του παντος σεβομενοι...., τον διδασκαλον τε τουτων (nämlich derjenigen Lehren von
Gott,

Ich antworte: soll Justin nicht mit sich selbst im offenbarsten Widerspruche stehen, und wollen wir nicht zugleich alle Regeln einer vernünftigen Interpretation eines Schriftstellers ganz vernachläßigen, indem wir nämlich aus dunkeln und unbestimmten Aeusserungen die wahre Meinung eines Schriftstellers ganz gegen die klaren und deutlichen Aeusserungen desselben, vestsetzen; so müssen diese Stellen so erklärt werden, daß sie mit jenen deutlichen und völlig bestimmten, nicht im Widerspruch stehen, sondern ihr Sinn muß nach diesen bestimmt werden.

Da Gott, die er vorhin angeführt hatte) γενομενον υμιν, και εις τουτο γεννηθεντα Ιησουν Χριστον, τον σταυρωθεντα επι Ποντιου Πιλατου, του γενομενου εν Ιουδαια επι χρονιος Τυβεριου Καισαρος επιτροπου, υιον αυτου του οντως θεου μαθοντες, και εν δευτερα χωρα εχοντες, πνευμα τε προφητικον εν τριτη ταξει, οτι μετα λογου τιμουμεν, αποδειξομεν. ενταυθα γαρ μανιαν ημων καταφαινονται, δευτεραν χωραν μετα τον ατροπτον και αει οντα θεον και γεννητορα τον απαντων, ανθρωπω σταυρωθεντι διδοναι ημας λεγοντες, αγνοουντες το εν τουτω μυστηριον (diese Worte το εν τουτω μυστηριον haben beynahe alle Ausleger auf das Mysterium Trinitatis gezogen, aber dieses geschieht ganz falsch und dem Zusammenhange ganz zuwider: denn Justin redet wie das folgende lehrt, gar nicht von dem Mysterium Trinitatis, sondern von dem Geheimniß, welches darin liegt, daß vernünftige Menschen nach Gott einen gekreuzigten Menschen verehren können): ω προσεχειν υμας εξηγουμενων ημων προτρεπομεθα.

Da es nun zwey Wege giebt, auf welchen eine Vereinigung dieser so widersprechend scheinenden Aeusserungen des Justin möglich ist; so will ich sie hier beide anzeigen.

Der erste Weg ist dieser; man nimmt an, daß Justin, wenn er hier von der Verehrung Jesu Christi und des prophetischen Geistes redet, sich Jesum Christum als blossen Menschen denkt, der für die treue Vollführung des Werks der Beglückung der Menschen, von Gott erhöhet worden ist, der prophetische Geist ist nun der Logos als besonderes Subjekt betrachtet. Diese Meinung ist mir jedoch nicht sehr wahrscheinlich, denn wie mir es scheint so steht ihr die schon S. 115. angeführte Stelle αθεοι μεν ουν ως ουκ εσμεν u. s. w. Apol. I. §. 16. p. 23 entgegen. In derselben sagt Justin nämlich offenbar: daß, eben weil die Heiden nicht wüßten, daß Jesus der Sohn des wahren Gottes (oder der Logos) sey; so käme es ihnen thöricht vor, wenn die Christen nach dem höchsten Gott einen gekreuzigten Menschen verehrten. Auch in der Folge, nämlich §. 17. sq., in welchen er den Cäsarn, wie er selbst in der angeführten Stelle sagt, dieses Geheimniß erklären will, sieht man, daß er den Grund, warum Jesus von den Christen verehrt worden, darin setzt: weil er der Logos ist.

Ein zweiter Weg wäre der, daß man annähme: Justin rede unter beiden Namen Jesus Christus und prophetischer Geist nur von einem Subjekt, aber als Jesus Christus würde der Logos verehrt, in so ferne er in Jesu war und durch Jesum lehrte; als prophetischer Geist in soferne er durch Propheten und Apostel die Welt erleuchtete. Diese Meinung hat für mich, wie ich gestehen muß, die mehreste Wahrscheinlichkeit. Nach derselben wird gewissermaaßen das nämliche in Absicht auf den Logos hier behauptet, was nachmals Sabellius von der Trinität überhaupt behauptete.

Dieses wären zwey Wege, auf welchen man dem Vorwurf ausweichen könnte, daß Justin in seinen Behauptungen über diese Materie mit sich selbst im Widerspruche stünde; denn nach beiden Arten, sich seine widersprechend scheinenden Aeusserungen zu erklären und sie mit einander zu vereinigen, fällt aller Widerspruch unter ihnen weg.

Wem indessen diese Vereinigung zu gekünstelt vorkommen solte, als daß er durch sie befriedigt werden könnte, der würde freilich hier einen kleinen Widerspruch in den Behauptungen des Justin zugeben müssen; könnte sich indessen aber sehr leicht über denselben beruhigen, und sichs zugleich auch auf eine sehr natürliche Art erklären, wie dieser Widerspruch unvermerkt sich in diesen Theil des Justinischen Lehrsystems eingeschlichen hätte, wenn er folgendes reiflich überdächte. Zu Justin des Märtyrers Zeiten hatte man schon viel und mancherley, über Christum und den ihm beywohnenden Logos gestritten, und mancherley in Absicht auf ihn bestimmt; hingegen die Lehre vom heiligen Geist kam eigentlich erst späterhin zur Sprache, daher hatte man in Absicht auf sie noch beinahe gar nichts vestgesezt. Ueber den heiligen Geist und über seine Natur und sein Verhältnis zur Gottheit war noch nichts bestimmt, sondern nur von seiner Verehrung war bisher immer die Rede gewesen. Leicht ließ daher Justin über seinen Bestimmungen vom Logos und über dem Philoso-

phiren

phiren über die Natur dieses Wesens, den heiligen Geist ganz aus dem Auge, und so entstand dann dieser Widerspruch sehr natürlich.

Obgleich ich mich nun bey dieser Erklärung nicht ganz beruhigen kann; so muß ich doch zugeben, daß sie einen hohen Grad von Wahrscheinlichkeit hat. Was mich abhält sie anzunehmen, ist dieses: daß Justin der Märtyrer nur zu oft von dem Geist oder prophetischen Geist, und selbst in solchen Stellen spricht, wo ihm der Widerspruch doch hätte auffallen müssen, in den er sich durch seine Behauptungen verwickelte. Denn etwas anderes wäre es, wenn er vom prophetischen Geiste gar nicht weiter redete, als blos in den Stellen, wo er seiner Verehrung erwähnt, dann wäre es wahrscheinlich, er hätte über den Bestimmungen vom Logos es ganz vergessen, auch über die Natur des prophetischen Geistes etwas zu bestimmen. Aber zu sagen: der Logos ist das Pneuma, und doch nicht den Widerspruch zu fühlen, der mit seinen anderweitigen Behauptungen daraus entstand, das glaube ich war selbst für einen Justin ein wenig zu hart.

IV. Von Jesu Christo.

Dieser Logos oder Sohn Gottes, oder wie Justin auch sonst dieses Wesen zu nennen pflegte, Erstgebohrner Gottes u. s. w., ist nun, wie er ausdrücklich behauptet, nach dem Willen Gottes um der Menschen willen in Jesu Mensch geworden*),

---

*) $\alpha\lambda\lambda'$ $\varepsilon\iota\varsigma$ $\alpha\pi o\delta\varepsilon\iota\xi\iota\nu$ $\gamma\varepsilon\gamma o\nu\alpha\sigma\iota\nu$ $o\iota\delta\varepsilon$ $o\iota$ $\lambda o\gamma o\iota$, $o\tau\iota$ $\upsilon\iota o\varsigma$ $\Theta\varepsilon o\upsilon$ $\kappa\alpha\iota$ $\alpha\pi o\sigma\tau o\lambda o\varsigma$ $I\eta\sigma o\upsilon\varsigma$ o $X\rho\iota\sigma\tau o\varsigma$ $\varepsilon\sigma\tau\iota$, $\pi\rho\omega\tau\varepsilon\rho o\nu$

hat unter den Menschen gelebt und ihnen die vortreflichste Lehre des Christenthums verkündigt, welche, wiewohl sie in vielen Stücken mit den Lehren der Weisen unter den Heiden übereinstimmt, — deren Lehren auch sehr viel Gutes, und vieles von dem was Christus vortrug, enthalten, — dennoch dieses alles viel vollständiger, reiner und besser enthält als jene [1]); **hat auch um unsernt willen gelitten** [2]).

Ueber diese Leiden Jesu erklärt er sich jedoch nie deutlich, auch findet sich in ihm keine einzige Stelle, aus welcher man mit Sicherheit abnehmen könnte, daß er geglaubt habe; Jesus habe deswegen gelitten, um für unsere Sünden zu büssen. Alles was er in Absicht der Leiden Jesu sagt, ist folgendes: **daß diese Leiden Jesu zugefügt worden seyen, von den Dämonen, welche die thörigten Juden geblendet hät-**

τερον λογος ων ..... νυν δε δια θεληματος Θεου υπερ του ανθρωπειου γενους ανθρωπος γενομενος. Apol. I. §. 83. p. 121, 22. Auch τον Χριστον πρωτοτοκον του Θεου ειναι εδιδαχθημεν και προεμηνυσαμεν λογον οντα. Apol. I. §. 61. p. 90.

[1]) Dieses liegt offenbar in der sogleich S. 121. anzuführenden Stelle aus Apol. II. §. 13. p. 33 — 35.

[2]) οτι δε και υπερ ημων γενομενος ανθρωπος, παθειν και αντιπαθηναι υπεμεινε. Apol. I. §. 64. p. 95. Daß der Ausdruck υπερ ημων sehr zweideutig sey, brauche ich wohl kaum zu erinnern.

hätten ¹) — und daß Jesus diese Leiden ertragen habe, um ein Genosse unserer Leiden zu werden und unsere Genesung (oder Heilung ιασιν) zu bewirken ²). Indessen ist diese lezte Aeusserung, so sehr sie auch auf den ersten Blick, etwas von stellvertretender Genugthuung zu enthalten scheint, doch

¹) νυν δε (scil. ὁ λογος) δια θεληματος Θεου ὑπερ του ανθρωπειου γενους ανθρωπος γενομενος, ὑπεμεινε και παθειν ὁσα αυτον ενηργησαν οἱ δαιμονες διατεθηναι ὑπο των ανοητων Ιουδαιων. Apol. I. §. 83. p. 122.

²) Da diese Stelle so sehr merkwürdig ist, und bey derselben alles auf den Zusammenhang ankommt, will ich sie ausführlich hersetzen και γαρ εγω, μαθων περιβλημα πονηρον εις αποστροφην των αλλων ανθρωπων περιτεθειμενον ὑπο των φαυλων δαιμονων τοις Χριστιανων θειοις διδαγμασι, και ψευδολογουμενον ταυτα, και του περιβληματος κατεγελασα, και της παρα τοις πολλοις δοξης, Χριστιανος εὑρεθηναι και ευχομενος, και παμμαχως αγωνιζομενος ὁμολογω· ουχ ὁτι αλλοτρια εστι τα Πλατωνος διδαγματα του Χριστου, αλλ' ὁτι ουκ εστι παντη ὁμοια, ὡσπερ ουδε τα των αλλων, Στωικων τε, και ποιητων, και συγγραφεων. ἑκαστος γαρ τις απο μερους του σπερματικου θειου λογου το συγγενες ὁρων, καλως εφθεγξατο· οἱ δε ταναντια αυτοις εν κυριωτεροις ειρηκοτες, ουκ επιστημην την αποπτον, και γνωσιν την ανελεγκτον φαινονται εσχηκεναι. ὁσα ουν παρα πασι καλως ειρηται, ἡμων των Χριστιανων εστι. τον γαρ απο αγεννητου και αρρητου Θεου λογον, μετα τον Θεον προσκυνουμεν και

doch, sobald man den Zusammenhang vergleicht, gar nicht von der Art, daß sie zum Beweise für so etwas gebraucht werden könnte: denn 1) es ist sichtbar hier nicht von dem grossen Leiden und Tode Jesu, sondern von den gewöhnlichen Beschwerden des menschlichen Lebens die Rede, die der Logos in Jesu mit uns getheilt hat, 2) die ιασις ist offenbar hier nichts weiter als Heilung vom Irrthum und von Mängeln der Erkenntniß, wenigstens paßt in den Zusammenhang nichts anderes. Jedoch auch zugegeben, daß diese ιασις hier mehr bedeuten könne; so ist offenbar die Stelle zu kurz und zu zweideutig, als daß aus ihr irgend etwas bewiesen werden könnte. Ueberdem kann ich mich überhaupt schon deswegen nicht überzeugen, daß Justin der bekanntlich paulinischen Lehre vom Versöhnungstod Jesu zugethan gewesen seyn solte; da er nur immer im allgemeinen von den Leiden Jesu Christi redet, nie aber seines Todes auch nur mit einer Sylbe erwähnt, welcher doch eigentlich die Hauptsache hierbey ist. —

Von diesem Jesu Christo behauptet er endlich, daß er auferstanden, gen Himmel gefahren sey [1], auch

και αγαπωμεν, επειδη γαρ δι' ημας ανθρωπος γεγονεν, οπως και των παθων των ημετερων συμμετοχος γενομενος, και ιασιν ποιησηται. οι γαρ συγγραφεις παντες, δια της ενουσης εμφυτου του λογου σπορας, αμυδρως εδυναντο οραν τα οντα. ετερον γαρ εστι σπερμα τινος, και μιμημα κατα δυναμιν δοθεν· και ετερον αυτο, ου κατα χαριν την απ' εκεινου, η μετουσια και μιμησις γινεται. Apol. II. §. 13. p. 33—35.

[1]) Apol. I. §. 64. p. 97. Apol. I. §. 53. p. 83.

Justin der Märtyrer.   123

auch einst glorreich wiederkehren, alle Todten auferwecken und die Menschen richten werde [1]).

V. Von den Engeln und Dämonen.

Ausser der Gottheit und dem Logos der nachmals Jesu Christo beiwohnte, nimmt Justin nun noch andere Wesen an, die ursprünglich vollkommner sind als der Mensch, und welche er **Engel** nennt [2]), von denen er aber

---

[1]) διο γαρ αυτου (scil. Χριστου) παρουσιας προεκηρυξαν οἱ προφηται, μιαν μεν, την ηδη γενομενην, ὡς ατιμου και παθητου ανθρωπου· την δε δευτεραν, ὁταν μετα δοξης εξ ουρανων μετα της αγγελικης αυτου στρατιας παραγενησεσθαι κεκηρυκται· ὁτε και τα σωματα ανεγερει παντων των γενομενων ανθρωπων, και των μεν αξιων, ενδυση αφθαρσιαν· των δε αδικων εν αισθησει αιωνια μετα των φαυλων δαιμονων εις το αιωνιον πυρ πεμψει. Apol. I. §. 66. p. 99.

[2]) Die Hauptstelle von den Engeln und Dämonen, in welcher er seine ganze Meinung von ihnen gedrängt, vorträgt, ist folgende: ὁ Θεος τον παντα κοσμον ποιησας.... την μεν των ανθρωπων και των ὑπο τον ουρανον προνοιαν αγγελοις, οὑς επι τουτοις εταξε, παρεδωκεν· οἱ δ᾽ αγγελοι παραβαντες τηνδε την ταξιν, γυναικων μιξεσιν ηττηθησαν (dieses bezieht sich auf 1 Mos. 6, 2.) και παιδας εκτενωσαν, οἱ εἰσιν οἱ λεγομενοι δαιμονες· και προσέτι λοιπον το ανθρωπειον γενος ἑαυτοις εδουλωσαν· τα μεν δια φοβων και τιμωριων επεφερον, τα δε δια διδαχης θυματων....... και εις ανθρωπους φονους, πολεμους,

aber nirgends sagt, daß sie von den Christen verehrt würden. Ueberhaupt erwähnt er ihrer nur nebenher und ist daher auch sehr kurz in seinen Aeusserungen über sie. Er macht mit der Bibel unter ihnen den Unterschied zwischen guten und bösen. Die guten sind ihm Diener der göttlichen Vorsehung welche insbesondere über den Lauf dieser sublunarischen Welt, und vornämlich über die Angelegenheiten der Menschen die Aufsicht haben. Auch sagt er von ihnen der Logos habe sie unterrichtet [1]. Die bösen, zu deren Heerführer und Oberhaupt er die Schlange, den Satan oder Teufel macht [2], nimmt er auch — wie man eben daraus sieht, daß er von ihrem Fall redet — als anfänglich gut geschaffen an, nachher aber glaubt er seyen sie durch Vermischung mit den Weibern der Menschen gefallen. Aus dieser Vermischung behauptet er, seyen die Dämonen entstanden, diese haben nun seiner Meinung nach alles Böse in der Welt angerichtet und sind insbesondere

μους, μοιχειας, ακολασιας, και πασαν κακιαν εσπειραν Apol. II. §. 6. p. 10-12.

[1] αλλ' εκεινον τε (scil. τον Θεον) και τον παρ' αυτου υιον ελθοντα, και διδαξαντα ημας ταυτα και τον των αλλων αγαθων επομενων και εξ ομοιουμενων αγγελων στρατον. Apol. I. §. 6. p. 11.

[2] παρ' ημιν μεν γαρ ο αρχηγετης των κακων δαιμονων, οφις καλειται, και σατανας, και διαβολος. Apol. I. §. 36. p. 56.

dere die Urheber der Abgötterey, daher sie denn auch von jeher gegen alle diejenigen, welche die Menschen der Unwissenheit und dem Götzendienste zu entreissen suchten, namentlich gegen den Sokrates, gewüthet, auch Jesum durch die Juden verfolgt haben, und noch die Christen verfolgen [1]).

Diese Meinung des Justin von den bösen Engeln und Dämonen ist nun um so merkwürdiger, da er, wie bekannt, ein Heide war, und also dieselbe nicht zum Christenthum herüberbringen konnte; sondern sie als eine zu seiner Zeit in der christliche Kirche herrschende Meinung vorfinden muste.

Auf die Engel folgt nun in der Reihe der Wesen auch nach ihm der Mensch. Diesen beschreibt er als ein vernünftiges Wesen [2]), in dessen Macht es

---

[1]) vergl. z. B. Apol. I. §. 5, 6. p. 9, 10. u. a. a. O.

[2]) τας τιμωριας και τας κολασεις, και τας αγαθας αμοιβας, κατ' αξιαν των πραξεων εκαστου αποδιδοσθαι δια των προφητων μαθοντες, και αληθες αποφαινομεθα. επει ει μη τουτο εστιν, αλλα καθ' ειμαρμενην παντα γινεται, ουτε το εφ' ημιν εστιν ολως. ει γαρ ειμαρται τονδε τινα αγαθον ειναι, και τονδε φαυλον, ουδ' ουτος αποδεκτος, ουδε εκεινος μεμπτεος. και αυ, ει μη προσαιρεσει ελευθερα, προς το φευγειν τα αισχρα, και αιρεισθαι τα καλα, δυναμιν εχει το ανθρωπειον γενος, αναιτιον

es steht, sowohl dem Guten als dem Bösen zu folgen, und welches daher für seine Handlungen auch der Strafe und des Lohnes fähig ist ¹). Freylich sagt er es läge in unserer Natur eine gesezwidrige Neigung ²), welche ihm wohl nichts anders als die Sinnlichkeit ist, die dem Körper vermöge seiner Natur anklebt. Denn von Erbsünde im theologischen Sinne steht in ihm kein Wort, auch gedenkt er des Sündenfalles oder irgend einer dem Menschen angebohrnen Verdorbenheit gar nicht. Vielmehr giebt er dem Menschen auch

τιον εστι των ὁπωσδηποτε πραττομένων. Apol. I. §. 54. p. 83.

¹) ἀλλ᾽ εἱμαρμενην φαμεν ἀπαραβατον ταυτην ειναι, τοις τα καλα ἐκλεγομενοις, τα ἀξια ἐπιτιμια: και τοις ὁμοιως τα ἐναντια τα ἀξια ἐπιχειρα. ου γαρ ὡσπερ τα ἀλλα, οἱον δενδρα και τετραποδα, μηδεν δυναμενα προαιρεσει πραττειν, ἐποιησε ὁ Θεος τον ἀνθρωπον. ουδε γαρ ην ἀξιος ἀμοιβης ἡ ἐπαινου, ουκ ἀφ᾽ ἑαυτου ἑλομενος το ἀγαθον, ἀλλα τουτο γενομενος. οὐδ᾽ ει κακος ὑπηρχε, δικαιως κολασεως ἐτυγχανεν, ουκ ἀφ᾽ ἑαυτου τοιουτος ων, ἀλλ᾽ ουδεν δυναμενος ειναι ἑτερον παρ᾽ ὃ ἐγεγονει. Apol. I. §. 55. p. 84.

²) ὁπερ γαρ ουκ ἐδυνηθησαν οἱ ἀνθρωπινοι νομοι, πραξαι, ταυτα ὁ λογος θειος ων εἰργασατο. ει μη οἱ φαυλοι δαιμονες κατεσκεδασαν πολλα ψευδη και ἀθεα κατηγορηματα, συμμαχον λαβοντες την ἐν ἑκαστῳ κακην προς παντα και ποικιλην φυσει ἐπιθυμιαν. Apol. I. §. 10. p. 18.

auch noch izt nach dem Fall solche Kräfte, und schildert die gegenwärtige natürliche Menschenvernunft mit solchen Zügen, daß man leicht sieht, er habe das kirchliche Dogma von der Erbsünde gar nicht gekannt ¹). Denn er sagt zum Beispiel sogar: daß die gegenwärtigen Menschen d. h. die Menschen wie sie izt (also nach dem Fall) noch sind, gewiß von selbst und unter der Leitung ihrer eigenen Vernunft, das Wahre und Gute gefunden haben und ihm gefolgt seyn würden, wenn nicht die Dämonen sie immer wieder von dem Streben nach Weisheit und Tugend abgebracht hätten ²). Deswegen nennt er denn auch diejenigen, die sich nicht irre machen liessen, sondern selbst unter den Heiden den Vorschriften der gesunden Vernunft nachlebten, Christen, weil nämlich Christus der Logos (die Weisheit) sey ³).

Bey

¹) γεννητου δε παντος ηδε η φυσις, κακιας και αρετης δεικτικον ειναι: ου γαρ αν ην επαινετον ουδεν αυτων, ει ουκ ην επ' αμφοτερα τρεπεσθαι, και δυναμιν ειχε. δεικνυουσι δε τουτο και οι πανταχου κατα λογον τον ορθον νομοθετησαντες και φιλοσοφησαντες ανθρωποι, εκ του υπαγορευειν τοδε μεν πραττειν, τωνδε δε απεχεσθαι. και οι Στωικοι φιλοσοφοι etc. Apol. II. §. 8. p. 18. auch Ap. II. §. 12. p. 30.

²) οπερ γαρ ουκ εδυνηθησαν οι ανθρωπειοι νομοι πραξει, ταυτα ὁ λογος θεος ων ειργασατο, ει μη οι φαυλοι δαιμονες κατεσκεδασαν πολλα ψευδη και αθεα κατηγορηματα. Apol. I. §. 8. p. 18.

³) Χριστον πρωτοτοκον του Θεου ειναι εδιδαχθημεν,

Bey solchen Begriffen von der menschlichen Natur und von den natürlichen Kräften des Menschen, war es denn auch nicht anders möglich, als daß der Weg, welchen Justin vorzeichnet, um zur christlichen Vollkommenheit und zur Glückseeligkeit, welche das Christenthum verheißt, zu gelangen [1]), ganz ein anderer seyn muste, als derjenige ist, welchen man, sobald man Erbsünde und dergleichen annimmt, als den richtigen vestsetzen muß. Er glaubt daß schon derjenige ein wahrer Christ sey, welcher die Lehre Jesu annimmt und in treuer Befolgung ihrer Vorschriften Gottes und Jesu Beispiel nachahmt. Von einem solchen sagt er auch daß er in jener Welt einst von Gott mit Unsterblichkeit und seeliger Gemeinschaft mit ihm, werde belohnt werden [2], die bösen hingegen lehrt er sollen bestraft

---

και προεμηνυσαμεν λογον οντα, ου παν γενος ανθρωπων μετεσχε. και οι μετα λογου βιωσαντες, Χριστιανοι εισι, καν αθεοι ενομισθησαν. οιον εν Ελλησι μεν Σωκρατης και Ηρακλειτος, και οι ομοιοι αυτοις. Apol. I. §. 60. p. 90, 91. auch Apol. II. §. 13.

[1]) der sonst sogenannte ordo salutis.

[2]) Apol. I. p. 16—18. εκεινους δε προσδεχεσθαι αυτον (scil. τον Θεον) μονον δεδιδαγμεθα, και πεπεισμεθα και πιστευομεν, τους τα προσοντα αυτω αγαθα μιμουμενους, σωφροσυνην, και δικαιοσυνην, και φιλανθρωπιαν, και οσα οικεια Θεω εστι, τω μηδενι ονοματι θετω καλουμενω. και παντα την αρχην αγαθον οντα δημιουργησαι αυτον εξ αμορφου υλης δι' ανθρωπους, δεδιδαγμεθα· οι εαν αξιους

τω

bestraft werden mit ewigen Strafen ¹) in der Hölle ²); und zwar in Gesellschaft der bösen Geister ³). Aus diesen Voraussetzungen folgte aber auch, daß überhaupt alle gute Menschen, wenn sie gleich nicht Christen waren, dennoch einst glücklich seyn müsten; und auch hierüber äussert er sich zwar nicht in einer einzelnen Stelle aber doch überhaupt so, wie er um konsequent zu seyn, sich äussern muste. Denn er sagt immer, daß die guten Menschen seelig werden sollen, nicht gerade ausschliessungsweise Juden oder Christen.

VII. Von der Taufe.

Hiermit stimmt auch vollkommen dasjenige überein, was er von der Taufe sagt, und wie er sie ansieht, er betrachtet sie als eine blosse Einweihungszeremonie, wodurch alsdenn diejenige Sache, die auf solche Art geweihet wird, gereiniget

τω εκεινου βουλευματι εαυτους δι εργων δειξωσι, της μετ' αυτου αναστροφης καταξιωθηναι, προσειληφαμεν συμβασιλευοντας, αφθαρτους και απαθεις γενομενους. ον τροπον γαρ την αρχην ουκ οντας εποιησε, τον αυτον ηγουμεθα τροπον, δια το ελεθαι τους αιρευμενους τα αυτω αρεστα, και αφθαρσιας και συνουσιας καταξιωθηναι.

¹) πιστευοντες, μαλλον δε και πεπεισμενοι, κατ' αξιαν των πραξεων εκαστον τισειν δια πυρος αιωνιου δικας Apol. I. §. 23. p. 33. auch nennt er diese Strafen in eben dieser Stelle κολασις αιωνια.

²) ἡ δε γεεννα εστι τοπος ενθα κολαζεσθαι μελλουσιν οἱ αδικως βιωσαντες Apol. I. §. 27. p. 38.

³) vergl. die schon S. 123 angeführte Stelle Apol. I. §. 66. p. 99.

reiniget und vom gemeinen Gebrauch abgesondert wird; hierauf bezieht sich offenbar alles, was er über die Taufe sagt ¹). Er schildert sie als eine Handlung, wodurch der-

¹) Folgende ist die Hauptstelle in dieser Lehre: ὃν τρόπον δε και ανεθηκαμεν ἑαυτους τω Θεω καινοποιηθεντες δια του Χριστου, εξηγησομεθα· ὁπως μη τουτο παραλιποντες, δοξωμεν πονηρευειν τι εν τη εξηγησει. ὁσοι αν πεισθωσι και πιστευωσιν αληθη ταυτα τα εφ' ἡμων διδασκομενα και λεγομενα ειναι, και βιουν οὑτως δυνασθαι ὑπισχνωνται, ευχεσθαι τε και αιτειν νηστευοντες παρα του Θεου των προημαρτημενων αφεσιν διδασκονται. ἡμων συνευχομενων και συννηστευοντων αυτοις. επειτα αγονται ὑφ' ἡμων ενθα ὑδωρ εστι, και τροπον αναγεννησεως, ὁν και ἡμεις αυτοι ανεγεννηθημεν, αναγεννωνται. επ' ονοματος γαρ του πατρος των ὁλων και δεσποτου Θεου, και του σωτηρος ἡμων Ιησου Χριστου, και πνευματος ἁγιου, το εν τω ὑδατι τοτε λουτρον ποιουνται .... Και λογου δε εις τουτο παρα των αποστολων εμαθομεν τουτον. επειδη την πρωτην γενεσιν ἡμων αγνοουντες, κατ' αναγκην γεγεννημεθα εξ ὑγρας σπορας κατα μιξιν την των γονεων προς αλληλους, και εν εθεσι φαυλοις και πονηραις ανατροφαις γεγοναμεν, ὁπως μη αναγκης τεκνα μηδε αγνοιας μενωμεν, αλλα προαιρεσεως και επιστημης, αφεσεως τε ἁμαρτιων ὑπερ ὡν προημαρτομεν τυχωμεν εν τω ὑδατι, επονομαζεται τω ἑλομενω αναγεννηθηναι, και μετανοησαντι επι τοις ἡμαρτημενοις, το του πατρος των ὁλων και δεσποτου Θεου ονομα· (αυτο τουτο μονον επι-

derjenige, welcher in den Wahrheiten des Christenthums unterrichtet worden und ihnen gemäß zu leben versprochen hat (von Kindertaufe also weiß er nichts) zum Christen eingeweihet wird. Durch dieses Bad wird nämlich sowohl die natürliche Unreinigkeit, die jedem Menschen, weil er aus der Vermischung eines Mannes mit einem Weibe entstanden ist, anklebt, als auch die erworbene, welche er sich durch wirkliche Versündigungen zugezogen hat, gleichsam abgewaschen, und so wird er nun als ein reiner über dem noch dazu die Taufformel ausgesprochen worden ist, ein Christ. Zudem nennt er die Taufe die Erleuchtung (Φωτισμος), nicht, wie man aus dem Zusaze sieht, weil er glaubte, daß durch das bloße Abwaschen mit Wasser, oder durch das Aussprechen der Taufformel auf eine übernatürliche Art der Verstand des Menschen erleuchtet würde (dieses alles sind spätere Begriffe); sondern weil durch die Lehre, zu deren Bekenntniß er hier eingeweihet worden, sein Verstand erleuchtet wird. Hätte Justin nun etwas von Erbsünde gewußt; so hätte er hier bey Erwähnung der natürlichen Unreinigkeit es gewiß nicht verschwiegen.

ἐπιλέγοντες, τοῦτον λουσόμενον ἄγοντες ἐπὶ τὸ λουτρόν· ὄνομα γὰρ τῷ ἀρρήτῳ Θεῷ οὐδεὶς ἔχει εἰπεῖν· εἰ δέ τις τολμήσειεν εἶναι λέγειν, μέμηνε τὴν ἄσωτον μανίαν. καλεῖται δὲ τοῦτο τὸ λουτρὸν Φωτισμὸς, ὡς φωτιζομένων τὴν διάνοιαν τῶν ταῦτα μανθανόντων.) καὶ ἐπ᾽ ὀνόματος δὲ Ἰησοῦ Χριστοῦ τοῦ σταυρωθέντος ἐπὶ Ποντίου Πιλάτου, καὶ ἐπ᾽ ὀνόματος πνεύματος ἁγίου, ὁ διὰ τῶν προφητῶν προεκήρυξε τὰ κατὰ τὸν Ἰησοῦν πάντα, ὁ φωτιζόμενος λούεται, Apol. I. §. 79, 80. p. 115 — 18.

Noch finden sich beym Justin Aeusserungen über ein paar Dogmen, welche zu merkwürdig sind als daß ich sie hier übergehen könnte, sie betreffen das Dogma von der heiligen Schrift und das Dogma vom Abendmahl.

VIII. Von der heiligen Schrift.

Schrift (ἡ γραφη) **ist ihm nichts anders als das A. Testament.** Aus diesem beweist er alle seine Behauptungen ausführlich, und von den Verfassern desselben sagt er, daß sie vom prophetischen Geist oder vom Logos wären inspirirt worden [1]; hingegen vom N. Testament sagt er dieses alles nie, nie zitirt er es als Schrift (η γραφη), nie führt er auch irgend etwas aus demselben an, als bloß Reden Jesu, und zwar thut er dieses nur, um Beispiele zu geben, von den Vorschriften die Jesus vorgetragen hat [2]. Zwar redet er von den Aposteln als solchen, über welche, der Verheissung Jesu gemäß, der Geist gekommen ist, worauf sie denn in alle Welt gegangen sind und die Lehre des Christenthums geprediget haben [3]; allein daß er ihre Reden oder Schriften

---

[1] ὁταν δε τας λεξεις των προφητων λεγομενας ὡς απο προσωπου ακουητε, μη απ αυτων των εμπεπνευσμενων λεγεσθαι νομισητε, αλλ' απο του κινουντος αυτους Θειου λογου. Apol. I. §. 46. p. 73.

[2] Siehe z. B. §. 18—22.

[3] ὑστερον δε εκ νεκρων αναστανος, και οφθεντος αυτοις και ταις προφητειαις εντυχειν, εν αἱς παντα ταυτα προειρητο γενησομενα, διδαξαντος, και εις ουρανον

ten für eigentlich inspirirt gehalten habe, davon findet sich in ihm keine Spur. Vielmehr scheint er der Meinung zu seyn, daß diese Ueberkunft des Geistes ihnen nur die Wundergabe, und den Muth das Evangelium der Welt zu predigen, ertheilt habe.

Ueberhaupt scheint mir sein Begriff von der Inspiration ein ganz anderer, als der neuere ist, gewesen zu seyn. Meiner Meinung nach, hält er blos Weissagungen für inspirirt oder vom prophetischen Geist eingegeben, eine andere Art von Inspiration kennt er nicht, wenigstens finden sich von ihr in ihm keine Spuren. Denn alles, was er, als vom πνευμα oder πνευμα προφητικον eingegeben, anführt, sind Weissagungen.

IX. Vom Abendmahl.

Eben so merkwürdig ist auch seine Lehre vom Abendmahl. Er erklärt sich nämlich sehr deutlich über den Ausdruck εστι, und man sieht aus seiner Erklärung, daß er dieses Wort nicht, für es bedeutet sondern es ist, genommen hat. Sein Glaube war in diesem Fall, wie man aus eben dieser Stelle sieht, folgender. Eben der Logos, welcher sich seinen eignen Leib in der Maria bereitet hat, ist gewiß auch vermögend, seine Worte: das ist mein Leib,

---

ουρανον ανερχομενον ιδοντες, και πιστευσαντες, και δυναμιν εκειθεν αυτοις πεμφθεισαν παρ' αυτου λαβοντες, και εις παν γενος ανθρωπων ελθοντες, ταυτα εδιδαξαν, και αποστολοι προσηγορευθησαν.
Apol. I. §. 64, p. 97.

Leib, wahr zu machen *). Wie er sich indessen dieses vorgestellt habe, ob durch Verwandlung oder sonst auf eine andere Art, darüber findet man keinen Aufschluß. Wahrscheinlich hat er sich auch selbst hier keinen bestimmten Modus gedacht.

Dieses sind nun die Erklärungen, welche sich in den Schriften Justin des Märtyrers über christliche Dogmen finden. Wie man sieht, so ist seine ganze Theologie sehr einfach, und nichts weniger, als was man in spätern Zeiten rechtgläubige Theologie nannte, gewesen. Solte man sie in wenige Worte zusammendrängen, so würde sein Glaubensbekenntniß ohngefähr also gelautet haben.

„Es

---

*) Die Hauptstelle steht in der Apol. I. §. 86. p. 128 - 30. Sie ist folgende: Ου γαρ ως κοινον αρτον, ουδε κοινον πομα, ταυτα λαμβανομεν· αλλ' ον τροπον δια λογου Θεου σαρκοποιηθεις Ιησους Χριστος ὁ σωτηρ ἡμων, και σαρκα και αἱμα ὑπερ σωτηριας ἡμων εχεν, οὑτως και την δι ευχης λογου του παρ αυτȣ ευχαριστηθεισαν τροφην, εξ ἡς αἱμα και σαρκες κατα μεταβολην τρεφονται ἡμων, εκεινου του σαρκοποιηθεντας Ιησου και σαρκα και αἱμα εδιδαχθημεν ειναι. οἱ γαρ αποστολοι εν τοις γενομενοις ὑπ' αυτων απομνημονευμασιν.... οὑτως παρεδωκαν εντεταλθαι αὑτοις τον Ιησουν λαβοντα αρτον, ευχαριστησαντα ειπειν, τουτο ποιειτε εις την αναμνησιν μου, τουτεστι το σωμα μου ..... τουτο εστι το αἱμα μου.

„Es ist eine Gottheit, das heißt ein vollkommenstes Wesen, welche alles was ausser ihr da ist, hervorgebracht hat, erhält und mit Weisheit und Güte regiert, diese ist der liebevolle Vater der Menschen, und will ihnen, wenn sie ihren Befehlen nachleben, für immer wohlthun.

„Diese Gottheit hat aus sich selbst, vor allen übrigen Geschöpfen ein Wesen hervorgebracht, welches der Logos heißt, und dessen eigenthümlicher Charakter die Weisheit ist. Ihm verdankt das ganze Geisterreich seine Einsichten, er war der Lehrer der guten Engel, er lehrte jeden Menschen schon durch die Vernunft, er belehrte jedes Volk durch seine Weisen, die Juden durch ihre Propheten. Endlich aber wurde er, um die Macht der Dämonen, welche die Menschen immer tiefer in Unwissenheit und Irrthümer zu verstricken suchten, zu schwächen, in Christo ein Mensch und verkündigte uns die weisen Lehren des Christenthums. Seinen Lehren nun zu folgen, und nach Sinn und Wandel den Vorschriften, die er uns gab, gemäß zu leben, das ist die Pflicht eines jeden vernünftigen Menschen, der nach wahrer Weisheit strebt und die Tugend liebt und sucht. Dieser Weg zur Vollkommenheit und Glückseligkeit führt am sichersten und leichtesten zum Ziel, daher muß jeder ihn betreten; der den Namen eines Weisen (eines recht vernünftigen Menschen) mit Wahrheit führen will."

Gewiß ein merkwürdiges Glaubensbekenntniß, und noch dazu ein Glaubensbekenntniß, von einem Kirchenvater, der von jeher für einen der rechtgläubigsten galt!

Diese so einfache, und eben in dieser ihrer Einfachheit so schöne Vorstellung von dem Lehrbegriff des Christenthums, welche sich Justin der Märtyrer machte, sticht nun sehr auffallend ab, gegen den Lehrbegriff des izt folgenden unbekannten Kirchenstribenten, nämlich des Verfassers des Gesprächs mit dem Juden Tryphon.

Der unbekannte Verfasser des Dialogus cum Tryphone ¹).

War Justin gleich nur ein schwacher Mann, waren seine Naturanlagen vielleicht nicht die stärksten, und seine Einsichten nicht die ausgebreitetesten, waren selbst seine Schriften als Bücher betrachtet schlecht und planlos gearbeitet; so hatte seine ganze Denkungsart doch etwas Helles und Mildes, wozu gewiß das meiste, die frühere Bildung beigetragen hatte, welche er als heidnischer Philosoph genoß, und vermöge der er doch wenigstens einige — wenn auch vielleicht nicht sehr enge — Bekannt-

schaft

---

¹) Bey Zitaten bediene ich mich der Ausgabe von Samuel Iebb. London 1719. Ich muß bey dieser Ausgabe, die sonst wesentliche Vorzüge hat, einen Fehler bemerken, welcher in ihr Statt hat, und der leicht zu Verwirrungen Anlaß geben könnte, wenn der Leser ihn nicht im voraus weiß. Von S. 72 — 81 geht nämlich die Seitenzal ganz falsch, und zwar auf folgende Art, 72, 65, 66, 67, 68, 69, 70, 71, 72, 81. Beim Zitiren werde ich die Seitenzalen, welche zum zweiten Male stehen, durch b) kenntlich machen.

schaft mit den Werken jener Männer unterhalten muste, deren Schriften noch izt zu den schönsten Früchten, die der menschliche Geist je hervorgebracht hat, gehören, und denen sich kein Unbefangener — wenn gleich auch nur von ferne — nahern kann, ohne von ihnen angezogen, und von dem Geiste der in ihnen webt, durchdrungen zu werden.

Ganz anders hingegen zeigt sich uns der Verfasser des Gesprächs mit dem Juden Tryphon. Er ist ein scharfsinniger, ja beinahe möchte ich sagen, tief denkender Mann, der insbesondere viele jüdische Gelehrsamkeit besizt, auch selbst in den Schriften heidnischer Skribenten nicht unbewandert zu seyn scheint, dabey ist er aber zugleich noch so ganz Jude in seiner Denkungsart, daß man ihm die frühe Richtung, welche sein Kopf sowohl als auch sein Herz, durch den Unterricht, welcher ihm als Jude, von Jugend an ertheilt worden war, genommen hatte, sehr deutlich ansieht. Nach ihm befindet sich diejenige Anzal von Menschen, welche die Schriften der Propheten hat, im Alleinbesiz der Wahrheit; er weiß nichts von ursprünglich guten Anlagen in der menschlichen Natur; nichts von Duldsamkeit gegen Andere, überhaupt nichts von jenen mildern Empfindungen, welche das Judenthum schon von jeher, in ihrem ersten Keim erstickte. Dieses alles bestimmt mich auch, ihn, wie izt ausführlich gezeigt werden soll, für eine ganz andere Person als Justin den Märtyrer, welchem man sonst gewöhnlich das Gespräch mit dem Juden Tryphon gleichfalls zuschreibt, zu halten.

Die Sache verdient eine etwas genauere und ins einzelne gehende Untersuchung, welche ich izt anstellen will.

Obgleich

des Dialogus cum Tryphone.

Obgleich einige wenige Gelehrte es schon bezweifelt haben, ob der Dialogus cum Tryphone ein Werk Justin des Märtyrers sey, so hat man doch bisher beinahe allgemein denselben für Justin des Märtyrers Schrift gehalten. Indessen sehe ich mich, ohngeachtet der Verfasser dieses Gesprächs mit dem Juden Tryphon, sich selbst für Justin den Märtyrer ausgiebt *), dennoch durch folgende innre Gründe bewogen, mich gegen diese so sehr gewöhnliche Meinung geradezu zu erklären, und den Dialogus cum Tryphone dem Justin abzusprechen.

1) Schon der Vortrag, welcher in diesem Dialogus herrscht, ist ein ganz anderer als der, welchen man in den beiden Apologien Justin des Märtyrers findet. Dort sprach, wie wir gesehen haben, ein Mann von wenig Kopf und sehr beschränkten Kenntnissen, der die Dinge, welche er vortrug, auf die gewöhnlichste Art sagte und in seine Schriften oft gar keinen rechten Zusammenhang zu bringen verstand, sondern bisweilen alles untereinander warf, wodurch sie freilich keine angenehme Lektüre wurden. Hier aber

*) S. 351 sagt er, ουδε γαρ απο του γενους του εμου, λεγω δε των Σαμαρεων (Justin war aus Sichem), τινος φροντιδα ποιουμενος, εγγραφως Καισαρι προσομιλων, ειπον πλανασθαι αυτους πειθομενους τω εν τω γενει αυτων μαγω Σιμωνι, durch welche Stelle er sehr sichtbar auf eine von den Apologien anspielt, welche von beiden er jedoch hier insbesondere gemeint habe, ist ungewis, denn in beiden finden sich Stellen, welche hieher gezogen werden können. In der grössern S. 69 und 91 und in der kleinern S. 36.

aber spricht ein Mann von Kopf und Kenntnissen, bey dem sowohl Gewandheit im Denken als auch Gewandheit im Vortrage sichtbar ist. Denn der Dialogus cum Tryphone hat, wie man aus allem sieht, einen Verfasser, der sogar seinem Dialog ein gewisses Leben zu geben und seine Leser angenehm zu unterhalten weiß. Wie stimmt dieses nun aber mit der Behauptung zusammen: daß Justin der Verfasser des Dialogus cum Tryphone seyn soll? Justin, der in seinen Apologien den schleppendsten Vortrag von der Welt hatte.

2) Auch in dem Innhalte selbst, finden sich die deutlichsten Beweise, daß Justin der Märtyrer nicht der Verfasser dieses Buchs seyn könne.

Erstens schon die Kenntnisse, welcher der Verfasser des Dialogus cum Tryphone hat, sind von der Art, daß ich sie Justin dem Märtyrer nicht zutrauen kann. Derjenige, welcher den Dialogus c. T. schrieb, kannte, wie man sieht, das Judenthum nach allen seinen Gebräuchen ganz genau, war dabey ganz Jude in seiner Denkungsart, und eingeweiht in alle Spekulazionen der jüdischen Theologie [z]. Von allem diesem verräth aber Justin in seinen Apologien auch so gar nichts, daß ich mich nicht überreden kann, daß Justin der

---

[z] Man vergleiche z. B. S. 30, wo er Kenntniß der Rabbinen verräth. S. 72 ff. zeigt er sich ganz als Jude in der Denkungsart und zeigt auch eine sehr genaue Kenntniß des Judenthums. Auch S. 116 — 124 u. s. w.

des Dialogus cum Tryphone.

der Märtyrer, welcher Verfasser der Apologien ist, zugleich auch den Dialogus c. T. geschrieben haben soll.

Zweitens. Aber auch die Grundsäze, welche der Verfasser des Dialogus c. T. hat und in seinem Gespräch vertheidigt, sind nicht blos von den Grundsäzen des Verfassers der beiden Apologien sehr verschieden; sondern häufig denselben gerade entgegengesezt, und dieses bestimmt mich vornämlich dem Justin den Dialogus c. T. gänzlich abzusprechen. Justin der Märtyrer, ist, wie wir aus seinen Apologien sehr deutlich sehen, ein Patron der heidnischen Philosophen *), denn er

*) Dieses hat zulezt Herr D. Keil in seiner gelehrten Dissertation de Doctoribus veteris Ecclesiae culpa corruptae per platonicas sententias Theologiae liberandis Comm. I et II Lips. 1793 p. 12 ff. geläugnet, und behauptet, Justin der Märtyrer habe wenig auf die heidnischen Philosophen gehalten. Allein so gründlich auch die ganze Dissertation abgefaßt ist, so hat sie doch hier eine Schwäche, die sehr bald sichtbar wird, wenn man sieht, wie eben die Stellen, welche in den Apologien für die heidnischen Philosophen sprechen, durch Stellen aus dem Dial. c. T. geschwächt werden, und also mit Hülfe des Dial. c. T. das Resultat herausgebracht wird, daß Justin wenig auf die heidnischen Philosophen gehalten habe. Läßt man aber den Dial. c. T. aus dem Spiel, wie ich glaube, daß dieses geschehen muß, weil er nicht vom Justin ist, so ist der Verfasser der Apologien offenbar für die heidnischen Philosophen.

er sagt von ihnen, daß diejenigen unter ihnen welche nach den Grundsäzen der Vernunft gelehrt und gelebt hätten Christen genannt zu werden verdienten, weil sie dem λογος der auch in Christo war, gemäß lehrten und lebten. Ueberhaupt hat er von der menschlichen Vernunft und der Wahrheit und Nüzlichkeit ihrer Vorschriften sehr hohe Begriffe, ja er glaubt sogar, daß, wenn die Menschen ihr folgten, sie gewiß durch sie zur Erkenntnis der Wahrheit und zur Glückseligkeit geführt werden würden. Von allem diesem behauptet aber der Verfasser des Dialogus c. T. das Gegentheil. Er verwirft alle heidnischen Philosophen, und will blos die Propheten des A. T. als wahre Weise gelten lassen, er äussert sich über die Kräfte der menschlichen Vernunft in Erkenntniß der Wahrheit und Erforschung des Weges zur Glückseligkeit gar nicht zweideutig, sondern so, daß man sehr leicht sieht, er halte eine Behauptung der Art, als die des Justin war, für eine blosse Chimäre. Wer folgende Stellen beider Schriftsteller in dieser Absicht vergleichen will, z. B. Dial. c. T. p. 14. 23—26, 43, 281. und Apol. I. §. 60. p. 90, 91. Apol. II. §. 13. Apol. II. §. 8. p. 18. p. 30. dem wird der Widerstreit, in welchem sie in Absicht ihrer Grundsäze mit einander stehen, sehr klar einleuchten. Wie dieses denn auch schon bey der Aufstellung des Lehrsystems dieses Mannes sich sehr deutlich zeigen wird.

Nimmt man zu diesen entscheidenden Gründen, welche aus dem Vortrage und Innhalte des Dialogus c. T. gegen den Justin als Verfasser hergenommen sind, nun noch folgende Bedenklichkeit, welche in jedem, der mit den christlichen Kirchenschriftstellern bekannt ist, sobald er Jusstin den Märtyrer sich als Verfasser des Dialogus c. T. denkt, entstehen muß, und die zwar an sich nichts entscheiden kann, aber doch neben so starken Gründen auch etwas gelten muß: daß es nämlich so ganz gegen alle Analogie ist, daß ein ehemaliger Heide eine Schrift verfertigt, die eigentlich gegen Juden gerichtet ist, da man bey den frühesten Kirchenskribenten es immer findet, daß der ehemalige Heide gegen Heiden, der Jude gegen Juden schreibt, weil er so gewissermaaßen in seinem Fache war, und sich hinlängliche Stärke zutrauen konnte, um den Gegnern Widerstand zu leisten; so bleibt beinahe vollends kein Zweifel übrig, daß den innern Gründen zu Folge Justin der Märtyrer nicht wohl der Verfasser des Dialogus c. T. seyn könne.

Freilich sind alle äussere Gründe für ihn, denn nach allen Zeugnissen der Alten, ist Justin der Märtyrer der Verfasser des Dialogus cum Tryphone. Indessen glaube ich, daß, wenn man sich die Sache so denkt, wie ich sie izt auseinander sezen werde, das Ansehen der äussern Gründe in diesem Fall wo nicht ganz gestürzt, doch wenigstens so weit geschwächt wird, daß sie gegen innre Gründe hier nichts vermögen.

Ich stelle mir nämlich die Sache so vor: Justin der Märtyrer soll, wie eine alte Sage berichtet [*]), wirklich ein

---

[*]) Sie findet sich beim Eusebius hist. eccl. Lib. IV. C. 18. καὶ διαλογον δε προς Ιουδαιους συνεταξεν ον επι των Εφεσιων πολεως προς Τρυφωνα των τοτε Εβραιων επισημοτατον πεποιηται·

ein Gespräch mit einem Juden gehabt haben. Angenommen nun, daß dieses in der That gewesen sey; so lassen sich zwey Fälle als sehr wohl möglich denken, wie ein solches Gespräch des Justin mit einem Juden wirklich nachmals herausgegeben wurde, an dem Justin jedoch keinen Theil als Schriftsteller hatte.

Es kann nämlich leicht seyn, daß jene Unterredung mit einem so gelehrten Juden, als Tryphon gewesen seyn soll, nicht sehr zum Vortheil des Justin ausgefallen ist; denn daß Justin, der die Apologien geschrieben hat, im Stande gewesen seyn solte, einen gelehrten Juden gründlich zu widerlegen, davon kann ich mich nicht überreden. Um jedoch nicht die gute Sache des Christenthums und der Christen verlohren zu geben, wandte er sich an einen Freund, der ein Jude gewesen war und jüdische Gelehrsamkeit hatte, und dieser schrieb für ihn und in seinem Namen diesen Dialogus. So hätten wir einen Dialogus cum Tryphone, der noch selbst zu Justins Lebzeiten für seine Schrift galt, an der er aber keinen Antheil hatte.

Oder man könnte sich auch den Fall so denken, daß, da einmahl die Sage von der Unterredung Justins mit dem Juden im Schwange gieng, sehr bald nach seinem Tode, irgend jemand auf seinen Namen diesen Dialogus c. T. verfertigte.

Beide Fälle sind denkbar, und einer von beiden muß auch wirklich eingetreten seyn, da man schon in den frühesten Zeiten immer den Dialogus cum Tryphone ausgemacht als ein Werk des Justin ansah, er aber doch, wie das Werk selbst zeugt, gar nicht Justins Werk seyn kann.

Mir

Mir ist es am wahrscheinlichsten, daß der erste Fall eintrat, vorausgesezt, daß jene Sage von dem Gespräch des Justin mit einem Juden wirklich Grund hatte. Wäre dieses aber nicht, so müste natürlich das Buch erst nach seinem Tode auf seinen Namen verfertigt worden seyn.

Was nun diese Schrift selbst betrift, so ist sie eine der vorzüglichsten Schriften des christlichen Alterthums, und ihr Verfasser verdient ohnstreitig mit Recht den Namen eines sehr scharfen Denkers und sehr gelehrten Mannes. Aller Wahrscheinlichkeit nach, war er, ehe er zum Christenthum übertrat, ein gelehrter Jude, hiervon zeugt seine genaue Bekanntschaft mit allen jüdischen Gebräuchen, seine tiefe Kenntnis der jüdischen Theologie, selbst seine Kunst als gelehrter Jude in Deutung und in Erfindung von Typen; hiervon zeugen auch seine Grundsäze in Absicht des Werthes der heidnischen Philosophie; kurz für dieses spricht, wie wir sehr bald sehen werden, sein ganzes Lehrsystem.

Dabey verräth er aber auch selbst nicht gemeine Kenntnisse in Absicht der Lehren der heidnischen Philosophen; ja er muß nach allem, was man aus diesem Dialogus cum Tryphone abnehmen kann, selbst gerade ein solcher Mann gewesen seyn, wie er sich hier selbst beschreibt: Ich bin ein Jude, habe mich jedoch in Griechenland und Korinth längere Zeit hindurch aufgehalten *). Ueberhaupt muß der Mann jeden

---

*) ειμι δε Εβραιος εκ περιτομης.... εν τη Ελλαδι και Κορινθω τα πολλα διαγων. p. 3.

jedem der sein Buch unpartheiisch liest, von Seiten seiner Kenntnisse ehrwürdig werden.

Die Absicht, welche er bey Abfassung dieser Schrift hatte, war, wie man ohne viele Mühe sehr bald einsieht: die Einwürfe der Juden gegen Christum und das Christenthum zu widerlegen, und zu zeigen, daß der jüdische Ceremoniendienst, namentlich Beschneidung, Sabbath, Opfer und Festtage, blos temporaire Einrichtungen waren, die wegen der Hartnäckigkeit des jüdischen Volkes, d. h. um dieses unbändige Volk im Zaum zu halten, und vor dem Gözendienste zu sichern, gegeben wurden; alle auf Christum hinzeigten ¹); und nach Gottes Absicht durch Christum abgeschaft werden und in ihm ein Ende haben solten. So daß nun also diejenigen, welche seine wahren Bekenner wären, gar nicht es nöthig hätten, sich an diese äussern Vorschriften zu binden, weil sie alle diese Geseze in einem höhern und geistigen Sinn, von welchem jene äussern Gebräuche nur sinnliche Abdrücke und Vorbilder waren, hätten und befolgten. Dieser Innhalt wird nun durch die Unterredung mit vieler Gelehrsamkeit, sehr sinnreich, und für jeden den Argumentazionen dieser Art befriedigen können, gewiß befriedigend durchgeführt.

Was

---

¹) δια το σκληροκαρδιον του λαου ὑμων παντα τα τοιαυτα ενταλματα νοειτε τον Θεον δια Μωσεως εντειλαμενον ὑμιν, ἱνα δια πολλων τουτων εν παση πραξει προ οφθαλμων αει εχητε τον Θεον, και μητε αδικειν μητε ασεβειν αρχησθε. p. 134. auch p. 128.

Was noch das Buch betrift, insoferne es für die Dogmengeschichte merkwürdig ist; so hat es auch in dieser Absicht einen grossen Werth. Zwar trägt der Verfasser des Dialogus c. T. keine neuen und in den apostolischen (insbesondere paulinischen) Schriften nicht schon gegründeten Lehren in demselben vor, auch erweitert er die schon vorhandenen Lehren nicht merklich; allein er sezt sie vollständiger aus einander, giebt aus der jüdischen Theologie immer deutlich die Prämissen an, aus welchen sie als Resultate geflossen sind. Daher dieses Buch auch dem Interpreten des N. T. insbesondere dem Ausleger der Schriften des Paulus und Johannes unentbehrlich ist.

Durch die vollständige Auseinandersezung des Lehrsystems dieses Mannes wird dieses alles noch deutlicher werden.

I. **Von Gott** (ὁ Θεος).

Gott (ὁ Θεος) **ist auch ihm das höchste Wesen** [1], **welches von geistiger Natur** [2] **und**

der

---

[1] ουτε εσται ποτε αλλος Θεος ... ουτε ην απ αιωνος, πλην του ποιησαντος και διαταξαντος τοδε το παν. p. 34. auch τω υπερ κοσμον Θεω, υπερ ον αλλος ουκ εστι p. 182. auch p. 161.

[2] ὁ γαρ αρρητος πατηρ και κυριος των παντων, ουτε ποι αφικται, ουτε περιπατει, ουτε καθευδει, ουτε ανισταται, αλλ' εν τη αυτου χωρα οπου ποτε μενει, οξυ ορων, και οξυ ακουων, ουκ οφθαλμοις ουδε ωσιν, αλλα δυναμει αλεκτω και παντα εφορα, και παντα γινωσκει, και ουδεις
ημων

der Innbegrif aller Vollkommenheiten ist *), dem alles was da ist, sein Daseyn verdankt ²), welches über alles herrscht und mit unendlicher Macht, Weisheit und Güte den Lauf des ganzen Weltalls lenkt und ein Belohner des Guten aber auch ein Rächer des Bösen ist ³). Von diesem höchsten Gott, behauptet er nun noch insbesondere daß er gänzlich unsichtbar sey, immer im Himmel bleibe ⁴), nie daher auch seinen himmlischen Wohnsiz verlassen habe und auf Erden erschienen sey, wie einige thöricht genug behaupteten ⁵).

II. Vom

ἡμων λεληθεν αυτον· ουτε κινουμενος ὁ τοπω τε αχωρητος, και τω κοσμω ὁλω, ὁς γε ην και πριν τον κοσμον. p. 369 siehe auch p. 333.

¹) Φιλαντρωπον, και προγνωστην, και ανενδεη, και δικαιον, και αγαθον. p. 68.

²) επειδη και τον ποιητην των ὁλων και πατερα δοξαζον. p. 25. und an vielen andern Stellen mehr.

³) ουδεις γαρ ὑμων, ὡς νομιζω, τολμησει ειπειν ὁτι μη και προγνωστης των γινεσθαι μελλοντων ην και εστιν ὁ Θεος, και τα αξια ἑκαστω προετοιμαζων. p. 50.

⁴) του εν τοις ὑπερουρανοις αει μενοντος, και ουδενι οφθεντος, η ὁμιλησαντος δι ἑαυτου ποτε, ὁν ποιητην των ὁλων και πατερα νοουμεν. p. 160.

⁵) ου τον ποιητην των ὁλων και πατερα καταλιποντα τα ὑπερ ουρανον ἁπαντα, εν ὀλιγω γης μοριω πεφανθαι, πας ὁστισουν, κᾳν μικρον νουν εχων, τολμησει ειπειν. p. 180.

II. Vom Logos.

Wenn daher im A. T. von Erscheinungen Gottes geredet werde, so sey dieser Gott [1], nicht der höchste Gott, sondern ein anderer Gott [2], welcher zwar kein anderer dem Willen [3] aber doch der Zahl nach [4]

---

[1] Θεος nicht ὁ Θεος. Dieses ist der durchgängige Sprachgebrauch unsers Verfassers, ausser in der einzigen Stelle p. 330 ἅτε ου Χριστος ὁ Θεος ων, wo das ὁ aber wahrscheinlich unächt ist. Denn wie schon Philo Lib. de Somniis Vol. V. p. 104 sq. edit. Pfeiffer ausdrücklich sagt: so heißt dieser Gott nicht ὁ Θεος sondern Θεος. Auch scheint sogar der neutestamentliche Sprachgebrauch hiermit übereinzustimmen, denn in den beiden Stellen, in welchen das Θεος geradezu von Christi höherer Natur gebraucht wird, steht es auch ohne Artikel Joh. I, 1. Θεος ην ὁ λογος und 1 Tim. 3, 16. Θεος εφανερωθη εν σαρκι.

[2] Θεος ἑτερος wie er ihn p. 161 ausdrücklich nennt.

[3] Das heißt, der eben das will, was der höchste Gott will.

[4] επι τας γραφας επανελθων, πειρασομαι πεισαι ὑμας, ὁτι οὑτος ὁ, τε τω Αβρααμ, και τω Ισαακ, και τω Ιακωβ, και τω Μοσει ωφθαι λεγομενος και γεγραμμενος Θεος, ἑτερος εστι του τα παντα ποιησαντος Θεου, αριθμω λεγω, αλλα ου γνωμη p. 164. Hieher gehört auch die Stelle p. 372, und p. 159 sagt er auch ausdrücklich, daß der Gott, welcher dem Abraham nach 1 Mos.

mithin von ihm wesentlich verschieden [x)]
sey. Dieser zweyte Gott ist, wie er ausdrücklich
sagt, dem höchsten Gott untergeordnet, denn
er ist nur durch den Willen desselben Gott [2)],
ist von ihm vor allen Geschöpfen als eine
denkende Kraft (oder ein vernünftiges Wesen

1 Mos. 18, 1. ff. erschienen, Christus gewesen sey.

x) p. 372 führt er es nämlich als eine falsche Lehre an, daß einige behaupten: dieser Gott könne nicht vom Vater getrennt werden, er sagt: ατμητον δε και αχωριστον του πατρος την δυναμιν (nämlich den Θεος) ὑπαρχειν, ὁνπερ τροπον το του ἡλιου φασι φως επι γης ειναι, ατμητον και αχωριστον, οντος του ἡλιου εν τω ουρανω και οταν δυση συναποφερεται το φως· οὑτως ὁ πατηρ, ὁταν βουληται, λεγουσι, δυναμιν αυτου προπηδαν ποιει· και ὁταν βουληται, παλιν αναστελλει εις ἑαυτον· κατα τουτον τον τροπον και τους Αγγελους ποιειν αυτον διδασκουσιν u. s. w. und p. 375 sagt er ausdrücklich: Νοειτε, ὠ ακροαται, ει γε και τον νουν προσεχετε, και ὁτι γεγεννῆσθαι ὑπο του πατρος τουτο το γεννημα προ παντων ἁπλως των κτισματων ὁ λογος εδηλου και το γεννωμενον του γεννωντος αριθμω ἑτερον εστι, πας ὁστισουν ὁμολογησειε.

2) ουτε ουν Αβρααμ, ουτε Ισαακ, ουτε Ιακωβ, ουτε αλλος ανθρωπων ειδε τον πατερα και αῤῥητον κυριον των παντων ἁπλως, και αυτου του Χριστου· αλλ' εκεινον, τον κατα βουλην την εκεινου και Θεον οντα, υιον αυτου, u. s. w. p. 370.

des Dialogus cum Tryphone.

ſen¹) hervorgebracht werden²), und ſteht unter ihm³), iſt ſein Diener und Geſandter, oder der Bote, den er gebraucht, um den Sterblichen ſeinen Willen bekannt zu machen ⁴). Dieſer dem

¹) daß δυναμις bey unſerm Verfaſſer auch ſoviel bedeutet, als ein Weſen, zeigt ſehr deutlich die Stelle p. 364, διαβολος, τουτ εστιν η δυναμις, η και οφις κεκλημενη και Σατανας.

²) Man ſehe die in der vorlezten Note zitirte Stelle aus p. 375 insbeſondere aber auch folgende Aeuſſerung: Μαρτυριον δε και αλλο ὑμιν, ω φιλοι, εφην, απο των γραφων δωσω, ὅτι ἀρχην προ παντων των κτισματων ὁ Θεος γεγεννηκε δυναμιν τινα εξ ἑαυτου λογικην ἥτις .... καλειται .... Θεος ... και λογος. p. 182 auch p. 131.

³) ὁταν λεγη, εβρεξε κυριος πυρ παρα κυριου εκ του ουρανου (Gen. 19, 24.). δυο οντας αριθμω μηνυειν ὁ λογος, ὁ προφητικος· τον μεν επι γης οντα, ὁς φησι καταβεβηκεναι ιδειν την κραυγην Σοδομων· τον δε, εν τοις ουρανοις ὑπαρχοντα. ὁς και του επι γης κυριου κυριος εστιν, ὡς πατηρ και Θεος, αιτιος τε αυτω του ειναι, και δυνατω, και κυριω, και Θεω p. 373, 74.

⁴) ἁ λεγω, πειρασομαι ὑμας πεισαι νοησαντας τας γραφας, ὁτι εστι και λεγεται Θεος και κυριος ἑτερος ὑπερ τον ποιητην των ὁλων, ὁς και αγγελος καλειται. Δια το αγγελλειν τοις ανθρωποις ὁσαπερ βουλεται αυτοις αγγειλαι ὁ των ὁλων ποιητης ὑπερ ὁν αλλος Θεος ουκ εστι p. 161.

dem höchsten Gott untergeordnete Gott, führt nun, nach der Aussage unseres Verfassers, eine Menge von Namen, welche, wie unser Verfasser glaubt, ihm in der Schrift (d. h. im A. T.) beigelegt werden ⁎). Er heißt, spricht er, Herrlichkeit des Herrn, Sohn Gottes,

⁎) Die Hauptstelle in dieser Absicht ist folgende p. 181—84. Ηδη μεντοι, ω Τρυφων, αποδειξω οτι προς τη Μωσεως οπτασια αυτος ουτος μονος και αγγελος καλουμενος, και Θεος υπαρχων, οφθη και προσωμιλησε τω Μωσει· ουτως εφη ὁ λογος (Nun folgt die Stelle Exod. III, 2, 3, 4.) ὁν ουν τροπον τον τω Ιακωβ οφθεντα κατα τους ὑπνους αγγελον ὁ λογος λεγει: ..... ουτως και ενταυθα ὁ λογος λεγων αγγελον κυριου ωφθαι τω Μωσει, και μετεπειτα κυριον αυτον οντα και Θεον σημαινων, τον αυτον λεγει, ὁν και δια πολλων των λελειγμενων ὑπηρετουντα τω ὑπερ κοσμον Θεω, ὑπερ ὁν αλλος ουκ εστι, σημαινει· μαρτυριον δε και αλλο ὑμιν, ω Φιλοι, εφην, απο των γραφων δωσω, οτι αρχην προ παντων των κτισματων ὁ Θεος γεγεννηκε δυναμιν τινα εξ ἑαυτου λογικην, ἡτις και δοξα κυριου, ὑπο του πνευματος ἁγιου καλειται, ποτε δε υἱος, ποτε δε σοφια, ποτε δε αγγελος, ποτε δε Θεος, κυριος και λογος, ποτε δε αρχιστρατηγον ἑαυτον λεγει, εν ανθρωπου μορφη φανεντα τω του Ναυη Ιησου. εχειν γαρ παντα προςονομαζεσθαι, εκ τε του ὑπηρετειν τω πατρικω βουληματι, και εκ του απο του πατρος θελησει γεγενησθαι.

des Dialogus cum Tryphone.

tes, Weisheit, Gesandter Gottes, Gott und Logos, und diese Namen führt er, wie er eben in dieser Stelle sagt, zum Theil deswegen, weil er der Bekanntmacher des göttlichen Willens ist, theils weil ihn der Vater nach seinem Willen gezeuget hat.

Ueber diese Zeugung des Sohnes Gottes vom Vater, drückt er sich nun so aus, daß man leicht sieht, seine wahre Meynung in diesem Fall sey gewesen: dieser Sohn Gottes, oder zweyte Gott, sey aus dem Vater oder höchsten Gott entsprungen; jedoch sucht er in den Stellen, in welchen er hiervon redet, durch Erläuterungen und Zusäze so viel als möglich dem Gedanken vorzubeugen, daß der höchste Gott durch diese Zeugung irgend etwas verlohren habe. Er vergleicht daher dieselbe mit dem, was bey uns geschieht, wenn wir ein Wort aussprechen es also aus uns hervorbringen, wobey wir, wie bekannt, nichts verliehren, oder auch mit einem Feuer, welches ein anderes anzündet, wobey aber, wie er ausdrücklich hinzusezt, das anzündende nichts verliehrt [1]). — Ob übrigens dieses

K 5

---

[1]) Diese ganze Lehre von der Zeugung des Sohnes vom Vater liegt in der Stelle p. 183. Hier heist es von derselben: αλλ' ου τοιουτον οποιον και εφ' ημων γενομενον ορωμεν. λογον γαρ τινα προβαλλοντες, λογον γεννωμεν, ου κατα αποτομην, ως ελαττωθηναι τον εν ημιν λογον προβαλλομενοι· και οποιον επι πυρος ορωμεν αλλο γινομενον, ουκ ελαττουμενου εκεινου, εξ ου η αναψις γεγονεν, αλλα του αυτου μενοντος, και το εξ αυτου αναφθεν, και αυτο ον φαινε-

ſes eine Zeugung von Ewigkeit, oder ob ſie in der Zeit vorgegangen ſey, davon ſteht in dieſem Buche nichts deutliches. Nur eine Stelle findet ſich, die eine Zeugung von der Welt andeutet [1]).

Merkwürdig iſt es noch, wie unſer Verfaſſer bey dieſer Lehre von einem zweiten Gott, dem Einwurf des Tryphon ausweicht, welchen dieſer aus dem bekannten Spruche, Jeſ. 42, 8. der von der Einheit Gottes handelt, ihm macht [2]). Er ſagt, man muß bey dieſer Stelle auf den Context ſehen, daher er denn auch die ganze Stelle vom fünften bis dreizehnten Verſe vollſtändig anführt, und eben aus dieſem Context — freilich auf die gezwungenſte Art, und nicht durch Interpretation, ſondern durch bloſſe Deklamazion — herauszubringen ſucht, daß die Worte τὴν δόξαν μου ἑτέρῳ οὐ μὴ δώσω **ich will meine Ehre keinem andern geben**, ſoviel ſagen ſollen, als: **ich will meine Ehre keinem andern, als dem, welcher zum Glück der Menſchen erſcheinen ſoll**, (und von deſſen Erſcheinung v. 6. 7., 9—13. wie unſer Verfaſſer glaubt, Weiſſagungen enthalten) **geben** [3]).

Dieſe

φαινεται, ουκ ελαττωσαν εκεινο εξ ου ανηφθη. Nun zitirt er noch zum Belege von dieſem allen Spr. Salom. 8, 22. bis zum Ende.

[1]) το γαρ λεγειν σε προϋπαρχειν Θεον οντα προ αιωνων τουτον τον χριστον. p. 140.

[2]) Die Stelle ſteht p. 196—98.

[3]) εφην προς αυτους. Νενοηκατε, ω φιλοι, οτι ὁ Θεος λεγει δωσειν τουτω ον εις φως εθνων
κατε-

des Dialogus cum Tryphone.

Diese Lehre vom λογος als Θεος ist nun zu merkwürdig, und so gut in dogmatischer wie in exegetischer Hinsicht zu wichtig, als daß ich nicht hier, bey dem ersten, zugleich aber auch einzigen christlichen Kirchenschribenten, der sie ganz vollständig vorträgt, etwas über den wahrscheinlichen Ursprung derselben, sagen solte. Freilich giebt es hier keine ganz ausgemachte Gewißheit; denn bey dem Mangel an historischen Nachrichten, der hier eintritt, und bey der Dunkelheit und Unsicherheit, welche auch das Wenige hat, was man, etwan noch als Beitrag zur Geschichte der Denkungsart jener Zeiten über diesen Gegenstand ansehen könnte, läuft hier alles nur auf Vermuthungen hinaus; deren eine jedoch für mich einen hohen Grad von Wahrscheinlichkeit hat. Nach dieser wird angenommen, daß die christliche Lehre vom λογος als Θεος, nicht, wie man gewöhnlich zu behaupten pflegt, aus der platonischen oder besser neuplatonischen, sondern zunächst aus der jüdischen Philosophie abgeleitet werden müsse. Mich bestimmt, wie ich gestehen muß, hierzu größtentheils mit unser Verfasser, der eine ganz jüdische Theorie vom λογος vorträgt, welcher man es offenbar ansieht, daß ihr kein platonisches, sondern ein auf Stellen des A. T. gegründetes jüdisches Philosophem zum Grunde liegt.

Indessen giebt es auch noch einige frühere Spuren, die uns auf das nämliche Resultat hinzuleiten scheinen, und da einige von diesen, Herr Prof. Keil in seiner schon

mehr-

κατεστησε δοξαν, και ουκ αλλω τινι, αλλ' ουχ ως εφη Τρυφων, ως εαυτω κατεχοντος του Θεου την δοξαν p. 198.

mehrmals angeführten gelehrten Schrift: De doctoribus Veteris ecclesiae culpa corruptae per platonicas sententias Theologiae liberandis. Lipſ. 1793. p. 70—98. mit vieler Vollſtändigkeit aufgezählt hat; ſo kann ich in Abſicht auf ſie, mich hier, mit Zurükweiſung auf ihn, etwas kürzer faſſen.

1) Schon der Prediger und das Buch der Weisheit, enthalten ſehr deutliche Spuren, daß man unter den Juden, ein höheres Weſen, deſſen eigenthümlicher Charakter die Weisheit war, und welches mit der Erleuchtung des menſchlichen Geſchlechts ſich beſchäftigte, ſich als auſſer der Gottheit exiſtirend gedacht haben müſſe. Denn die σοφία oder der λογος Θεου [1]), von welchem in dieſen Büchern geredet wird, iſt offenbar ein gewiſſes für ſich beſtehendes Subjekt, welches von Gott verſchieden exiſtirt und von ihm hervorgebracht worden. ſ. Pred. I. 4. 8. XXIV, 8-10. Weisheit VII, 25. VIII, 4. IX, 9.

2) Eben hierauf zeigt auch hin der Gebrauch des מימרא דיוי in den chaldäiſchen Paraphraſen [2]). Denn z. B. bey der Stelle Gen. III, 22. ſteht im Targum Hieroſolymitan. ausdrüklich ואמר מימרא דיוי אלהים הא אדם דהוית יתיה יחידי בגו עלמי היך מה דאנא יחידי בשמי מרומא et dixit verbum domini Dei, ecce homo, quem creaui, unigenitus eſt in mundo meo,

[1]) Beide ſind Synonyma. ſ. Lami de recta Chriſtianorum, de eo, quod myſterium divinae Trinitatis attinet, ſententia Lib. IV. c. 4. p. 190. ſqq.

[2]) Da indeſſen dieſe Targumim wahrſcheinlich aus ſehr ſpäten Zeiten ſind; ſo beweiſen ſie nicht gar zu viel.

des Dialogus cum Tryphone. 157

meo, ficut ego unigenitus fum in coelis excelſis. Zu dieſen Gründen des Herrn Prof. Keil, glaube ich, kann man noch folgende mit Recht hinzuſezen.

3) Sehr deutlich wird dieſes auch jedem einleuchten, welcher den Philo aufmerkſam lieſt und ſeine Meinung vom λογος aufmerkſam prüft. Denn ſo vollſtändig auch auf den erſten Blik die Meinung dieſes Schriftſtellers vom Logos zu ſeyn ſcheint, wenn man ſie nach den von andern gemachten Zuſammenſtellungen betrachtet; ſo iſt ſie dieſes doch keinesweges, wenn man ſie in ſeinen eignen Schriften lieſt. Vielmehr hat ſie hier etwas Unzuſammenhängendes und Unharmoniſches, welches ſie, mir wenigſtens, als eine Zuſammenſtoppelung ſehr deutlich charakteriſirt [x]). In ſeinem Buche de opificio mundi redet er nämlich von einem λογος der offenbar nichts anders iſt, als der göttliche

---

[x]) Schon Carpzow in ſ. Philon exercitt. in epiſt. ad Hebr. praemiſſis. L. VII. c. VI. p. CXXXV. hat dieſes bemerkt. Herr Keil a. a. O. p. 81. in der Note, widerſpricht ihm folgendergeſtalt: quae tamen non ſatis accurate ſcripta iudicat Carpzovius, ipſe quidem alius generis duplicem λογον Philonianum conſtituens, quem me tamen non reperiſſe, ingenue fateor. Indeſſen mir ſcheint es immer noch, als hänge des Philo Lehre vom Logos nicht ſo ganz genau zuſammen, wie Herr Prof. Keil ſie wohl aufgeſtellt hat. Am Ende kommt hier auch nichts darauf an. Die Frage iſt blos, ob des Philo Sentenz vom Logos aus zweyerley Quellen floß, und dieſes iſt offenbar der Fall.

liche Verstand ¹) und von diesem redet er in lauter platonischen Ausdrücken, er nennt ihn die höchste Idee Gottes.

¹) Τον δε εκ των ιδεων συνεστωτα κοσμον, εν τοπω τινι λεγειν η ὑπονοειν, ου θεμιτον. ἡ δι ὑφεστηκεν εισομεθα παρακολουθησαντες εικονι τινι των παρ' ἡμιν. επειδαν πολις κτιζηται κατα πολλην φιλοτιμιαν βασιλεως η τινος ἡγεμονος, αυτοκρατους εξουσιας μεταποιουμενον; και ἁμα το φρονημα λαμπρου της ευτυχιαν συνεπικοσμουντος, παρελθων εστω ὁτε τις των απο παιδειας ανηρ αρχιτεκτονικος, και την ευκρασιαν και ευκαιριαν του τοπου θεασαμενος, διαγραφει πρωτον εν ἑαυτω τα της μελλουσης πολεως αποτελεισθαι πολεως μερη σχεδον ἁπαντα, ἱερα, γυμνασια, πρυτανεια, αγορας, λιμενας, νεωσοικους, στενωπους, τειχων κατασκευας, ἱδρισεις οικιων και δημοσιων αλλων οικοδομηματων· ειθ ὡσπερ εν κηρω τινι τη ἑαυτου ψυχη τους ἑκαστου δεξαμενος τυπους, αγαλματοφορει νοητην πολιν, ἡς ανακινησας τα ειδωλα μνημη τησυμφυτω, και τους χαρακτηρας ετι μαλλον ενσφραγισαμενος, οἱα δημιουργος αγαθος, αποβλεπωεις το παραδειγμα, της εκ λιθων και ξυλων αρχεται κατασκευαζειν, ἑκαστη των ασωματων ιδεων τας σωματικας εξομοιων ουσιας. τα παραπλησια δη και περι θεου δοξαστεον, ὁς αρα την μεγαλοπολιν κτιζειν διανοηθεις, ενενοησε προτερον τους τοπους αυτης, εξ ὡν κοσμον νοητον συστησαμενος αποτελει τον αισθησον, παραδειγματι χρωμενος εκεινω. καθαπερ ουν ἡ εν τω αρχιτεκτονικω προδιατυπωθεισα πολις, την χωραν εκτος ουκ ειχεν, αλλ ενεσφραγιστο τη του τεχνιτου ψυχη, τον αυτον

des Dialogus cum Tryphone. 159

Gottes, die Idee aller Ideen ¹) und diesen Theil seiner Lehre vom Logos schöpfte er, wie schon die Sprache deren er sich bedient, lehrt, offenbar aus der platonischen Philosophie. Vergleicht man hiermit aber seine Aeusserungen über den λογος in andern seiner Schriften, wo er offenbar von einem ganz andern und gar nicht platonischen Philosophem ausgeht, indem er sich den λογος als ein von Gott ganz getrenntes für sich bestehendes Subjekt, welches der Θεος im Gegensaze des ὁ Θεος, oder des höchsten Gottes sey ²), denkt, und bemerkt man hierbey noch, daß er in solchen Fällen mehrentheils nach Maasgabe gewisser Stellen des A. T. philosophirt; so wird es sehr sichtbar, daß Philo bey diesem zweiten Theil seiner Lehre vom Logos, eine ursprünglich jüdische Quelle benuzt haben müsse.

4) Endlich auch, daß Johannes, dessen Zusammenhang mit Alexandrinern, oder solchen Menschen, welche Kenntniß der platonischen Lehre vom Logos hatten, durch nichts bewiesen werden kann, in seinem Evangelium offenbar einen λογος kennt, welcher Θεος ist, zeugt sehr deutlich, daß

τον τροπον ουδ ὁ εκ των ιδεων κοσμος αλλον αν εχοι τοπον, η τον θειον λογον τον ταυτα διακοσμησαντα. p. 10 — 12 ed. Pfeiff.

¹) δηλον δε οτι και ἡ αρχετυπος σφραγις, ὁν φαμεν ειναι κοσμον νοητον, αυτος αν ειη το αρχετυπον παραδειγμα, ιδεα των ιδεων, ὁ θεου λογος p. 14.

²) Hieher gehören die, in Menge vom Herrn Prof. Keil angeführten Stellen p. 78—80 k. B. de confus. ling. Tom. I. p. 414 edit. Mang. Allegor. L. II. Tom. I. p. 82 de ebriet. Tom. I. p. 36.

daß unter den Juden eine Lehre dieser Art Statt gefunden haben müsse.

III. Von Jesu Christo.

Dieser zweyte Gott, der von jeher des höchsten Gottes Gesandter oder Diener und der Bekanntmacher seiner Rathschlüsse war, welcher auch zu den Zeiten des A. T. sich immer den Sterblichen geoffenbahrt und sie von dem Willen des höchsten Gottes unterrichtet hatte [1]), ist nun auf Veranstaltung des höchsten Gottes [2]) vom Himmel auf die Erde gekommen, und als Jesus, Mensch unter den Menschen geworden [3]). Die Jungfrau Maria, wel-

---

[1]) οτι γαρ Ιησους ην, ὁ Μωσει και τω Αβρααμ και τοις αλλοις ἁπλως πατριαρχαις φανεις και ὁμιλησας, τω του πατρος θεληματι ὑπηρετων, απεδειξα. p. 330. Diese Stelle ist auch merkwürdig für die Erklärung der Worte „Abraham euer Vater ward froh." Joh. 8, 56.

[2]) ηδη μεντοι, ὦ Τρυφων, ειπον, ουκ απολυται το τοιουτον Χριστον ειναι χριςον του Θεου, εαν αποδειξαι μη δυνωμαι ὁτι και προϋπηρχεν υἱος του ποιητου των ὁλων Θεος ων, και γεγεννηται ανθρωπος δια της παρθενου, αλλα εκ παντος αποδεικνυμενου ὁτε οὑτος εστιν ὁ Χριστος ὁ του Θεου, ὁστις οὑτος εσται· εαν δε μη αποδεικνυω ὁτι προϋπαρχε, και γεννηθηναι ανθρωπος ὁμοιοπαθης ἡμιν σαρκα εχων, κατα την του πατρος βουλην ὑπεμεινεν, εν τουτω πεπλανηθαι με μονον λεγειν δικαιον. p. 141.

[3]) μονογενης γαρ .... τω πατρι των ὁλων οὑτος, ιδιως

welche ihn aus der Ueberschattung des Heiligen Geistes empfangen hatte, gebahr ihn ¹), jedoch war er ohne Sünde ²). Die Absicht, warum er eben von einer Jungfrau gebohren werden mußte, war, theils damit er einen Vorzug vor allen andern Erstgebohrnen hätte ³), theils auch damit die Sünde auf eben die

ιδιως εξ αυτου λογος και δυναμις γεγεννημενος, και υστερον ανθρωπος δια της παρθενου γεννομενος p. 310 und ινα και Θεον ανωθεν προελθοντα, και ανθρωπον εν ανθρωποις γενομενον, γνωρισητε p. 195 auch heißt es p. 140 το γαρ λεγειν σε, προϋπαρχειν Θεον οντα προ αιωνων τουτον τον Χριστον, ειτα και γεννηθηναι ανθρωπον u. s. w.

¹) οτι αιμα μεν εχει ὁ Χριστος, ουκ εξ ανθρωπου σπερματος, αλλ' εκ της του Θεου δυναμεως p. 157. πιστιν και χαραν λαβουσα Μαρια ἡ παρθενος, ευαγγελιζομενου αυτη Γαβριηλ αγγελου, οτι πνευμα κυριου επ' αυτην επελευσεται, και δυναμις ὑψιστου επισκιασει αυτην..... και δια ταυτης (scilicet παρθενου) γεγεννηται ουτος. p. 297. und p. 131 heißt es: τοις επιγνουσι τον Χριστον τουτον του Θεου υιον, ὁς προ ἑωσφορου και σεληνης ην, και δια της παρθενου ταυτης, της απο του γενους του Δαβιδ γεννηθηναι σαρκοποιηθεις ὑπεμεινεν.

²) ουδε νυν μετα τον κατα την βουλην του Θεου, διχα ἁμαρτιας της .... παρθενου γεννηθεντα υιον Θεου Ιησουν Χριστον p. 69. sq.

³) ει γαρ μη εκ παρθενου ουτος, περι οὗ Ησαιας ελε-

die Art wie sie in die Welt gekommen sey, wieder aus derselben herausgeschaft werden möchte; denn die Eva war, wie unser Verfasser glaubt, vor dem Fall noch eine Jungfrau [1]).

Diesen Jesus Christus, welchen er nun, wie man sehr deutlich sieht, eben in Bezug auf diesen ihm beiwohnenden Gott (Θεος oder λογος) Gott [2]), Gottes Sohn und Erstgebohrner vor oder unter allen Creaturen [3]) den anbetungswürdigen oder

γεν εμελλεν γεννασθαι, εις ον το αγιον πνευμα εβοα (nun folgt die Stelle Jes. 7, 14.) ει γαρ ομοιως τοις αλλοις απασι πρωτοτοκοις και ουτος γεννασθαι εκ συνουσιας εμελλε, τε και ο Θεος σημειον ο μη πασι τοις πρωτοτοκοις κοινον εστιν, ελεγεν ποιειν p. 253.

[1]) και δια της παρθενου ανθρωπος γεγονεναι, ινα και δι' ης οδου η απο του οφεως παρακοη την αρχην ελαβε, δια ταυτης της οδου και καταλυσιν λαβη. παρθενος γαρ ουσα Ευα και αφθορας, τον λογον τον απο οφεως συλλαβουσα, παρακοην και θανατον ετεκε. p. 296.

[2]) ὁ γαρ Χριστος βασιλευς, και ἱερευς, και Θεος, και κυριος, και αγγελος, και ανθρωπος, και αρχιστρατηγος, και λιθος, και παιδιον γεννωμενον, και παθητος γενωμενος πρωτον, ειτα εις ουρανον ανερχομενος, και παλιν παραγενομενος μετα δοξης, και αιωνιον την βασιλειαν εχων κεκηρυκται p. 96, 97.

[3]) κατα γαρ του ονοματος αυτου, τουτου του υιου Θεου, και πρωτοτοκου πασης κτισεως p. 256. siehe auch p. 295.

des Dialogus cum Tryphone.

oder anzubethenden Gott [1]), denjenigen, der vom höchsten Gott das Zeugniß hat, daß er soll angebethet werden als Gott und Christus [2]) nennt; nennt er aber auch wegen seiner Menschheit des Menschen Sohn, und zwar mit Beifügung folgendes doppelten Grundes von dieser Benennung: weil er erstens von der Maria ein Mensch gebohren worden, zweitens aber insbesondere weil er von Abraham abstammt [3].) Auch sagt er in Absicht dieser Menschheit von Christo, er sey der einzige fehlerfreye und gerechte Mensch gewesen [4].

Die Absicht aber, warum Jesus Christus auf der Erde erschienen sey, sezt unser Verfasser darin, daß er die Menschen beglücken solte. Dieses that er, seiner Meynung nach, vornämlich auf zwiefache Art,

theils

---

[1]) προσκυνητόν Θεον p. 191.

[2]) p. 191 folgert er aus der Stelle Psalm 44, 7—15, welche er hier ausführlich zitirt, folgendes: ὅτι γουν και προσκυνητος και Θεος και Χριστος ὑπο του ταυτα ποιησαντος μαρτυρουμενος, και οἱ λογοι οὑτοι διαρρηδην σημαινουσι.

[3]) υἱον ουν ανθρωπου ἑαυτον ἐλεγεν, ἠτοι ἀπο της γεννησεως της δια παρθενου, ἡτις ην (ὡς ἐφην) ἀπο του Δαβιδ, και Ιακωβ, και Ισαακ, και Αβρααμ γενους· ἠ δια το ειναι αυτον τον Αβρααμ πατερα και τουτων των κατηριθμενων, ἐξ ὧν καταγει ἡ Μαρια το γενος p. 295.

[4]) μετα γαρ το σταυρωσαι ὑμας ἐκεινον τον μονον ἀμωμον και δικαιον ἀνθρωπον. p. 51.

theils dadurch, daß er eine Lehre predigte, welche den vollkommensten Religionsunterricht enthielt, der für immer gelten und nie mehr abgeschaft werden sollte ¹); theils durch seinen Tod, indem er uns durch denselben von der Macht der Dämonen befreyte.

Von diesem Tode Jesu redet er nun ganz nach paulinischen oder jüdisch-christlichen Begriffen, er spricht von ihm als einem Opfertod für die Sünden ²), nennt Jesum den gekreuzigten Hohenpriester ³), ja sogar von einer stellvertretenden Genugthuung für die Sünden der Menschen, welche Christus durch seinen Tod geleistet hat, finden sich in ihm nicht ganz undeutliche Spu-

---

¹) αιωνιος τε ημιν νομος και τελευταιος, ὁ Χριστος εδοθη, και ἡ διαθηκη πιστη, μεθ' ἡν οὐ νομος, ου προσταγμα, ουκ εντολη. p. 35.

²) ει τις καθαρας ουκ εχει χειρας, λουσασθω, και καθαρος εστιν· ου γαρ δη γε εις βαλανειον ὑμας επεμπεν Ησαιας απολουσομενους εκει τον φονον και τας αλλας ἁμαρτιας, οὑς ουδε το της θαλασσης ἱκανον παν ὑδωρ καθαρισαι· αλλα, ὡς εικος, παλαι τουτο εκεινο το σωτηριον λουτρον ην, ὁ ειπετο τοις μεταγινωσκουσι· και μηκετι αἱμασι τραγων και προβατων, η σποδω δαμαλεως, η σεμιδαλεως προσφοραις καθαριζομενους, αλλα πιστει δια του αἱματος του Χριστου και του θανατου αὐτου. ὁς δια τουτο απεθανεν p. 39.

³) τους επι τον Χριστον αρχιερεα τουτον τον σταυρωθεντα πιστευοντας p. 337.

Spuren *). Freilich führt er diese Lehre noch nicht so weit aus, als dieselbe in der folgenden Zeit ausgeführt wurde, immer noch ist es nach ihm das eigne Verdienst des Menschen, um deffentwillen Gott ihn seelig spricht oder verdammt. Christus litte bloß um die Sünden zu tilgen, aber von der Zurechnung seiner Frömmigkeit an uns, und der Ergänzung unserer mangelhaften Tugend durch seine vollendete, weiß er noch nichts. Indessen die ersten Anfänge

*) Ονπερ ουν τροπον το σημειον δια του χαλκου οφεως γενεσθαι ὁ Θεος εκελευσε, και αναιτιος εστιν, οὑτω δη και εν τω νομω καταρα κειται, κατα των σταυρουμενων ανθρωπων, ουκ ετι δε και κατα του Χριστου του Θεου καταρα κειται, δι' οὑ σωζει παντας τους καταρας αξια πραξαντας. και γαρ παν γενος ανθρωπων εὑρεθησεται ὑπο καταραν ου κατα τον νομον Μωσεως (Deut. XXVII, 26.)· επικαταρατος γαρ ειρηται πας ὁς ουκ εμμενει εν τοις γεγραμμενοις εν τω βιβλιω του νομου του ποιησαι αυτα. και ουδεις ακριβως παντα εποιησεν, ουδ' ὑμεις τολμησετε αντειπειν· αλλ' εισιν οἱ μαλλον και ἡττον αλληλων τα εντεταλμενα εφυλαξαν. ει δε οἱ ὑπο τον νομον τουτον ὑπο καταραν φαινονται ειναι δια το μη παντα φυλαξαι, ουχι πολυ μαλλον παντα τα ἐθνη φανησονται ὑπο καταραν οντα και ειδωλολατρουντα, και παιδοφθορουντα, και τα αλλα κακα εργαζομενα; ει ουν και τον ἑαυτου Χριστον ὑπερ των εκ παντος γενους ανθρωπων ὁ πατηρ των ὁλων τας παντων καταρας αναδεξασθαι εβουληθη, ειδως ὁτι αναστησει αυτον σταυρωθεντα και αποθανοντα, διατι ὡς κεκατηραμενου του ὑπομειναντος, κατα την

fänge der nachmaligen Kirchenlehre sind schon da, es bedurfte nur noch einen Schritt weiter, und man stand bey der satisfactio vicaria, und allen mit ihr verbundenen Lehren.

Dieser Jesus Christus, der für uns gestorben, nach seinem Tode auferstanden und gen Himmel gefahren ist *), wird auch zum zweiten male, nach der Meinung unsers Verfassers, vom Himmel wieder, auf die Erde herabkommen. Von dieser zweiten Zukunft Christi redet er nun oft und sehr ausführlich, und zwar so, daß er mit dersel-

την του πατρος βουλην ταυτα παθειν τον λογον ποιειτε, και ουχι μαλλον εαυτους θρηνειτε; ει γαρ και ὁ πατηρ αυτου, και αυτος παθειν ταυτα αυτον ὑπερ του ανθρωπειου γενους ενηργησεν, ὑμεις ουχ ὡς γνωμη Θεον ὑπηρετουντες τουτο επραξατε· ουδε γαρ τους προφητας αναιρουντες, ευσεβειαν ειργκ- σασθε. και μη τις ὑμων λεγετω, Ει ὁ πατηρ αυτον ηθελησε ταυτα παθειν, ἱνα τω μωλωπι αυτου ια- σις γενηται τω γενει των ανθρωπων, ἡμεις ουδεν ηδικησαμεν. ει μεν ουν μετανοουντες επι τοις ἡμαρ- τημενοις, και επιγνοντες τουτον ειναι τον Χριστον, και φυλασσοντες αυτου τας εντολας, ταυτα φησε- τε, αφεσις ὑμιν των αμαρτιων ὁτι εσται, προει- πον p. 285, 86 f. auch p. 337, 38.

*) συναιρεται γαρ προς το και εξ αυτης συνιεναι ὑμας τον Ιησουν, ὁν και ἡμεις επεγνωμεν Χριστον υἱον Θεου σταυρωθεντα, και αναστάντα, και ανε- ληλυθοτα εις τους ουρανους, p. 381.

selben die Stiftung des tausendjährigen Reichs verbindet. Vor derselben, behauptet er, wird Elias erscheinen und diese Zukunft ankündigen. Darauf wird dann auch Christus erscheinen, das tausendjährige Reich stiften und das Gericht halten.

Da unser Verfasser nach dem Verfasser der Apokalypse, der erste christliche Schriftsteller ist, welcher so ganz bestimmt ein tausendjähriges Reich erwartet; seine Lehre auch überdem noch deswegen sehr merkwürdig ist, weil er das tausendjährige Reich schon im A. T. findet, mithin auch uns einen Fingerzeig giebt, wie man schon unter den Juden auf die Idee von einem tausendjährigen Reich kommen konnte, wodurch gewissermaassen der Zweifel gelöst wird, welchen man noch heut zu Tage, immer gegen die Aechtheit der Apokalypse anführt, daß das tausendjährige Reich erst eine spätere Idee sey: so wird die Ausführlichkeit in diesem Falle gewis an ihrer rechten Stelle seyn.

Christus wird einst, so lehrt unser Verfasser, wieder vom Himmel herabkommen, und das tausendjährige Reich stiften ¹) das heist in Palästina

---

¹) Die Hauptstelle von dieser Sache, welche offenbar den gröbsten Chiliasmus enthält, steht p. 246, hier heist es: εγω δε, και ει τινες εισιν ορθογνωμοντες κατα παντα χριστιανοι, και σαρκος αναστασιν γεννησεσθαι επισταμεθα, και χιλια ετη εν Ιερουσαλημ, οικοδομηθεισῃ και κοσμηθεισῃ και πλατυνθεισῃ οι προφηται Ιεζεκιηλ και Ησαιας, και οι αλλοι ομολογουσιν. Ουτως γαρ Ησαιας περι των χιλιονταετηριδος ταυτης

lästina ein irrdisches Reich errichten, in welchem alle Frommen aus Juden und Christen mit ihm leben sollen. Dann wird Jerusalem wieder aufgebaut werden [x]).

Ehe

της, ειπεν· (Nun folgt Jes. XLV, 17 — 25.) Den Beweis für die Tausend Jahre, führt er nun aus ihr, mit folgenden Worten: το ουν ειρημενον εν τοις λογοις τουτοις, εφην, κατα γαρ τας ημερας του ξυλου αἱ ημεραι του λαου μου εσονται, τα εργα τ῾ν πονων αυτων νενοηκαμεν, ὁτι χιλια ετη εν μυστηριω μηνυει. ὡς γαρ τω Αδαμ ειρητο (1 Mos. 2, 17.) ὁτι, ἡ δ᾽ αν ἡμερα φαγη απο του ξυλου, εν εκεινη αποθανειται, εγνωμεν αυτον μη αναπληρωσαντα χιλια ετη, συνηκαμεν και το ειρημενον, ὁτι ἡμερα κυριου ὡς χιλια ετη, εις τουτο συναγει.

[x]) και ὁ Τρυφων προς ταυτα εφη.... ειπε δε μοι αληθως, ὑμεις ανοικοδομηθηναι τον τοπον Ιερουσαλημ τουτον ὁμολογειτε, και συναχθησεθαι τον λαον ὑμων, και ευφρανθηναι συν τω Χριστω ἁμα τοις πατριαρχαις και τοις προφηταις, και τοις απο του ἡμετερου γενους, ἡ και των προσηλυτων γενομενων, πριν ελθειν ὑμων τον Χριστον προσδοκατε, η, ἱνα δοξης περικρατειν ἡμων εν ταις ζητησεσι, προς το ταυτα ὁμολογειν εχωρησας;

Καγω ειπον· ουχ οὑτω ταλας εγω, ω Τρυφων, ὡς ἑτερα λεγειν παρ᾽ ἁ φρονω· ὡμολογησα ουν σοι και προτερον, ὁτι εγω μεν και αλλοι πολλοι ταυτα φρονουμεν. p. 243 und ὁθεν οἱ παντοθεν ανθρωποι, ειτε δουλοι ειτε ελευθεροι, πιστευοντες επι τον Χριστον, και εγνωκοτες την εν τοις λογοις αυτου

και

des Dialogus cum Tryphone.

Ehe jedoch Christus zum zweiten Male wieder erscheinet, soll Elias vor ihm hergehen, welcher der Vorbothe dieser Zukunft ist [1]).

Ob nun die allgemeine Auferstehung der Todten und das Gericht, vor der Stiftung des tausendjährigen Reichs hergehen, oder erst auf dieselbe folgen werde, darüber erklärt sich unser Buch nicht ganz genau; indessen wahrscheinlich ists, daß der Verfasser des Dialogus c. T. sich dieses alles in der Ordnung gedacht hat, wie er es in der Quelle, aus welcher er schöpfte, nämlich in der Apokalypse, welche er auch ausdrücklich anführt [2]), aufgestellt

και των προφητων αυτου αληθειαν, επιστανται αμα αυτω εν τη γη εκεινη (nämlich ἡ γη Χανααν) γενησομενοι, και τα αιωνια και αφθαρτα κληρονομησειν. p. 398.

[1]) Καγω παλιν επιθομην αυτου, ουχι Ηλιαν φησιν ὁ λογος δια Ζαχαριου (cap. 4, 5.) ελευσεθαι προ της ἡμερας της μεγαλης και φοβερας ταυτης του Κυριου

Κακεινος (scil. Τρυφων) απεκρινατο; Μαλιστα. Εαν ουν ὁ λογος αναγκαζη ὁμολογειν, ὁτι δυο παρουσιαι του Χριστου προφητευοντο γενησομεναι, μια μεν, εν ᾑ παθητος και ατιμος και αειδης φανησεται· ἡ δε ἑτερα, εν ᾑ και ενδοξος και κριτης ἁπαντων ελευσεται, ὡς και εν πολλοις τοις προλελεγμενοις αποδεδεικται, ουχι της φοβερας και μεγαλης ἡμερας, τουτεστι της δευτερας παρουσιας αυτου, προοδον γεγησεθαι τον Ηλιαν νοησομεν τον λογον του Θεου κεκηρυχεναι. p. 143.

[2]) p. 248.

stellt fand; dieses wird noch um so wahrscheinlicher, wenn man erwägt, daß in unserm Buche auch einer Auferstehung gedacht wird, welche von der allgemeinen verschieden zu seyn scheint, und von unserm Schriftsteller die heilige *) genannt wird.

Bey dieser Lehre unsers Verfassers vom tausendjährigen Reich sind nun noch insbesondere die ersten Worte aus der schon oben p. 167, 68 angeführten Stelle ει τινες ..... Χριστιανοι etc. sehr merkwürdig, denn aus ihnen erhellet, daß unser Verfasser den Chiliasmus sogar zur Othodoxie gerechnet hat. Schwerlich hätte er dieses aber thun, noch vielweniger es auf den Namen des Justin thun können, wenn diese Lehre blos eine Hypothese einzelner Männer oder gar die Meinung einer häretischen Parthey gewesen wäre, welcher einige rechtgläubige Christen blos nachsahen und sie etwa im Stillen begünstigten. Die Sache ist, wie jeder leicht sieht, nicht blos in exegetischer, sondern auch insbesondere in kirchenhistorischer Rücksicht merkwürdig. Denn ist die Lehre vom tausendjährigen Reich, zu der Zeit als unser Verfasser schrieb, nicht blos Meinung einer einzelnen christlichen Parthey gewesen, sondern haben die mehresten rechtgläubigen Christen, (wenn auch nur von den Judenchristen) ihr angehangen; so möchte es wohl mit dieser ganzen Lehre eine weit andere Bewandniß haben, als die Gegner der Apokalypse die Sache gewöhnlich vorzustellen suchen. Die Sache läuft bey diesem Streit wohl am Ende auf die Frage hinaus: ob in dem

---

*) ὁ δε (Χριστος) μετα την ἁγιαν αναστασιν, αιωνιον ἡμιν την καταχεσιν δωσει p. 330.

dem N. T. überhaupt zu einem solchen zukünftigen Reich Christi auf Erden Hofnung gemacht werde? Und da muß ich denn gerade heraus gestehen, daß ich dieses glaube. Denn anders kann ich die Stellen des N. T., welche hiervon zu handeln scheinen, nicht verstehen ²).

IV. Vom heiligen Geist.

So weitläuftig unser Verfasser sich über **Christum** und den mit ihm verbundenen **Logos** äusserte, um so viel kürzer ist er in dem, was er **von dem heiligen Geiste** sagt, auch sieht man aus allen seinen Aeusserungen über diesen Theil der christlichen Glaubenslehre, daß er eben so wenig als sein ganzes Zeitalter, bestimmt über ihn nachgedacht hat. Die Lehre vom **heiligen Geist**, war damals noch nicht in den Kreis der theologischen Untersuchungen gezogen, daher fehlen wie beinahe in allen vorhergehenden christlichen Schriftstellern, auch in ihm noch immer die nöthigen Bestimmungen, sowohl in den Begriffen als in der Sprache, welche nöthig sind, sobald man eine veste Sentenz von einer christlichen Glaubenslehre haben will.

Vorzüglich schwer ist's indessen bey unserm Schriftsteller, auch nur mit Wahrscheinlichkeit anzugeben, was für eine bestimmte Vorstellung — wenn er sich in diesem Fall irgend etwas Bestimmtes gedacht hat, — er sich wohl **vom heiligen Geist** gemacht haben möge. So weit

---

²) vergl. das schon S. 29 Gesagte.

weit als ich, durch sorgfältiges Sammeln und Vergleichen all derjenigen Stellen, in welchen vom heiligen Geist die Rede ist, seinem Ideengange über diesen Punkt habe nachspühren können, war er höchst wahrscheinlich folgender:

Er dachte sich ihn als ein besonderes Subjekt, welches nicht blos eine Kraft der Gottheit war, sondern für sich bestand [1]), und nicht so wie Justin, als einerley mit dem

Logos

[1]) Dieses liegt vornämlich in der Stelle p. 107. Als unser Verfasser auf den vierundzwanzigsten Psalm zu reden kommt, deutet er die Worte v. 8 — 10 auf Christum und sagt Κυριος ουν των δυναμεων οτι ουκ εστιν Σαλομων (im vorhergehenden hatte er nämlich gesagt, daß die Juden diesen Ausdruck auf Salomo deuteten) αποδεδεικται, αλλα ὁ ἡμετερος Χριστος· οτε εκ νεκρων ανεστη και ανεβαινεν εις τον ουρανον, κελευονται οἱ εν τοις ουρανοις ταχθεντες ὑπο του Θεου αρχοντες, ανοιξαι τας πυλας των ουρανων, ἱνα εισελθῃ οὑτος ὁς εστι βασιλευς της δοξης, και αναβας καθιση εν δεξια του πατρος, ἑως αν θῃ τους εχθρους ὑποποδιον των ποδων αυτου, ὡς δια του αλλου ψαλμου (Psalm 109) δεδηλωται, επειδη γαρ οἱ εν ουρανω αρχοντες ἑωρων αειδη και ατιμον το ειδος και αδοξον εχοντα αυτον, ου γνωριζοντες αυτον, επυνθανοντο, Τις εστιν οὑτος ὁ βασιλευς της δοξης; και αποκρινεται αυτοις το πνευμα το ἁγιον ἡ απο προσωπου του πατρος, ἡ απο του ιδιου, κυριος των δυναμεων, αυτος οὑτος εστιν ὁ βασιλευς των ουρανων. Wenigstens erhellet nun soviel, wie ich glaube, aus

dieser

Logos, denn zu geschweigen, daß sich keine Spur einer Behauptung, die auf so etwas bezogen werden könnte, in ihm findet; so ist auch die eben angeführte Stelle, meiner Meinung nach, gleichfalls gegen eine solche Behauptung. Denn der κυριος των δυναμεων wird hier als der in den Himmel einziehende Jesus Christus, zu genau von dem πνευμα αγιον unterschieden. Endlich auch selbst das Geschäfte, welches er diesem πνευμα aufträgt, scheint mir dasselbe als ein eignes Subjekt zu charakterisiren. In allen Stellen nämlich, wo er von ihm redet, spricht er von ihm immer als von dem prophetischen Geist, welcher den Propheten die Zukunft enthüllt hat, dieses ist sichtbar das eigenthümliche Geschäfte, welches er dem heiligen Geist anweist, denn wenn man alle Stellen, in welchen er etwas, als vom heiligen Geist geoffenbart, aus dem A. T. anführt, so ist es immer eine Weissagung oder Enthüllung der Zukunft. Andere Dinge, z. B. Belehrungen über Religionswahrheiten leitet er zwar vom λογος oder der σοφια (dem Θεος) ab, aber die Weissagungen hat, nach seinem Ausspruch, immer der heilige oder prophetische Geist, bekannt gemacht.

Uebrigens erscheint unser Verfasser auch hier ganz als Jude, er redet von dem heiligen Geist ganz nach jüdischen Begriffen, z. B. er spricht von ihm als von mehrern Geistern, wobey er sichtbar auf die jüdische Vervielfältigung des prophetischen Geistes Rücksicht nimmt [1], u. s. w.

V. Von dieser Stelle, daß das πνευμα αγιον unserm Verfasser, nicht blos eine göttliche Kraft sondern ein eignes Subjekt war.

[1] p. 262 — 68.

V. Von der Dreyeinigkeit.

Sonach findet sich denn auch bey unserm Verfasser noch keine Spur von der kirchlichen Lehre von der Dreyeinigkeit, und er kannte sie eben so wenig als Justin. Einen Schritt weiter wie dieser geht er jedoch, er unterscheidet nämlich, wie wir gesehen haben, schon dunkel den λογος vom πνευμα. Also schon sind es Drey, aber noch lange keine Drey die Eins in Absicht auf ihr Wesen sind, der Logos ist noch immer des höchsten Gottes Diener und Bothe den er sendet, der unter ihm steht und von ihm hervorgebracht ist. Und obgleich er das nämliche nicht ausdrücklich auch vom heiligen Geist sagt, so kann er doch höchstwahrscheinlich über ihn gleichfalls nicht anders gedacht haben, wenn er konsequent seyn wolte.

VI. Von den Engeln und Dämonen.

Ausser der Gottheit, dem Logos, und dem heiligen Geist nimmt auch unser Verfasser, so wie alle seine Vorgänger in der christlichen Kirche, Engel an. Er spricht von ihnen nur wenig und kurz, allein wie man sieht, so hatte er in Absicht dieser Lehre die nämlichen Vorstellungen, welche Justin der Märtyrer hatte [*].

Das Wenige was er von ihnen sagt ist folgendes: **die Engel sind von Gott gut und mit einem freyen Willen gleich den Menschen erschaffen**

---

[*] Daher der Leser auch die S. 123 ff. aufgestellte Theorie des Justin von den Engeln und Dämonen, hier zu vergleichen hat.

fen worden; so daß sie nun Gutes oder Böses wählen konnten ¹). Nicht alle Engel aber blieben dem Guten getreu, sondern einige fielen durch ihre eigne Schuld ²), daher redet er auch von bösen Engeln ³). Das ganze Heer derselben nebst ihrem Anführer nennt er nun die Schlange und die ihr ähnlichen Engel ⁴). Dieser Anführer der bösen Engel heißt bey ihm auch Teufel und Satan, von welchem Namen er zugleich eine ganz sonderbare Erklärung giebt ⁵). Ausser den bösen Engeln redet er auch noch

¹) εποιησεν αυτεξουσιους προς δικαιοπραξιαν και αγγελους και ανθρωπους p. 301. βουλομενος γαρ τουτους εν ελευθερα προαιρεσει, και αυτεξουσιους γενομενους, τους τε αγγελους και τους ανθρωπους ὁ Θεος, πραττειν ὁσα ἑκαστον ενεδυναμωσε δυνασθαι ποιειν, εποιησεν· ει μεν τα ευαρεστα αυτω αἱροιντο, και αφθαρτους, και ατιμωρητους αυτους τηρησαι· εαν δε πονηρευσωνται, ὡς αυτω δοκει ἑκαστον κολαζειν p. 268.

²) Αλλα και ὁτι ουκ αιτια του Θεου οἱ προγινοσκομενοι και γενησομενοι αδικοι, ειτε αγγελοι ειτε ανθρωποι γινονται φαυλοι, αλλα τη ἑαυτων ἑκαστος αιτια τοιουτοι εισιν ὁποιος ἑκαστος φανησεται, απεδειξα και εν τοις εμπροσθεν p. 400.

³) ὁτι πονηρους αγγελους κατωκηκεναι και κατοικειν λεγει etc. p. 241.

⁴) ὁ πονηρευσαμενος την αρχην οφις, και οἱ εξομοιωθεντες αυτω αγγελοι, p. 130 auch p. 197.

⁵) ὁν Μοϋσης μεν οφιν καλει, εν δε τω Ιωβ και τω Ζαχαρια διαβολος κεκληται, και ὑπο Ιησου σατανας προσηγορευται, ονομα απο της πραξεως ἡς επραξε

noch von Dämonen, eben so wie Justin, denn er sagt von ihnen, daß sie die heidnischen Gottheiten wären ¹). Beide, Dämonen sowohl als böse Engel, schildert er als Feinde der Christen, von welchen diese auch viel zu erdulden haben ²).

VII. Vom Menschen, seinem ehemaligen, gegenwärtigen und künftigen Zustande.

Ausführlicher als über die eigentliche Natur und Beschaffenheit der Engel und Dämonen, äussert sich unser Verfasser über den Menschen, und insbesondere bey dieser Lehre muß ich den Leser schon im voraus auf die auffallende Verschiedenheit, welche sich hier in der Denkungsart Justin des Märtyrers und des Verfassers des Dialogus cum Tryphone zeigt, aufmerksam machen. Justin der Märtyrer wuste nichts von einer ursprünglichen Verdorbenheit der menschlichen Natur, weder in Absicht des Leibes, noch in Absicht der Seele, blos eine natürliche Unreinigkeit schien dem Menschen wegen seines Ursprunges aus dem Beischlaf eines Mannes mit dem Weibe anzukleben, welche durch die Taufe muste abgewaschen werden, wenn er ein Gottgeweihter werden solte. Aber der Verfasser

---

επραξε συνθετον κτησαμενον αυτον μηνυων. το γαρ σαταν τη Ιουδαιων και Συρων φωνη, αποστατης εστι· το δε νας ονομα, εξ ου ή ερμηνεια οφις εκληθη, ταυτον εστι σατα τη Εβραιων ερμηνευθεισα φωνη p. 306 auch p. 364.

¹) και Δαβιδ (er meint nämlich Psalm 45, 5.) ὁτι οἱ θεοι των εθνων δαιμονια εισιν, ειπεν p. 242.

²) j. B. p. 55.

faſſer des Dialogus cum Tryphone redet von allen dieſen Dingen ganz anders, wie wir ſogleich ſehen werden.

Die beiden erſten Menſchen ſind, behauptet er, eben ſo wie die Engel gut und mit einem freyen Willen von Gott geſchaffen worden, nach welchem ſie nun aus freyer Wahl ſowohl zum Guten als zum Böſen ſich entſchlieſſen konnten [1]), ſie misbrauchten aber ihre Freyheit und wählten das Böſe, oder, wie es in der Kirchenſprache heiſt, ſie fielen, und zwar durch Verführung der Schlange oder des Teufels [2]), und von nun an wurden alle ihre Nachkommen Sünder; denn ſie waren durch Adam in Tod und Sünde verſunken [3]). Deswegen ſtatuirt er denn auch, wie man aus mehrern Stellen ſieht, daß alle Menſchen von Natur gewiſſermaſſen in der Macht der Dämonen ſtünden und von ihnen in Irrthum und Sünde geführt würden. Deswegen hält er denn auch

---

[1]) εποιησεν αυτεξεσιας προς δικαιοπραξιαν, καὶ αγγελους καὶ ανθρωπους p. 301 und p. 268.

[2]) Daß Schlange und Teufel einerley bedeute, dafür ſind ſchon oben S. 175 die Stellen angeführt worden.

[3]) αλλ' υπεριτε γενους τε των ανθρωπων, ὁ απο τε Αδαμ υπο θανατον και πλανην, την τε οφεως επεπτωκει p. 268. παρθενος γαρ ουσα Ευα και αφθορος, τον λογον τον απο τε οφεως συλλαβουσα, παρακοην και θανατον ετεκε p. 296, 97 auch p. 362.

auch nichts auf alles dasjenige, was die menschliche sich selbst gelassene Vernunft von Gott und göttlichen Dingen und von dem wahren Wege zur Glükseeligkeit erkannt hat [1]), sondern sagt ausdrüflich daß **Niemand hiervon etwas wahrhaft richtiges erkenne, als wem Gott und Christus diese Erkenntniß zugetheilt** [2]). Er verwirft mithin auch alle heidnischen Weisen und behauptet, **daß allein in den Propheten die wahre Weisheit zu finden sey** [3]).

Hier sieht man nun sehr deutlich, wie allmälig, die Begriffe von ursprünglicher Verderbtheit des Menschen; von der heiligen Schrift, als der alleinigen Quelle aller wahren Weisheit; von Unfähigkeit des Menschen ohne höhern Beystand selbst aus dieser, das darin enthaltene Gute zu lernen, sich entspannen, und wie demnach eben aus
dem

---

[1]) πως ουν αν περι Θεϰ ορθως φρονοιεν οἱ φιλοσοφοι, η λεγοιεν τι αληθες, επιστημην αυτϰ μη εχοντες (es ist nemlich von der Erkenntniß Gottes und göttl. Dinge die Rede) μηδε ιδοντες ποτε, η ακουσαντες p. 16.

[2]) ευχϰ δε σοι προ παντων φωτος ανοιχθηναι πυλας· ου γαρ συνοπτα, ϰδε συννοητα πασιν εστιν, ει μη τω Θεος δω συνιεναι και ὁ Χριστος αυτϰ p. 26.

[3]) εγενοντο τινες προ πολλϰ χρονϰ παντων τουτων των νομιζομενων φιλοσοφων παλαιοτεροι, μακαριοι και δικαιοι και θεοφιλεις, θειω πνευματι λαλησαντες, και τα μελλοντα θεσπισαντες, ά δη νυν γινεται (προφητας δε αυτϰς καλουσιν) ουτοι μονοι το αληθες και ειδον δε εξειπον ανθρωποις· p. 24.

dem Judenthum, als ihrer Quelle, Säze zum Christenthum übergiengen, welche die Prämissen zu nachmaligen kirchlichen Lehren wurden.

Bey solchen Begriffen von der Verderbtheit der menschlichen Natur und der Mangelhaftigkeit ihrer Kräfte zur Erkenntniß und Vollbringung des Guten, muste nun unser Verfasser auch einen ganz andern Weg zur Veredlung und Beglückung des Menschen vorzeichnen als der minder strenge Justin. Ihm sind daher auch Glaube an Jesum Christum und Taufe ¹) nothwendige Bedingungen der Seeligkeit, ia — welches merkwürdig ist — sogar eine Art von schwerer Betrübnis über die Sünden, eine Busse, zu welcher ein hoher Grad von Traurigkeit nothwendig erfordert wird, und die gleichsam eine Abbüssung des begangenen Bösen seyn soll, fordert er ausdrüklich ²). Indessen schließt er wahre Frömmigkeit nicht aus,

¹) Die Stellen siehe unten bey der Lehre von der Taufe.
²) ὥστε ἐὰν μετανοήσωσι, πάντες βουλόμενοι τυχεῖν τῆς παρὰ τῷ Θεῷ ἐλέους δύνανται· καὶ μακαρίους αὐτοὺς ὁ λόγος προλέγει εἰπών· Μακάριος ᾧ οὐ μὴ λογίσηται Κύριος ἁμαρτίαν (Psalm 31, 2.). τοῦτο δέ ἐστιν ὡς μετανοήσας ἐπὶ τοῖς ἁμαρτήμασι, τῶν ἁμαρτημάτων παρὰ τῷ Θεῷ λάβῃ ἄφεσιν, ἀλλ' οὐχ ὡς ὑμεῖς ἀπατᾶτε ἑαυτοὺς, καὶ ἄλλοι τινὲς ὑμῖν ὅμοιοι κατὰ τοῦτο, οἱ λέγουσιν, ὅτι κἂν ἁμαρτωλοὶ ὦσι, Θεὸν δὲ γινώσκουσιν, οὐ μὴ λογίσηται αὐτοῖς κύριος ἁμαρτίαν. μαρτύριον δὲ τούτου, τὴν μίαν τοῦ Δαβὶδ διὰ τὴν καύχησιν αὐτοῦ γενομένην παρα-

vielmehr ist diese ihm noch immer — wie schon erinnert worden — der eigentliche Grund der Glükseeligkeit des Menschen. Durch dieses alles glaubt er, werde dann der Mensch nach der von Gott für die Zeiten des N. T. einge= führten Oekonomie für diese und jene Welt glükseelig, das heist: er wird für diese Erde der Macht des Teufels und der Dämonen entreissen, die ihn in Jrrthum, Lasterhaftig= keit und Trostlosigkeit verstricken, und ein durchs Chri= stenthum erleuchteter, gebesserter und beruhigter Mensch; für jene Welt aber wird ihm ein ewiges und glükliches Le= ben zu Theil, dahingegen die Seelen derjenigen, welche nicht gebessert sind, so lange Gott will, gequälet werden, und dann sterben [1]).

Diese lezte Aeusserung ist äusserst merkwürdig, so wie überhaupt seine ganze Sentenz von der Natur der mensch= li=

παραπτωσιν εχομεν' ητις τοτε αφειθη, οτε ουτως εκλαυσε και εθρηνησεν ως γεγραπται. ει δε τω τοι- ουτω αφεσις πριν μετανοησαι ουκ εδοθη, αλλ' οτε τοιαυτα εκλαυσε, και επραξεν ο μεγας ουτος βασι- λευς, και Χριστος, και προφητης, πως οι ακα- θαρτοι, και παντα απονενοημενοι, εαν μη θρηνη- σωσι, και κοψωνται, και μετανοησωσιν, ελπιδα εχειν δυνανται, οτι ου μη λογισηται αυτοις Κυριος αμαρτιαν p. 401, 2.

[1]) Τας μεν των ευσεβων εν κρειττονι ποι χωρω μενειν, τας δε αδικους και πονηρας εν χειρονι, τον της κρι- σεως εκδεχομενας χρονον τοτε· ουτως αι μεν αξιαι τε Θεω φανεισθαι, ουκ αποθνησκουσιν ετι· αι δε κολαζονται εις τ' αν αυτας και ειναι και κολαζεσθαι ο Θεος θελη p. 20, 21.

lichen Seele und ihrem Schiksal nach dem Tode eine ganz eigne gewesen zu seyn scheint. So viel sich aus seinen zerstreuten Aeusserungen schliessen läßt, war sie folgende [1]). **Die Seelen der Menschen sind unsterblich** [2]), **das heißt, sie bleiben nach dem Absterben des Körpers als sich ihrer bewuste, denkende und empfindende Wesen übrig, indessen daß sie ganz auf ewig leben, ist nicht gerade nöthig** [3]), **denn wenn Gott den Lebensgeist von ihnen nimmt, so hören sie auf** [4]). Gleich nach dem Tode geschieht dieses aber nicht, sondern da dauert jede menschliche Seele fort, und zwar befindet sie sich in ei-

---

[1]) Wer selbst vollständig diese Lehre unsers Verfassers studiren will, der muß die ganze Stelle p. 12 Φιλοσοφια μεν, ην δ' εγω bis p. 31 πριν ὁ ὑπεσχομην εκτελεσαι sorgfältig vergleichen.

[2]) αλλα μην ουδε αποθνησκειν φημι πασας τας ψυχας εγω p. 20.

[3]) ὁσα γαρ εστι μετα τον Θεον η εσται ποτε, ταυτα φυσιν φθαρτην εχειν, και οἷα τε εξαφανισθηναι και μη ειναι ετι. μονος γαρ αγεννητος και αφθαρτος Θεος, και δια τουτο Θεος εστι· τα δε λοιπα παντα μετα τουτον γεννητα και φθαρτα. τουτε χαριν και αποθνησκουσιν αἱ ψυχαι. p. 21 f.

[4]) αλλα ὡσπερ ανθρωπος ου διαπαντος εστιν, ουδε συνεστιν αει τη ψυχη το σωμα, αλλ' ὁτε αν δεη λυθηναι την ἁρμονιαν ταυτην, καταλειπει ἡ ψυχη το σωμα, και ὁ ανθρωπος ουκ εστιν· οὑτως και ὁταν δεη την ψυχην μηκετι ειναι, απεστη απ αυτης το ζωτι-

ner Art von Mittelzustand *), in welchem sie — wenn sie auch gleich die Seele eines frommen Menschen ist — der Macht der bösen Engel unterworfen ist, nach deren Willen sie nun in Körper wandern und ihnen zu Diensten seyn muß. Daher lesen wir auch, daß die Bauchrednerin zu Endor den Geist des Samuels zitirte und er erschien; daher sprach Jesus am Ende seines Lebens: Vater in deine Hände befehl ich meinen Geist, damit seine Seele nicht in die Hände der bösen Engel käme; daher muß endlich jeder Christ eifrig dagegen beten, und bey seinem Abschiede von der Erde Gott noch dringend anrufen, daß er ihn vor der Macht der bösen Engel bewahre. Im N. T. ist es nun möglich, daß man ihren Händen entgeht, denn sie sind durch Christum überwunden, im A. T. war dieses aber wahrscheinlich noch nicht, sondern selbst die Seelen aller Propheten fielen in ihre Hände ²).

Ueber

ζωτικον πνευμα, και ουκ εστιν η ψυχη ετι, αλλα και αυτη οθεν εληφθη, εκεισε χωρει παλιν p. 23.

*) Dieses scheint mir in folgender Stelle zu liegen: τας μεν των ευσεβων εν κρειττονι ποι χωρω μενειν, τας δε αδικους και πονηρας εν χειρονι, τον της κρισεως εκδεχομενας χρονον τοτε p. 20, 21.

²) Dieses liegt in folgender Stelle: το γαρ κερατων μονοκερωτων, οτι το χημα τε σταυρε εστι μονα, προεξηγησαμην υμιν. και το απο ρομφαιας, και στοματος λεοντος, και εκ χειρος κυνος αιτειν αυτον

des Dialogus cum Tryphone.

Ueber die übrigen Lehren, welche sonst noch hierher gehören, z. B. von der Auferstehung; der Seeligkeit des Himmels u. s. w. äussert er sich zum Theil nur sehr kurz und auf die unter den Christen nach der Lehre des N. T. gewöhnliche Art, zum Theil sind auch die merkwürdigsten von se. nen Behauptungen über sie, schon in seiner Lehre von Christo als dem Todtenerwecker und Todtenrichter, von mir angezeiget worden. Daher wir izt nur die Lehre unseres Verfassers von den sonst sogenannten Gnadenmitteln oder der heiligen Schrift und den Sakramenten noch kennen lernen wollen.

VII. Von

αυτον την ψυχην σωθηναι, ινα μηδεις κυριευση της ψυχης αυτȣ, αιτησις ην· ινα ηνικα ημεις προς τη εξοδω τȣ βιȣ γιγομεθα, τα αυτα αιτωμεν τον Θεον τον δυναμενον αποστρεψαι παντα αναιδη πονηρον αγγελον, μη λαβεσθαι ημων της ψυχης. και οτι μενουσιν αι ψυχαι, απεδειξα υμιν εκ τȣ και την Σαμουηλ ψυχην κληθηναι υπο τε εγγαστριμυθȣ, ως ηξιωσεν ὁ Σαουλ. Φαινεται δε και οτι πασαι αι ψυχαι των ουτως δικαιων και προφητων, υπο εξουσιαν επιπτον των τοιουτων δυναμεων, ὁποια δη και εν τη εγγαστριμυθω εκεινη εξ αυτων των πραγματων ὁμολογειται. ὁθεν και ουτος διδασκει ημας και δια τȣ υἱȣ αυτȣ το παντως αγωνιζεσθαι δι οὑς γινεσθαι, και προς τη εξοδω αιτειν μη υπο τοιαυτην τινα δυναμιν υποπεσειν τας ψυχας ημων, Φαινεται και γαρ αποδιδους το πνευμα επι τω σταυρω, ειπε, πατηρ εις χειρας σȣ υποτιθεμαι τȣ πνευμα μου. p. 310—12.

VII. Von der heiligen Schrift.

Schrift (ἡ γραφη) oder heilige Schrift, ist auch ihm nichts weiter als das A. T. dessen er sich auch immer als eigentlicher Quelle der geoffenbarten Wahrheit bedient, denn alle Beweise für seine Lehren nimmt er aus demselben her; ja es ist nicht einmal erweislich, daß er die Schriften des N. T. für eigentliche Religionsurkunden und inspirirte Schriften gehalten habe. So weit ich seinem Gedankengang in dieser Materie habe nachforschen können, scheint er mir folgender gewesen zu seyn: für inspirirt hielt er nur die Propheten, durch diese glaubt er, habe der prophetische Geist gesprochen, daher ihre Schriften göttliche Schriften sind, Jesus war aber der lezte von den jüdischen Propheten, mit ihm schlos sich ihre Zahl, seine Worte galten ihm daher auch noch als göttliche Autorität. Die übrigen Lehrer des Christenthums nach ihm, betrachtet unser Verfasser zwar als Lehrer, von denen er glaubt, daß sie von Gott erleuchtet waren, aber in keinem höhern Grade, als er selbst und viele zu seiner Zeit lebenden Christen, denn die *dona extraord.*, sagt er, dauerten noch zu seinen Zeiten in der Kirche fort [1]. So wird es erklärbar, woher er

---

[1] Και ὁ Τρυφων .... ειπε ουν μοι, δια τε Ησαïε ειποντος τε λογε. (Ief. XI, 1, 2, 3.) Εξελευσεται ραβδος εκ της ριζης Ιεσσαι, και ανθος αναβησεται εκ της ριζης Ιεσσαι, και αναπαυσεται επ αυτον πνευμα Θεε, πνευμα σοφιας και συνεσεως, πνευμα βουλης και ιχυος, πνευμα γνωσεως και ευσεβειας· και εμπλησει αυτον πνευμα φοβε Θεε. και ὁμο-

er nie aus irgend einer neutestamentlichen Schrift einen Beweis als blos aus den Evangelien, welche die Reden Jesu enthalten für etwas hernimmt, und woher er auch auf das A. T. eine so grosse, auf die Schriften des N. T. hingegen so gar keine Auktorität sezt.

VIII. Von der Taufe.

Eben so merkwürdig ist auch seine Lehre **von der Taufe.** Zwar äussert er sich über sie nicht weitläuftig und

ὁμολογησας ταυτα προς με, ελεγεν, εἰς Χριστον εἰρῆσθαι, και Θεον αυτον προυπαρχοντα λεγεις, και κατα την βουλην τȣ Θεȣ σαρκοποιηθεντα αυτον λεγεις δια της παρθενȣ γεγεννῆσθαι ανθρωπον· πως δυναται αποδειχθῆναι προυπαρχων, ὁστις δια των δυναμεων τȣ πνευματος τȣ ἁγιȣ, ἁς καταριθμει ὁ λογος δια Ἡσαΐȣ, πληρουται, ὡς ενδεης τουτων ὑπαρχων.

Καγω απεκριναμην, Νουνεχεστατα μεν και συνετωτατα ηρωτησας· αληθως γαρ απορημα δοκει ειναι· αλλ' ἱνα ἰδης και τον περι τουτων λογον, ακουε ὡν λεγω. ταυτας τας κατηριθμημενας τȣ πνευματος δυναμεις, οὐχ ὡς ενδεους αυτȣ τουτων οντος, φησιν ὁ λογος επεληλυθεναι επ αυτον, αλλ' ὡς επ εκεινον αναπαυσιν μελλουσων ποιεισθαι, τουτεστιν επ αυτȣ περας ποιεισθαι τȣ μηκετι εν τω γενει ἡμων κατα το παλαιον εθος προφητας γενεσθαι· ὁπερ και οψει ὑμιν ἰδειν εστι· μετ' εκεινον γαρ ουδεις ὁλως προφητης παρ' ὑμιν γεγενηται. και ὁτι οἱ παρ' ὑμιν προφηται ἑκαστος μιαν τινα ἢ και δευτεραν δυναμιν παρα τȣ Θεȣ λαμβανοντες ταυτα εποιουν και ελαλουν, ἁ

και

und es sind nur ein paar Stellen, in welchen er noch dazu nur auf sie anspielt; allein schon aus diesen sieht man, was er sich von ihr für eine Vorstellung gemacht haben müsse.

καὶ ἡμεῖς απο των γραφων εμαθομεν, κατανοησατε και τα ὑπ' εμȣ λεγομενα. σοφιας μεν γαρ πνευμα Σολομων εσχε, συνεσεως δε και βουλης Δανιηλ ισχιος δε και ευσεβειας Μωσης, και Ηλιας Φοβȣ, και γνωσεως Ησαϊας και οι αλλοι αυ ὁμοιως. η μιαν ἑκαστος, η εναλλαξ αλλην τινα μετ' αλλης δυναμεως εχον· οἷον και Ιερεμιας, και οι δωδεκα, και Δαβιδ και οι αλλοι ἁπλως ὁσοι γεγονασι παρ' ὑμιν προφηται. ανεπαυσατο ουν, τουτεστιν επαυσατο, ελθοντος εκεινȣ μεθ' ὁν της οικονομιας ταυτης τοις ανθρωποις αυτȣ γενομενοις χρονοις παυσασθαι εδει αυτα αφ' ὑμων, και εν τουτω αναπαυσιν λαβοντα, παλιν ὡς επεπροφητευτο γενησεσθαι δοματα, ἁ απο της χαριτος της δυναμεως τȣ πνευματος εκεινȣ τοις επ' αυτον πιστευουσε διδωσιν, ὡς αξιον ἑκαστον επισταται. ὁτι επεπροφητευτο τουτο μελλειν γινεσθαι ὑπ' αυτȣ μετα των εις ουρανον αγελευσιν αυτȣ, ειπον μεν ηδη, και παλιν λεγω. ειπεν ουν (Pf. 68, 18.) Ανεβη εις ὑψος, ηχμαλωτευσεν αιχμαλωσιαν, εδωκε δοματα τοις υἱοις των ανθρωπων. και παλιν εν ἑτερα προφητεια ειρηται (Ioel. II, 28.) και εσται μετα ταυτα, εκχεω το πνευμα μȣ επι πασαν σαρκα, και επι τȣς δουλους μȣ, και επι τας δουλας μȣ, και προφητευσȣσι. Και παρ' ἡμιν εστιν ιδειν και θηλειας, και αρσενας, χαρισματα απο τȣ πνευματος τȣ Θεȣ εχοντας p. 263 bis 66.

müsse. Er hält sie seiner ganz jüdischen Denkungsart gemäß, für das Wasserbad dessen Elias schon erwähnt [1]), und sie ist ihm daher auch ein Bad, welches von Sünden reinigt [2]).

Deutlicher redet er

IX. Vom

[1]) ει τις καθαρας ȣκ εχει χειρας, λȣσασθω, καί καθαρος εστιν· ȣ γαρ δη γε εις βαλανειον ὑμας επεμπεν Ησαϊας απολȣσομενους εκει τον φονον καὶ τας αλλας ἁμαρτιας, ἁς ȣδε το της θαλασσης ἱκανον παν ὑδωρ καθαρισαι· αλλα, ὡς εικος, παλαι τȣτο εκεινο το σωτηριον λȣτρον ην, ὁ ειπετο τοις μετα‐ γινωσκȣσι. καὶ μηκετι αἱμασι τραγων καὶ προβατων, η σποδω δαμαλεως. η σεμιδαλεως προσφοραις κα‐ θαριζομενȣς, αλλα πιστει δια τȣ ἁιματος τȣ Χρι‐ στȣ και τȣ θανατȣ αυτȣ· ὁς δια τȣτο απεθανεν, ὡς αυτος Ησαϊας εφη, οὑτω λεγων· (und nun folgt die ganze Stelle von Jes. 52, 10 — 54, 7.) δια τȣ λȣτρȣ ȣν της μετανοιας και της γνωσεως τȣ Θεȣ, ὁ ὑπερ της ανομιας των λαων των Θεȣ γεγονεν, ὡς Ησαϊας βοα. ἡμεις επιστευσαμεν, και γνωριζομεν ὁτι τȣτ' εκεινο ὁ προηγορευε το βαπτισμα, τα μονον καθαρισαι τȣς μετανοησαντας δυναμενον, τȣ‐ το εστι το ὑδωρ της ζωης. p. 39 — 43.

[2]) ξυλον Ελισσαιος βαλων εις Ιορδανην ποταμον, ανηνεγκε τον σιδηρον της αξινης, εν ἡ πεπορευμενοι ησαν οἱ ὑιει των προφητων, κοψαι ξυλα εις οικοδο‐ μην τȣ οικȣ, εν ᾡ τον νομον και τα προσταγματα τȣ Θεȣ λεγειν και μελετᾱν εβȣλοντο· ὡς και ἡμας βεβαπτισμενȣς ταις βαρυταταις ἁμαρτιαις ἁς επρα‐ ξαμεν, δια τȣ σταυρωθηναι επι τȣ ξυλȣ, και δι

ὑδατος

IX. Vom Abendmahl.

Das Abendmahl betrachtet er gleichfalls auf eine ganz eigne Art, er äussert sich über dasselbe so, daß man sehr deutlich sieht, er habe es für eine Art von Opfer gehalten, welches nach Jesu Christi Befehl geschehen soll [z]), weiter aber erwähnt er des-
sel-

υδατος αγνισαι, ὁ Χριστος ἡμων ελυτρωσατο, και οικον ευχης και προσκυνησεως εποιησε p. 262, 63.

z) ὁν γαρ τροπον Ιησους εκεινος ὁ λεγομενος ὑπο τȣ προφητȣ ἱερευς, ῥυπαρα ἱματια εφανη φορων, δια το γυναικα πορνην λελεχθαι ειληφεναι αυτον, και δαλος εξεσπασμενος εκ πυρος εκληθη, δια το αφεσιν ἁμαρτιων ειληφεναι, επιτιμηθεντος και τȣ αντικειμενȣ αυτω διαβολȣ· οὑτως ἡμεις οἱ δια τȣ Ιησȣ ονοματος, ὡς εἱς ανθρωπος παντες εσονται εις τον ποιητην των ὁλων Θεον, δια τȣ ονοματος τȣ πρωτοτοκȣ αυτȣ υἱȣ, τα ῥυπαρα ἱματια, τουτεστι τας ἁμαρτιας, απημφιεσμενοι, πυρωθεντες δια τȣ λογȣ της κλησεως αυτȣ, αρχιερατικον το αληθινον γενος εσμεν τȣ Θεȣ, ὡς και αυτος ὁ Θεος μαρτυρει, ειπων ὁτι εν παντι τοπω εν τοις εθνεσι θυσιας ευαρεστους αυτω και καθαρας προςφεροντες, ου δεχεται δε παρ' ουδενος θυσιας ὁ Θεος, ει μη δια των ἱερεων αυτȣ. παντας ουν οἱ δια τȣ ονοματος τουτȣ θυσιας ἁς παρεδωκεν Ιησȣς ὁ Χριστος γενεσθαι τουτεστιν επι τη ευχαριστια τȣ αρτȣ και τȣ ποτηριου, τας εν παντι τοπω της γης γινομενας ὑπο των χριστιανων, προλαβων ὁ Θεος, μαρτυρει ευαρεστους ὑπαρχειν αυτω· p. 338, 39.

des Dialogus cum Tryphone.

selben nicht. Indessen ist diese seine Lehre von demselben sehr merkwürdig, denn sie ist die erste Spur von der späterhin in der römischkatholischen Kirche angenommenen Lehre von der Messe. Wie unser Verfasser auf diesen Gedanken kam, läßt sich sehr leicht begreifen, er als Judenchrist konnte sich noch nicht von den jüdischen Begriffen von Opfern und ihrer Nothwendigkeit ganz losmachen, daher suchte er selbst im N. T. ein Opfer und dieses war ihm sehr schiklich das Abendmahl.

Aus diesem ganzen Lehrsystem des Mannes, welches blos in dem Kopfe eines ehemaligen Juden, der mit dem Opferdienste und allen jüdischen Grundsäzen und Ceremonien bekannt war, entstehen konnte, erhellet es nun, wie ich glaube, sehr deutlich, daß kein ehemaliger Heide noch vielweniger Justin der Märtyrer, Verfasser dieses Buches seyn könne, sondern daß ein Judenchrist es geschrieben haben müsse.

Athe=

Athenagoras [1].

Es folgt jzt in der Reihe der Kirchenskribenten, wie man sie gewöhnlich aufzuführen pflegt, Athenagoras. Wer er gewesen ist, wo er gelebt hat, u. s. w. das alles ist uns unbekannt, blos aus der Ueberschrift seiner Bittschrift für die Christen [2], lernen wir, daß er ein

Athe-

---

[1] Bey den Citaten aus seinen Schriften bediene ich mich der Ausgabe: Sancti Athenagorae Atheniensis Philosophi, legatio pro Christianis ad Imperatores M. Aurel. Anton. et L. Aurel. Commod. Ejusdem de Resurrectione mortuorum. Cura et studio Eduardi Dechair. A. M. Oxoniae 1706.

[2] Der vollständige Titel derselben ist: Αθηναγορα Αθηναιε Φιλοσοφε χριστιανε πρεσβεια (oder auch απολογια, denn hier ist eine Variante) περι χριστιανων. Αυτοκρατορσιν, Μαρκω Αυρηλιω Αντωνινω και Λουκιω Αυρελιω Κομμοδω, Αρμενιακοις, Σαρματικοις, τω δε μεγιστον Φιλοσοφοις. Obgleich Dodwell in f. Dissertatt. Cyprianicis, Dissert. IX glaubt, daß für

Σαρ-

Athenienser und ein christlicher Philosoph gewesen sey. Da indessen, wie schon erinnert worden, diese Ueberschriften sehr unsicher sind, weil sie mehrentheils nicht von den Verfassern selbst und ihren Zeitgenossen, sondern von spätern Händen herrühren; so kann man auch dieses nicht einmahl mit völliger Gewisheit behaupten. Wiewohl es nicht unwahrscheinlich ist, daß, da sich gegen die Aechtheit dieser Bittschrift nichts Treffendes einwenden läst, der Verfasser der Ueberschrift einer alten Tradition gefolgt seyn mag. Und gesezt auch, daß wir von dem Verfasser selbst keine Nachrichten hätten, ja sogar das wenige was wir von ihm wüsten, falsch wäre, genug wenn nur seine Schrift ächt ist, und ein Athenagoras, der ein Schüler Justin des Märtyrers war, wie der Verfasser dieser Bittschrift sich selbst charakterisirt, sey er nun auch gewesen, wer er wolle, um die Zeit gelebt und dieses Buch geschrieben hat, in welche man gewöhnlich diese Schrift sezt; so ist dieses für unsere Absicht genug. Und dieses glaube ich, können wir mit Gewisheit behaupten.

Denn ob es gleich unserer Schrift an äussern Zeugnissen für ihre Aechtheit beinahe gänzlich fehlt, und nur eine

Σαρματικοις müsse gelesen werden παρθικοις; so hat doch Halloix diese Innschrift, wie ich glaube, hinlänglich vertheidigt in s. Iluftr. Eccles. Orient. Scriptor. Vol. II. Cap. XXVI. Auch kann über diese Ueberschrift noch verglichen werden Joh. Dan. von Hoven, Disquisitio Historico-critica de Inscriptione et vera aetate πρεσβεις Athenagorae pro Christianis. Lingae 1752. 4.

ne Stelle im Epiphanius sich findet, welche auf diesel=
be hindeutet ¹); dagegen Eusebius, Hieronymus
Photius und Suidas von ihr gänzlich schweigen,
auch ihres Verfassers in der Reihe der Kirchenskribenten
gar nicht erwähnen; so trägt dieses Buch doch so viele
innre Spuren seiner Aechtheit an sich, daß jeder der es
aufmerksam gelesen hat, in ihm den Geist eines ganz frü=
hen Kirchenskribenten durchaus nicht verkennen wird.
Denn der Lehrbegriff des Mannes, der hier schreibt, ist so
auffallend einfach und ungekünstelt, seine Art zu philoso=
phiren ist so frey und ungebunden, dazu der Ton auch so
gar nicht polemisch, und überhaupt die ganze Manier des
Vortrages so originell, daß man ohne die grösten Unwahr=
scheinlichkeiten zu behaupten, nicht wohl etwas anderes
annehmen kann, als daß einer von den frühern Kirchenvä=
tern, der aus dem Heidenthum zum Christenthum übergetre=
ten war, der Verfasser dieser Schrift sey. Ueberdem läßt sich
auch nicht wohl eine Absicht entdecken, warum ein Betrü=
ger

---

¹) Epiphanius Haeres. 64. hat folgende Stelle, in
welcher Methodius Tyrius folgendes als Worte
des Proklus anführt: τι ουν διαβολος λεξεται,
πνευμα περι την υλην εχον, καθαπερ ελεγχθη τω
Αθηναγορα (hier ist eine Variante ω Αθηναγορα,
welche jedoch Halloix Illustr. Eccl. Orient. Script.
Vol. II. Cap. XXXV. aus nicht verwerflichen Grün=
den für eine Verfälschung hält) γενομενον υπο τȣ Θεȣ.
Wahrscheinlich bezieht sich dieses auf die Stelle Cap.
XXII. p. 101. L. p. Ch. ὁ δε της υλης αρχων, ὡς
εστιν εξ αυτων των γενομενων ιδειν, εναντια τω
αγαθω τȣ Θεȣ επιτροπευει και διοικει.

ger dieses Werk in spätern Zeiten hätte unterschieben und für die Schrift eines Mannes aus der frühern Zeit ausgeben sollen; da keine von den nachmals entstandenen Partheyen ihren Lehrbegriff in demselben ganz finden, oder ihn als Auktorität für ihre Meinung wohl anführen konnte.

Zwar scheint es auf den ersten Blik, wenn man insbesondere die Lehre des Athenagoras vom Logos betrachtet, als ob die Schrift von einem spätern Schriftsteller, eben zu Gunsten der nachmaligen Lehre, von der Humousie des Sohnes mit dem Vater, welche die rechtgläubige Kirche gegen den Arius und seine Anhänger vertheidigte, wäre untergeschoben worden — und ich muß gestehen, daß auch ich eine Zeitlang diesen Verdacht bey mir gehegt und ihn höchstwahrscheinlich gefunden habe. — Allein bey genauerer Prüfung der Schrift sowohl als auch insbesondere dieses einzelnen Lehrpunkts des Athenagoras, sieht man sehr bald, wie Athenagoras, wenn er gleich etwas dem späterhin eingeführten Lehrtropus von der Homousie des Vaters und Sohnes sehr auffallend ähnliches, gelehrt und sich den Logos mit Gott aufs genaueste verbunden gedacht hat; dennoch bey diesem ganzen Philosophem einen eigenen, und dazu höchst simpeln Weg einschlägt, auf welchem er beinahe nothwendig auf Behauptungen der Art kommen muste, wenn gleich vor ihm noch Niemand auf dieselben gekommen und auch noch keine Streitigkeit über diesen Lehrpunkt entstanden war. Dieses alles wird wie ich hoffe, sich sehr einleuchtend darthun lassen, wenn wir bey der Aufstellung des Lehrsystems dieses Mannes auf die hier berührten Punkte kommen werden.

Der Mann selbst sowohl, als auch seine Schriften sind nun noch in einer andern Rüksicht, als blos wegen der einzelnen Lehrsäze, die er uns in diesen vorgetragen hat, für die Dogmengeschichte äusserst merkwürdig, daher der Leser mir, noch ehe ich zu der Abhandlung über die einzelnen Schriften und zur Darstellung des Lehrsystems dieses Mannes fortgehe, eine kleine Digression andrer Art erlauben wird.

Athenagoras ist der erste eigentliche christliche Philosoph, dazu, wie man sieht, noch ein platonischer Philosoph, der die reine platonische Philosophie, aus dem Plato selbst gelernt, und mit dieser Kenntnis sich zum Christenthum gewandt hatte. Seine Schriften sind daher auch die ersten Schriften eines christlichen Skribenten, von welchen man mit Sicherheit sagen kann, daß in ihnen platonische Philosophie mit dem Christenthum vereinigt worden sey.

Zwar wollen einige dieses schon von Justin dem Märtyrer behaupten, und besonders ehemals glaubte man von ihm, er schon habe die platonische Philosophie aufs Christenthum angewandt; allein Justin konnte, wie wir gesehen haben, nicht einmal ordentlich denken, geschweige denn philosophiren; er hatte auch, wie seine Schriften zeugen, keine Kenntnis von der platonischen Philosophie, vielweniger war er im Stande platonische und christliche Ideen mit einander zu vergleichen oder gar in Verbindung zu stellen. Alles was er, wie wir oben gesehen haben, in seinen Apologieen that, war, daß er hie und da einmal einen Gemeinplaz aus dem Plato, der noch dazu immer moralischen Innhalts war, mit Aussprüchen Christi zusammenstellte, und die Uebereinstimmung beider in solchen moralischen Vorschriften zeigte. Weiter that

that er, wie jeder der seine Schriften selbst lesen will, sich durch den Augenschein, überzeugen kann, durchaus nichts.

Hier aber, in den Schriften des Athenagoras, finden wir platonische Ideen mit christlichen, zu einem Philosophem verbunden. Es spricht in ihnen ein Mann, der nicht blos gut denken kann, sondern der sehr scharf denkt, und welcher mit vollem Recht auf den Namen eines Philosophen Anspruch macht. Da nun dieser Schriftsteller zugleich der erste dieser Art ist, von dem wir Schriften haben; so muß hier bey der Abhandlung über seine Schriften und sein Lehrsystem, nothwendig, die für die Dogmengeschichte so wichtige Frage, in Anregung gebracht werden: was denn wohl von der Meinung derer zu halten sey, die da behaupten, daß die kirchliche Lehrform von der Dreyeinigkeitslehre eigentlich aus der Verbindung platonischer Ideen mit der Lehre des Christenthums vom Vater Sohn und Geist, entstanden sey? Denn eben hier, wo man die ganze Sache gleichsam entspringen und aus ihrem Keime sich entwickeln sieht, läßt sich am besten über ihren wahren Ursprung urtheilen.

Wie bekannt, so haben fast die grösseften und um die Kirchengeschichte verdienteften Männer sich für die Meinung erklärt: daß Grundsäze der platonischen Philosophie ins Christenthum übergetragen und von den Lehrern der christlichen Kirche insbesondere auf die Dreyeinigkeitslehre seyen angewandt worden. Schon unter den Kirchenvätern klagen viele hierüber Irenäus *), Tertullian

---

*) Lib. II. adv. Haeref. cap. 14.

an ¹), Origines ²), Gregorius Nazianzenus ³) u. a., und in neuern Zeiten haben vornämlich Zwicker ⁴), Clerk ⁵), gewissermassen auch Mosheim ⁶), Souverain ⁷) und der gelehrte Uebersezer dieses leztern Herr D. Löffler ⁸) diese Meinung vertheidigt, welche auch beinahe allgemeinen Beifall gefunden hat.

Indessen hat vor kurzem Herr Prof. D. Keil in Leipzig in einer gelehrten Dissertation, welche den Titel führt: De

---

¹) Insbesondere Libr. de praescr. adv. haeret. Cap. VII. und adv. Marc. Lib. V. c. 19. auch Lib. de anima c. 23. in welcher leztern Stelle er den Plato omnium haereticorum condimentarium nennt.
²) Hom. VII in Iof. T. II Opp. 414. ed. de la Rue.
³) Orat. XXVI p. 458. edit. Colon.
⁴) Im Irenicum Irenicorum Amst. 1660. p. 14 sqq.
⁵) In der Praef. Ante-Nicenismi. 1695.
⁶) In s. Dissertatt. de turbata per recentiores Platonicos ecclesia, siehe s. Dissertatt. ad hist. eccl. pertinentes. Vol. I p. 90 sq. und den Tom. II der lateinischen Uebersezung von Cudworthi systema intellectuale. Indessen ist Mosheims Meinung von der neuplatonischen Philosophie nicht ganz historisch richtig.
⁷) Le Platonisme devoilé, ou Essai touchant le verbe Platonicien, divisé en deux parties. à Cologne 1700.
⁸) Versuch über den Platonismus der Kirchenväter — aus dem Franz. übersezt und mit Vorrede und Anmerkungen begleitet von D. Jos. Fried. Christ. Löffler. Züllichau 1792.

De doctoribus veteris ecclesiae culpa corruptae per platonicas sententias Theologiae liberandis. Commentat.. I. et II. 1792. Lipsiae. ex officina Saalbachia, allen diesen gelehrten Männern widersprochen, und zwar vornämlich wie er selbst sagt, in der Absicht, p. 2. ne *calumniandi* dogmatis de Trinitate materia ulterius praebeatur. Durch diese schätzbare und gelehrte Arbeit, ist aber, wie mir es scheint, gegen den eigentlichen Hauptsaz der Gegner, mit welchen Herr D. Keil es hier zu thun hat, wenig gewonnen worden. Freilich sind einige in ihren Behauptungen zu weit gegangen, und haben von allem was in der Kirchenlehre dunkel und unverständlich genannt werden kann, in der platonischen Philosophie den Grund finden wollen; auch hat Herr D. Keil — wie ich schon oben beym Dialogus cum Tryphone gezeigt habe, — meiner Meinung nach ganz Recht, wenn er die Sentenz einiger Kirchenväter vom Logos als Θεος aus einer ganz andern Quelle ableitet, als aus der Lehre des Plato: allein darin, fehlt er, so weit ich die Sache beurtheilen kann, eben so gut, als seine Gegner, welche die platonische Philosophie zur einzigen Quelle der Lehre vom Logos machen, daß er diese morgenländische oder jüdische Philosophie zur einzigen Quelle der ganzen Lehre von der Dreyeinigkeit machen will. Denn soweit ich die Sache beurtheilen kann, liegt die Wahrheit gerade hier in der Mitten, und das Resultat meiner Forschungen in dieser Absicht ist folgendes:

1) Die Lehre der frühesten christlichen Schriftsteller, der Apostel, der apostolischen Väter, des Justin und des Verfassers des Dialogus cum Tryphone, vom λογος als Θεος, ist gar nicht platonischen Ursprungs; sondern hat ihren

ihren Grund zunächst in der jüdischen Theologie, woher diese wieder sie zulezt genommen habe, ob aus einer orientalischen, oder aus einer griechischen Philosophie, die nachmals in eine orientalische und aus dieser dann wieder zu den Juden übergieng, über dieses alles ist keine Entscheidung möglich, weil uns die Geschichte hier gänzlich verläßt. Nach dieser jüdischen Lehre war aber der λογος immer ein dem höchsten Gott untergeordnetes und von ihm ganz verschiedenes Wesen.

2) Die Lehre vom λογος aber als einem Theil der höchsten Gottheit selbst, als einem Subjekt das mit dem Vater und Geist nur ein Wesen ausmacht, also die Lehre von der Homousie und mithin auch die kirchliche Dreyeinigkeitslehre, diese ist platonischen Ursprungs — denn hier ist gerade unser Athenagoras der erste, welcher so etwas behauptet, und er geht ganz sichtbar von der platonischen Idee vom Logos aus. Und auf diesem Wege war es, wie ich glaube, auch nur möglich auf diese Lehre zu kommen. Denn bey jener jüdischen Vorstellungsart vom Logos blieb immer ein gewisses Subordinationssystem, man mochte auch dasselbe verfeinern so sehr man wollte, und der Logos war immer ein für sich bestehendes Wesen, und hier konnte Niemand an Homousie denken. Aber vom platonischen Logos oder der höchsten Idee, die im göttlichen Verstande ihren Siz hatte, und gleichsam ein Theil dieses Verstandes war, also mit zum göttlichen Wesen gehörte; von hieraus konnte man auf Homousie kommen. Und dieses ist denn auch der Weg, auf welchem, wie man aus seiner Schrift selbst sieht, Athenagoras zu seiner Dreyeinigkeitslehre kam; welches Niemand bezweifeln wird, der unsern Schriftsteller aufmerksam gelesen hat, denn die Prämissen, aus welchen

chen er seine Lehre vom Logos und von der Dreyeinigkeit ableitet, schimmern zu deutlich durch, und diese sind, unverkennlich platonisch ᶻ).

ᶻ) Man lese z. B. folgende Stelle: Πλατων δε τα αλλα επεχων, και αυτος εις τε τον αγεννητον Θεον, και τους υπο τυ αγεννητυ εις κοσμον τον ουρανον γεγονοτας, τους τε πλανητας και τους απλανεις αστερας, και εις Δαιμονας τεμνει· περι ων Δαιμονων αυτος απαξιων λεγειν, τοις περι αυτων ειρηκοσιν προσεχειν αξιοι . . . . αρ᾽ ουν ὁ τον αἰδιον νουν και λογω καταλαμβανομενον περινοησας Θεου, και τα επισυμβεβηκοτα αυτω εξειπειν, το οντως εν, το μονοφυες, το αγαθον απ᾽ αυτυ αποχεομενον, ὁπερ εστι αληθεια· και περι πρωτης δυναμεως· και ὡς περι τον παντων βασιλεα παντα εστι, και εκεινυ ἑνεκεν παντα, και εκεινος αιτιον παντων, και περι δυο και τρια· δευτερον δε περι τα δευτερα, και τριτον περι τα τριτα· περι των εκ των αισθητων γης τε και ουρανυ λεγομενων γεγονεναι, μειζον η καθ᾽ ἑαυτον ταληθες μαθειν ενομισεν; η ουκ εστιν ειπειν· αλλ επει αδυνατον γενναν και αποκυισκεθαι Θεους ενομισεν, ἑπομενων τοις γιγνομενοις τελων, και το τουτυ αδυνατωτερον, μεταπεισαι τους πολλους αβασανιστως τους μυθους παραδεχομενους· δια ταυτα μειζον η καθ᾽ ἑαυτον γνωναι και ειπειν εφη περι της των αλλων Δαιμονων γενεσεως, ουτε μαθειν, ουτε εξειπειν γενναθαι Θεους δυναμενους . . . . Τι δαι δει προς ὑμας παντα λογον κεκινηκοτας; η ποιητων μνημονευειν, η και ἑτερας δοξας εξεταζειν, τοσουτον ειπειν εχουτι·

Wir kehren von dieser Abschweifung zu den einzelnen Schriften unseres Verfassers zurük.

Wir haben vom Athenagoras zwey Schriften, nämlich seine Bittschrift für die Christen, an den Markus Aurelius Antoninus und Lucius Aurelius Commodus, und seinen Traktat von der Auferstehung der Todten (περι αναστασεως νεκρων).

In der erstern, nämlich in seiner Bittschrift für die Christen, hat er denselben Zwek, welchen Justin der Märtyrer bey Abfassung seiner Apologieen und zwar namentlich bey seiner gröffern Apologie hatte; er will, wie er selbst sagt, es dahin bey den Kaysern zu bringen suchen, daß man die Christen nicht mehr wie

τι˙ ει και μη ποιηται και Φιλοσοφοι ενα μεν ειναι επεγινωσκον Θεον περι δε τουτων, οι μεν ως περι Δαιμονων, οι δε ως περι υλης, οι δε ως περι ανθρωπων γενομενων εφρονουν, ημεις τε αν εικοτως ξενηλατουμεθα, διαιρετικω λογω και περι Θεου και υλης και περι της τουτων αυτων ουσιας κεχρημενοι; ως γαρ Θεον φαμεν, και υιον τον λογον αυτε, και πνευμα άγιον ένουμενα μεν κατα δυναμιν, τον πατερα, τον υιον, το πνευμα (ότι νους, λογος, σοφια υιος τε πατρος, και αποῤῥοια, ως Φως απο πυρος, το πνευμα) ούτως και ετερας ειναι δυναμεις κατειλημμεθα περι την υλην εχουσας και δι αυτης, μιαν μεν, την αντιθεον˙ etc. L. p. Ch. Cap. XXI, XXII. p. 91—96 auch Cap. VI. p. 26, 27, 28.

wie bisher geschehen war, ungehört blos ihres Namens wegen, am Leibe und Leben strafen sollte *).

Um dieses in der gehörigen Ordnung und mit dem nöthigen Nachdruk zu thun, schikt er (§. 1, 2, 3. oder p. 1 — 14.) seiner Schrift, eine Art von Einleitung voraus, in welcher er den Kaysern, die Unbilligkeit ihres bisherigen Verfahrens gegen die Christen zu Gemüthe führt, und ihnen zeigt, wie ungerecht es sey: daß sie, die doch die Sache, eines jeden andern Einwohners ihrer Staaten, wenn er auch von den gewöhnlichen Landesgottheiten noch so verschiedene Götter anbethete, untersuchten und ihn nur erst dann, wenn sie ihn als einen Verbrecher befänden, straften, die Christen ungehört strafen ja tödten ließen. Zugleich bittet er die Kayser für sich um ein geneigtes Gehör, weil dieses für beide Theile, für sie sowohl, als für die Christen höchst nöthig sey. Hierauf geht er dann (§. 4. p. 15.) zu dem eigentlichen Gegenstand seiner Schrift fort, welcher eine Widerlegung, der drey Hauptverbrechen, welcher man die Christen beschuldigte, nämlich des Atheismus, der Mahle von Menschen

---

*) Dieser leztere Umstand ist für die Geschichte der Christenverfolgungen wichtig. Athenagoras erwähnt seiner ausdrücklich, man vergleiche p. 9, 10. ουδε γαρ, schreibt er, εις χρηματα, η παρα των διωκοντων ζημια, ουδε εις επιτιμιαν η αισχυνη, η εις αλλο τι των μειζονων η βλαβη . . . . αλλ᾽ εις τα σωματα και τας ψυχας, ὁταν απειπωμεν τοις χρημασιν, επιβουλευουσιν ἡμιν.

schenfleisch, und der unnatürlichen Wollust [1]), ist. Mit diesem Gegenstand beschäftigt sich nun seine ganze Schrift.

Sichtbar hat er bey Abfassung derselben Justins grössere Apologie vor Augen gehabt, und vornämlich in der Einleitung (p. 1 — 14.) sie beinahe wörtlich nachgeahmt.

Indessen unterscheidet er sich von dem Justin nicht blos durch den Styl, der bey ihm, wenn gleich nicht besser, doch blühender ist und dem philonianischen nahe kommt; sondern auch durch die Anordnung der Materien sowohl, als auch durch die Sachen selbst, welche er vorträgt. Offenbar beobachtet er eine viel bessere Ordnung, bleibt seiner Materie mehr getreu und führt das mit unendlich mehr Scharfsinn als Justin aus, was er sich auszuführen vorgenommen hat. Seine Schrift verdient daher auch, wenn gleich nicht als eine vorzügliche geschäzt, doch wenigstens beiden Apologieen des Justins weit vorgezogen zu werden. Noch mehr Scharfsinn als in dieser Bittschrift für die Christen, verräth jedoch Athenagoras,

In seiner zweiten Schrift, nämlich in dem Traktat über die Auferstehung der Todten [2]). Sie ist blos philosophischen Innhalts, und weiter für die Dogmengeschich-

---

[1]) τρια επιφημιζουσιν ημιν εγκληματα, αθεοτητα, Ουεςεια δειπνα, Οδιποδειους μιξεις.

[2]) Der vollständige Titel ist: Αθηναγορα Αθηναια Φιλοσοφα Χριστιανα, περι αναστασεως των νεκρων.

schichte nicht merkwürdig, als in so ferne sie die ausführlichen Spekulazionen eines einzelnen Mannes über ein einzelnes und noch dazu ziemlich unwichtiges Dogma, nämlich die Auferstehung der Todten enthält. So wie wir sie izt haben, scheint sie mir indessen unvollständig zu seyn, denn schwerlich ist wohl die jzige Anfangsperiode ihr wirklicher Anfang gewesen [1]); da das εν τουτοις sehr merklich auf etwas Vorhergehendes hinzeigt.

Eine Fortsezung der Bittschrift (πρεσβεια), wofür einige sie haben halten wollen, ist sie übrigens nicht, denn diese hat einen förmlichen Schluß. Der Anfang dieser Schrift ist daher entweder der ersten, oder den ersten zwey Perioden nach, (denn viel kann, wie man aus dem ganzen Innhalte sieht, nicht fehlen) wahrscheinlich verlohren gegangen: oder es müßte denn seyn, daß der izt gewöhnliche Text nicht der eigentliche Anfang ist, sondern daß das Scholion, welches im Codex regius steht, der Anfang der Schrift gewesen wäre [2]). Auf diesen Fall haben wir sie noch ganz.

So weit wir den Mann selbst, nun aus seinen Schriften kennen lernen, so war er ein viel scharfsinnigerer und

---

[1]) παντι δογματι και λογω της εν τουτοις αληθειας εχομενω, παραφυεται τι ψευδος.

[2]) Dieses Scholion lautet so: τῷ παντὶ δόγματι, καὶ λόγῳ ἀληθείας ἐχομένῳ παρυφίσταταί τι φεῦδος, οὐκ ἐκ φυσικῆς αἰτίας ὁρμώμενον, ἀλλ' ἐξ ἀθέσμε της αληθείας διαφορας των το ψεῦδος τετιμηκότων, ἐκ κακοχόλων καὶ συκοφαντεῖν ἅπαν ἀγαθὸν καὶ θεῖον ἐσπουδακότων.

und weit gelehrterer Mann als Justin, der — vorausgesetzt, daß, wie man gewöhnlich annimmt, Justin sein Lehrer gewesen ist —, diesen seinen Lehrer beinahe in allen Stücken übertraf. Er philosophirt weit reiner und bündiger, und sein ganzes Lehrsystem ist in sich weit zusammenhängender und consequenter als des Justin seines war. Ueber sehr viele Lehren des Christenthums erklärt er sich jedoch gar nicht, und zwar mit Recht; denn er hatte keine nähere Veranlassung, hier von ihnen zu sprechen, und wie Justin es macht, Dogmen, die auch noch so wenig in den Zusammenhang passen, doch gleichsam bey den Haaren herbeizuziehen, dieses ist seine Sache nicht. Diejenigen Lehren hingegen, von welchen er spricht, handelt er scharfsinnig und so ab, daß man seine Theorie von ihnen wohl durchdacht und in gewisser Absicht vollendet nennen kann. Die Aufstellung seines Lehrsystems wird dieses noch deutlicher machen.

I. Von der Gottheit.

Von der Gottheit hat er nicht blos die würdigsten, sondern auch sehr philosophisch genau bestimmte Begriffe. Er redet von dem Gott der Christen, als dem einzigen Gott [*], der ein unerschaffenes und ewiges, nicht

---

[*] εφ ημιν δε κεισθαι νομον, οἱ εχομεν ὅ, τι και νοουμεν και ορθως πεπιστευκαμεν, ἑνα Θεον ειναι, αληθειαις σημειοις και λογοις παραστησαι. Legatio pro Christ. C. VI. p. 31 man sehe auch p. 21 die Worte ὁ λογος ἡμων ἑνα Θεον αγει. Auch Cap. VII ganz p. 32 sqq.

nicht sichtbares sondern blos erkennbares [1], von der Materie ganz verschiedenes [2], ja, wie er von ihm mit dem Sokrates behauptet, das einfachste aus keinen Theilen bestehende Wesen ist [3].

Die-

[1] ἡμιν δε, διαιρουσιν απο της ὑλης τον Θεον, και δεικνυουσιν ἑτερον μεν τι ειναι την ὑλην, αλλο δε τον Θεον, και το δια μεσου πολυ (το μεν γαρ θειον αγεννητον ειναι και αιδιον, νῳ μονῳ και λογῳ θεωρουμενον) Leg. p. Christ. C. 5. p. 19 auch p. 21 nennt er die Gottheit τον τε παντος ποιητην, αυτον μεν ου γενομενον.

[2] Ueber die Verschiedenheit der Gottheit von der Materie, erklärt er sich mehrere Male und zwar sehr weitläufig; als die Hauptstelle, in welcher er diesen Unterschied gleichsam als thesis behauptet, kann die eben in der vorhergehenden Note angeführte Stelle aus der Legat. p. Ch. C. 5 p. 19 angesehen werden; sonst gehört noch hieher der ganze C. 13. p. 53 sqq. aus der Legat. p. Ch.

[3] τα μεν γαρ γενητα, ὁμοια τοις παραδειγμασι· τα δε αγενητα, ανομοια, ουτε απο τινος, ουτε προς τινα γενομενα. ει δε ὡς χειρ και οφθαλμος και πους περι ἑν σωμα εισιν, συμπληρουντες τα μερη, ἑνα εξ αυτων συμπληρουντες, ὁ Θεος εις. και τοι ὁ μεν Σωκρατης, παρο γενητος και φθαρτος, συγκειμενος και διαιρουμενος εις μερη· ὁ δε Θεος αγενητος και απαθης και αδιαιρετος· ουκ αρα συνεστως εκ μερων Legat. p. Ch. Cap. VII p. 32, 33.

Diesen Gott stellt er nun vor. als den höchsten Beherrscher des ganzen Weltalls, welcher durch seinen Logos die Welt geschaffen hat, sie durch seinen Geist erhält ¹) und regieret ²), auch insbesondere für die Menschen Sorge trägt, und einst wegen ihres ganzen irrdischen Verhaltens Rechenschaft von ihnen fordern wird ³).

II. Vom Vater, Sohn und Geist.

Zu dieser höchsten Gottheit zählt er nun den Vater, Sohn und Geist, und hier ist es gerade, wo er sich von seinem Vorgänger, dem Justin, merklich unterscheidet, und wo man gleichsam die nachmaligen Begriffe von Homousie und kirchlicher Dreyeinigkeitslehre in ihrem ersten Keime erblickt.

Der

---

¹) ουδε ημεις αθεοι, ὑφ᾽ οὗ λογῳ δεδημιουργηται, και τῳ παρ᾽ αυτου πνευματι συνεχεται τα παντα, τουτον ειδοτες και κρατουντες Θεον. Leg. p. Ch. Cap. VI p. 27, 28.

²) ου ουν τα ποιηματα (scil. αερ, γη etc.) και ὑφ᾽ οὗ τῳ πνιυματι ἡνιοχειται, τουτον καταλαμβανετο ειναι Θεον. Cap. VI p 24.

³) αρα τοινυν, ει μη εφεστηκεναι Θεον τω των ανθρωπων γενει ενομιζομεν, ουτως αν ἑαυτους εξεκαθαιρομεν; ουκ εστιν ειπειν. αλλ᾽ επει πεπεισμεθα ὑφεξειν παντος του ενταυθα βιου λογον τω πεποιηκοτι και ἡμας και τον κοσμον Θεω, τον μετριον και φιλανθρωπον και ευκαταφρονητον βιον αἱρουμεθα. Legat. p. Ch. Cap. XI p. 44.

Athenagoras.

Der Vater, sagt Athenagoras gleich dem Justin, hat einen Sohn, dieses ist der Logos oder Verstand Gottes [1] als denkend und wirksam (oder, als durch Vorstellungen thätig) betrachtet [2]. Ihn nennt er noch mit dem Justin das erste Hervorgebrachte (πρωτον γεννημα) des Vaters, allein nun geht er in seinen Bestimmungen weiter als sein Vorgänger, nicht, sezt er hinzu, heist er das erste Hervorgebrachte (oder Erzeugte) als ob er etwas Hervorgebrachtes wäre (denn Gott, der ein ewiger Geist ist, hatte von jeher in sich den Logos (Verstand) da er von Ewigkeit her ein vernünftiges Wesen (λογικος) war); sondern er führt diesen Namen weil er nur, als die ganze materielle Welt noch ein blosses Chaos war, sich sowohl durch die Entwerfung des Planes zu ihrer
Aus-

---

[1] Daß Logos und Verstand und Weisheit bey unserm Verfasser einerley sind, beweiset folgende Stelle: ως γαρ Θεον φαμεν, και υιον τον λογον αυτου και πνευμα ἁγιον, ἑνουμενα μεν κατα δυναμιν τον πατερα, το υίον, το πνευμα, (ὁτι νους, λογος, σοφια υἱος του πατρος, και απποῤῥοια, ὡς φως απο πυρος, το πνευμα) Cap. XXII. p. 96 L. p. Ch.

[2] και μη μοι γελοιον τις νομιση το υἱον ειναι τω Θεω. ου γαρ, ὡς ποιηται μυθοποιουσιν, ουδεν βελτιους των ανθρωπων δεικνυντες τους θεους, η περι του Θεου και πατρος, η περι του υἱου πεφρονηκαμεν· αλλ' εστιν ὁ υἱος του Θεου λογος του πατρος, εν ιδεα και ενεργεια. Cap. IX. p. 37. sq. L. p. Ch.

Ausbildung als auch durch die Ausbildung selbst zu äussern anfieng ⁎).

Die Kürze der Ausdrücke ιδεα και ενεργεια ειναι προελθων, macht hier viele Schwierigkeiten. Indessen glaube ich, kann man soviel mit Gewisheit annehmen, daß Athenagoras durch dieselbe nicht die Hervorbringung des Logos habe ausdrücken wollen, denn dieses können sie selbst der Sprache nach nicht einmahl sagen; sondern sie drücken nur soviel aus, als er gab sein Daseyn zu erkennen daher man sie auch nicht durch „der Logos gieng zum Seyn hervor," übersezen kann. Die Idee, welche Athenagoras durch diese Worte ausdrücken will, ist, so ich nicht irre, folgende: Ehe noch etwas ausser Gott da war, war der Logos in Gott, denn Gott war ein vernünftiges denkendes Wesen, sobald aber ausser Gott etwas anfieng zu seyn, nun äusserte er sich ausser ihm, und zwar an den Dingen die ausserhalb Gott da waren, ιδεα indem er sowohl den Plan entwarf, nach welchem die ganze Welt eingerichtet werden solte, και ενεργεια als auch diesem Plane gemäs alles anordnete.

So

⁎) ει δε δι υπερβολην συνεσεως σκοπειν υμιν επεισιν, ο παις τι βουλεται, ερω δια βραχεων· πρωτον γεννημα ειναι τω πατρι, ουχ ως γενομενον (εξ αρχης γαρ ο Θεος, νους αιδιος ων, ειχεν αυτος εν εαυτω τον λογον, αιδιως λογικος ων)· αλλ' ως των υλικων ξυμπαντων, αποιου φυσεως και γης, οχειας υποκειμενων δικην, μεμιγμενων των παχυμερεστερων προς τα κουφοτερα επ' αυτοις, ιδεα και ενεργεια ειναι προελθων Cap. X. p. 38. 39. L. p. Ch.

So hätte denn also, nach des Athenagoras Sentenz, der Logos nie als ein besonderes Subjekt ausserhalb Gott existirt, sondern nur sich als eine Eigenschaft Gottes wirksam gezeigt. Hiermit stimmt nun auch vollkommen dasjenige überein, was Athenagoras von der Vereinigung des Logos mit Gott und von seinem Verhältnis zur Gottheit sagt. Denn er behauptet: der Logos sey der **unzertrennliche Sohn des Vaters** [1]), ja er hält ihn, wie man sieht, nur für eine **Eigenschaft Gottes** [2]).

Von diesem Logos sagt er auch noch ausdrücklich: **daß er von den Christen mit dem Vater als Gott verehrt werde** [3]).

Ueber den heiligen Geist redet er gleichfalls auf eine ganz eigne Art, er unterscheidet ihn sehr deutlich vom Logos; und **Pneuma und Logos** sind ihm keineswegs einer-

[1]) ὡς γαρ ὑμιν πατρι και υιω παντα κεχειρωται, ανωθεν την βασιλειαν ειληφωσι· (βασιλεως γαρ ψυχη εν χειρι Θεου, φησι το προφητικον πνευμα) οὑτως ἑνι τω Θεω και τω παρ αυτου λογω υιω νοουμενω αμεριστω παντα ὑποτετακται. Cap. XV. p. 63 sq. L. p. Ch.

[2]) παντα γαρ ὁ Θεος εστιν αυτος αὑτω, φως απροσιτον, κοσμος τελειος, πνευμα, δυναμις, λογος. Cap. XIII p. 55, 56. L. p Ch.

[3]) ὡς μεν ουν ουκ εσμεν αθεοι, Θεον αγοντες τον ποιητην τουδε του παντος, και τον παρ' αυτου λογον· Cap. XXVI. p. 122. Leg. p. Ch.

einerley [1]). Ueber seine eigentliche Natur sagt er jedoch nichts Bestimmtes, ausser daß er ihn, wie man sieht, als etwas betrachtet hat, welches gleichfalls zu Gott gehört, denn er redet von ihm als einer Eigenschaft Gottes [2]) und stellt ihn in seiner Wirksamkeit als einen Lichtstrahl vor, der von der Gottheit ausgeht und wieder zu ihr zurückkehrt gleichwie die Strahlen der Sonne zurückprallen [3]). Gott indessen nennt er ihn nie, selbst, welches, auffallend ist, dann nicht einmahl, wenn er den Vater und den Logos Gott nennt [4]). Seiner Verehrung erwähnt er jedoch ausdrücklich. Ueber die Vereinigung dieser Drey drückt er sich auch gar nicht zweifelhaft aus, und wenn ich nicht sehr irre, so dachte er sie sich als Vereinigung zu einem Wesen, und zwar, wie ich glaube, auf folgende Art.

Geist (πνευμα) ist ihm gewissermaassen das höchste, er versteht darunter, wie mir es scheint, die geistige Natur Gottes, Vater und Sohn haben in diesem Geiste Statt.

[1]) Dieses beweisen beinahe alle Stellen, in welchen er von diesen beiden spricht, in ihnen allen unterscheidet er sie, denn er redet immer vom λογος und πνευμα, Cap. 9, 10, 46, 96.

[2]) Siehe die in der vorlezten Note zitirte Stelle.

[3]) και τοι και αυτο το ενεργουν τοις εκφωνουσι προφητικως άγιον πνευμα, απορροιαν και επαναφερομενον, ὡς ακτινα ἡλιου. Cap. X. p. 40. L. p. Ch. und και απορροια, ὡς φως απο πυρος, το πνευμα Cap. XXII. p. 96. L. p. Ch.

[4]) τις ουν ουκ αν απορησαι λεγοντας Θεον πατερα, και ὑιον Θεον, και πνευμα ἅγιον· Cap. X. p. 40. L. p. Ch.

Statt. Der Logos ist der Verstand Gottes, als denkend und wirksam betrachtet, welcher auch Sohn genannt wird, und Vater heist die Gottheit nun eben in Rüksicht auf diesen ihren Sohn: so, ist durch die geistige Natur das Subjekt der Gottheit (der Vater) mit dem Verstande (dem Logos ihrem Sohn), verbunden *). Anders kann Athenagoras sich wohl nicht die Sache vorgestellt haben, denn,

Nur unter der Voraussezung, daß dieses wirklich die Meinung des Athenagoras vom Vater, Sohn und Geist gewesen ist, wird es uns auch erklärbar, wie er

1) Vom λογος und πνευμα als blossen Eigenschaften der Gottheit reden und ihrer nebst andern Vollkommenheiten

---

*) Dieses liegt meiner Meinung nach in folgender Stelle: και μη μοι γελοιον τις νομιση το υιον ειναι τω Θεω. ου γαρ, ως ποηται μυθοποιουσιν, ουδεν βελτιους των ανθρωπων δεικνυντες τους θεους, η περι του Θεου και πατρος, η περι του υιου πεφρονηκαμεν· αλλ' εστιν ο υιος του Θεου λογος του πατρος, εν ιδεα και ενεργεια. προς αυτου γαρ και δι' αυτου παντα εγενετο, ενος οντος του πατρος και του υιου· οντος δε του υιου εν πατρι, και πατρος εν υιω, ενοτητι και δυναμει πνευματος, νους και λογος του πατρος, ο υιος του Θεου Cap. IX. p. 37. 38. L. p. Chr. auch Cap. XII. p. 96. L. p. Chr. heist es: ως γαρ Θεον φαμεν, και υιον τον λογον αυτου, και πνευμα άγιον, ενουμενα μεν κατα δυναμιν τον πατερα, τον υιον, το πνευμα.

ten erwähnen könne. In der schon angeführten Stelle nämlich wo er von der Allgenugsamkeit Gottes, der sich selbst alles ist, und keines endlichen Dinges bedarf, spricht, drükt er sich folgendergestalt aus: „Gott, sagt er, ist „sich selbst alles, ein unanschaubares Licht, die voll„kommenste Welt, Geist (πνευμα) Kraft, Verstand „(λογος) [1]."

2) Wie, wenn er vom Verhältnis des Vaters und Sohnes zu einander spricht, er sich auf folgende Art ausdrücken könne: „der Sohn ist der Verstand (λογος) des „Vaters, als denkend und wirksam, (εν ιδεα και ενερ-„γεια) denn von ihm und durch ihn ist alles gemacht, „da Vater und Sohn eins sind; indem der Vater im „Sohn und der Sohn im Vater ist, durch das Band „und in Kraft des Geistes (nämlich, kraft Gottes geistiger Natur hat der Verstand in ihm Statt). „Die Denkkraft „der Verstand des Vaters, ist also der Sohn Got„tes [2]."

3) Wie

---

[1] παντα γαρ ὁ Θεος εϛιν αυτος αὑτω, Φως απροσιτον, κοσμος τελειος, πνευμα, δυναμις, λογος Cap. 13. 55, 56.

[2] αλλ' εστιν ὁ υιος του Θεου λογος του πατρος εν ιδεα και ενεργεια. προς αυτου γαρ και δι' αυτου παντα εγενετο, ενος οντος του πατρος και του υιȣ· οντος δε του υιου εν πατρι, και πατρος εν υιω, ἑνοτητι και δυναμι πνευματος. νους και λογος του πατρος, ὁ υιος του Θεου Cap. IX. p. 38. L. p. Chr. vergl. was S. 107 über diesen Ausdruck gesagt worden.

3) Wie er vom Vater und Sohn als **einem Gott** reden könne [1]).

4) Hiermit stimmt auch völlig überein, daß er in einer Stelle sagt: **Gott der Vater, Gott der Sohn**, aber nicht zugleich auch **Gott der heilige Geist**, sondern blos **und heiliger Geist**, denn die geistige Natur ist ihm das subiectum inhaesionis der beiden, beide sind gleichsam der heilige Geist [2]).

Alle diese so widersprechendscheinenden Aeusserungen lassen sich nur zusammenvereinigen, wenn man die schon von mir vorgetragene Meinung von seiner Dreyeinigkeits= lehre annimmt, anders aber weiß ich nicht, wie man sie, ohne den Athenagoras mit sich selbst in Widerspruch zu sezen, erklären will.

Gewis würden wir noch mit grösserer Bestimmtheit über diese Materie sprechen, und die Meinung des Athena= goras vom Logos sowohl als Pneuma, viel deutlicher an= geben können, wenn er nur mit einer Sylbe der Mensch= werdung dieses Logos oder der Vereinigung desselben mit dem Menschen Jesus gedächte; allein hiervon kommt in seinen Schriften nicht ein Wort vor, daher die ganze Lehre von Christo in ihm fehlt.

Aus diesem allen erhellet nun, daß Athenagoras zwar an Vater Sohn und Geist geglaubt, sie auch ge=

---

[1]) Θεον αγοντες τον ποιητην τουδε του παντος, και τον παρ αυτου λογον Cap. XXVI. p. 122 L. p. Ch.
[2]) vergl. die S. 210 Note [4]) angeführte Stelle.

wissermaaßen unterschieden habe, allein daß er gar keinen Begriff von Personalität, weder des Logos noch des Pneuma gehabt, und sie als bloße Eigenschaften der Gottheit betrachtet hat. Zwar findet sich in ihm eine Stelle, die auf den ersten Anblik dies zu sagen scheint [3]), allein wenn man bedenkt, Erstens, wie vieldeutig das Wort τάξις ist, indem es soviel als Stelle, Ordnung, Reihe, und mithin auch Zahl ausdrüken kann und wirklich in den Patribus ausdrükt. Zweitens, daß es durchaus mit dem ganzen Denksystem und mit allen übrigen Aeusserungen des Mannes über diesen Gegenstand streiten würde, wenn man Personalität annehmen wolte. Drittens, daß die Worte εν τη ταξει διαψεσιν sehr wahrscheinlich blos dem Justin nachgeschrieben sind, die Athenagoras, eben weil dieser sie in seiner Apologie [2]), welche Athenagoras gekannt, ja sogar nachgeahmt hat, von den Dreyen gebraucht hatte, auch wieder gebraucht, ohne sich dabey etwas Bestimmtes zu denken; so wird es leicht erklärbar, wie er diese Formel gebrauchen konnte, ohne daß man aus ihrem Gebrauch bey ihm, auf Personalität schliessen kann.

III. Von

---

[3]) Sie ist folgende: L. p. Ch. Cap. X. p. 40 heißt es τις ουν ουκ αν απορησαι, λεγοντας Θεον πατερα και υιον Θεον και πνευμα αγιον, δεικνυντας αυτων και την εν τη ενωσει δυναμιν, και την εν τη ταξει διαιρεσιν ακουσας αθεους καλουμενους.

[2]) vergl. die S. 115 Note [1]) zitirte Stelle des Justin, und das über sie dort Gesagte.

III. Von den Engeln, Dämonen und Giganten.

Auſſer der Gottheit nimmt auch Athenagoras, wie alle seine Vorgänger noch andere Wesen an, die zwar Geschöpfe Gottes, aber doch vollkommener sind als der Mensch; er nennt sie dem einmahl gewöhnlichen Sprachgebrauch gemäs, Engel.

Gott, nimmt Athenagoras an, hat eine groſſe Menge von Engeln hervorgebracht, die seine Diener sind, und welche er dazu schuf, damit sie über die Ordnung im Laufe der Welt wachen möchten; und er hat ihnen die Sorgen für die Elemente, den Himmel, die Erde, und was auf derselben ist, übertragen [1]; denn Gottes Fürsorge umfaſt, nach seiner Meinung, nur das Ganze, die Engel hingegen sorgen fürs Einzelne [2]. Wie nun der Mensch einen freien Willen hat, mittelſt

---

[1] καὶ οὐκ ἐπὶ τούτοις τὸ θεολογικὸν ἡμῶν ἵσταται μέρος, ἀλλὰ καὶ πλῆθος ἀγγέλων καὶ λειτουργῶν φαμέν, οὓς ὁ ποιητὴς καὶ δημιουργὸς κόσμου Θεός, διὰ τοῦ παρ᾽ αὐτοῦ λόγου διένειμε καὶ διέταξε περί τε τὰ στοιχεῖα εἶναι καὶ τοὺς οὐρανούς, καὶ τὸν κόσμον καὶ τὰ ἐν αὐτῷ, καὶ τὴν τούτων εὐταξίαν. Cap. X. p. 40 L. p. Chr.

[2] τοῦτο γὰρ ἡ τῶν ἀγγέλων σύστασις τῷ Θεῷ ἐπὶ προνοίᾳ γέγονε τοῖς ὑπ᾽ αὐτοῦ διακεκοσμημένοις, ἵνα τὴν μὲν παντελικὴν καὶ γενικὴν ὁ Θεὸς τῶν ὅλων πρόνοιαν, τὴν δὲ ἐπὶ μέρους, οἱ ἐπ᾽ αὐτοῖς ταχθέντες ἄγγελοι· Cap. XXII. p. 98, 99 L. p. Ch.

dessen er sowohl das Gute als auch das Böse wählen kann, eben so haben die Engel diesen auch. Einige von ihnen wählten das Gute und verrichteten ihr Geschäfte getreu, andere hingegen handelten ihrer Vorschrift entgegen und treulos. Jene sind die guten, diese die bösen ᶻ). Zu diesen gehört nun der Fürst der Materie (αρχων της ύλης) nebst noch andern Engeln, die unter ihm sind.

Er

ᶻ) Die Hauptstelle von guten und bösen Engeln, in welcher seine ganze Lehre hiervon enthalten ist, ist folgende: ὡς δη και επι των ανθρωπων αυθαιρετον και την αρετην και την κακιαν εχοντων (επει ουκ αν ουτ᾽ ετιματε τους αγαθους, ουτ᾽ εκολαζετε τους πονηρους, ει μη επ᾽ αυτοις ην και η κακια και η αρετη) και οι μεν σπουδαιοι περι ά πιστευονται υφ᾽ ύμων, οι δε, απιστοι ευρισκονται· και το κατα τους αγγελους εν ὁμοιω καθεστηκεν. οι μεν γαρ αλλοι αυθαιρετοι δη οἷοι γεγονασιν υπο του Θεου, εμειναν, εφ᾽ οἷς αυτους εποιησεν και διεταξεν ὁ Θεος· οι δε ενυβρισαν και τη της ουσιας υποστασει και τη αρχη· ουτος τε ὁ της ύλης και των εν αυτη ειδων αρχων, και ἑτεροι των περι το πρωτον τουτο στερεωμα (ιστε δε μηδεν ἡμας αμαρτυρον λεγειν, ά δε τοις προφηταις εκπεφωνηται μηνυειν.) εκεινοι μεν εις επιθυμιαν πεσοντες παρθενων, και ήττους σαρκος εὑρεθεντες· ουτος δε, αμελησας πονηρος περι την των πεπιστευμενων γενομενος διοικησιν. εκ μεν ουν των περι τας παρθενους εχοντων οἱ καλουμενοι εγεννηθησαν Γιγαντες. Cap. XXII. p. 99, 100 L. p. Ch.

Er selbst, der Fürst der Materie, versündigte sich durch Nachlässigkeit in seinem Geschäfte und durch falsche Verwaltung der ihm anvertrauten Körperwelt. Die andern liessen sich mit Jungfrauen in Liebeshändel ein, und zeugten mit ihnen Kinder, dieses waren die Giganten. Weiter fährt er fort [1]: Die Seelen der Giganten sind nun die Dämonen. Diese Dämonen aber, sind die Urheber des Götzendienstes, sie verführen die Menschen, Bildern die blos Menschen vorstellen, zu opfern und lecken dann das Blut der Opfer [2]).

---

[1]) καὶ αἱ των γιγαντων ψυχαι, οἱ περι τον κοσμον εισι πλανωμενοι Δαιμονες Cap. XXII. p. 101 Leg. p. Chr.

[2]) καὶ οἱ μεν περι τα ειδωλα αυτους ελκοντες οἱ δαιμονες, εισιν οἱ προειρημενοι, οἱ προστετηκοτες τω απο των ιερειων αἱματι, καὶ ταυτα περιλιχμωμενοι. Cap. XXII. p. 104 L. p. Chr. Um diese Aeusserung des Athenagoras vom Lecken des Blutes der Opfer zu verstehen, muß man wissen, daß nach der jüdisch-alexandrinischen Lehre die Luft der Wohnsitz der Engel und Dämonen war, Philo sagt dieses ausdrücklich in seinem Buch de Gigantibus p. m. 184. οὕς ἀν οἱ φιλοσοφοι δαιμονας αγγελους Μωσης ειωθεν ονομαζειν. ψυχαι δ' εισι κατα τον αερα πετομεναι. καὶ μηδεις ὑπολαβη μυθον ειναι το ειρημενον αναγκη γαρ ὁλον δι ὁλων τον κοσμον εμψυχωσθαι.

Diese bösartigen Wesen insgesammt, sind nach seiner Meinung, die Urheber alles Bösen in der Welt, insbesondere widersezt sich der Fürst der Materie, den wohlthätigen Absichten Gottes und sucht sie zu zernichten, wie man aus dem Laufe der Dinge in der Welt sehen kann ¹).

Diese bösen Wesen sind es denn auch, welche den Menschen verführen, und ihn, wenn er ihnen folgt, in Irrthum, Abgötterey und Lasterhaftigkeit stürzen;

IV. Vom Menschen.

Denn der Mensch hat seiner Meinung nach einen freien Willen, er kann das Gute oder das Böse wählen ²). Sein Glük ists, wenn er das Gute wählt, sein Unglük aber, wenn er sich von den Dämonen zum Bösen verführen läßt, denn Gott wird als Richter der Men-

---

¹) ὁ δε της ὑλης αρχων, ὡς εστιν εξ αυτων των γινομενων ιδειν, εναντια τω αγαθω του Θεου επιτροπευει και διοικει Cap. XXII. p. 101 L. p. Chr.

²) ὡς δε και επι των ανθρωπων αυθαιρετον και την αρετην και την κακιαν εχοντων (επει ουκ αν ουτ' ετιματε τους αγαθους, ουτ' εκολαζετε τους πονηρους, ει μη επ αυτοις ην και ἡ κακια και ἡ αρετη.) και οἱ μεν σπουδαιοι περι ἁ πιστευονται ὑφ' ὑμων, οἱ δε, απιστοι εὑρισκονται· και το κατα τους αγγελους εν ὁμοιω καθεστηκεν. L. p. Chr. Cap. XXII. p. 99.

Menschen, in jener Welt die Frommen belohnen, die Bösen aber in der Hölle bestrafen ¹).

Diese

¹) Leg. p. Chr. Cap. XXVII. p. 123 redet er von den heidnischen Philosophen, dem Pythagoras, Heraklit, Demokrit und Sokrates, daß man sie als Uebelthäter beurtheilt und verurtheilt habe, und nun sezt er hinzu: αλλ ως εκεινοι ουδεν χειρους εις αρετης λογον, δια την των πολλων δοξαν· ουδ᾽ ημιν ουθεν επισκοτει προς ορθοτητα βιου, η παρα τινων ακριτος βλασφημια· ευδοξουμεν γαρ παρα τω Θεω. πλην αλλα και προς ταυτα απαντησω τα εγκληματα, ὑμεις μεν ουν και δι᾽ ων ειρηκα, ευ οιδα απολελογησθαι εμαυτον. συνεσει γαρ παντας ὑπερφρονουντες, οἱς ὁ βιος ως προς σταθμην τον Θεον κανονιζεται, ὁπως ανυπαιτιος και ανεπιληπτος ἑκαστου ἡμων ανθρωπος αυτω γενοιτο, ιστε τουτους μηδ᾽ εις εννοιαν ποτε του βραχυτατου ελευσομενους ἁμαρτηματος. ει μεν γαρ ἑνα τον ενταυθα βιον βιωσεσθαι πεπεισμεθα, καν ὑποπτευειν ενην, δουλευοντας σαρκι και αἱματι, η κερδους η επιθυμιας ελαττους γενομενους, ἁμαρτειν· επει δε εφεστηκεναι μεν οἱς εννοουμεν, οἱς λαλουμεν, και νυκτωρ και μεθ᾽ ἡμεραν τον Θεον οιδαμεν, παντα δε φως αυτον οντα, και τα εν τη καρδια ἡμων ὁρᾶν, πεπεισμεθα του ενταυθα απαλλαγεντες βιου, βιον ἑτερον βιωσεσθαι αμεινονα η κατα τον ενθαδε, και επουρανιον, ουκ επιγειον (ως αν μετα Θεου και συν Θεω ακλινεις και απαθεις την ψυχην, ουχ ως σαρκες, καν εχομεν, αλλ ως ουρανιον πνευμα, μενουμεν) η συνκαταπιπτοντες τοις λοιποις χειρονα, και δια πυρος·

(ου

Diese wenigen Aeusserungen machen seine ganze Lehre vom **Menschen** aus. Anderer Säze die sonst noch hieher gezählt werden, z. B. vom Sündenfall, der Erbsünde, dem höhern Beystande, der dem Menschen zu seiner Besserung durch die wahre Religion nöthig ist, und die sonst zur Kirchenlehre gerechnet werden, erwähnt er mit keinem Worte, ja seine eben angeführten Behauptungen, sind sogar von der Art, daß sie sich mit diesen Lehren wohl schwerlich vereinigen lassen; vielmehr war alles dieses, wie man sehr leicht sieht, seinem Denksystem ganz fremde. Der einzige Lehrpunkt, worüber er noch ausführlich sich hier bey dieser Lehre verbreitet, ist die **Auferstehung des menschlichen Leibes**. Er glaubt, wie man schon aus seinen einzelnen Aeusserungen über diese Materie, die in der Bittschrift für die Christen stehen, und nachher auch aus seinem ganzen Traktat über diese Materie sehr deutlich sieht, an eine Auferstehung gerade desselben Leibes, welcher hier starb, freilich verherrlicht und verneut, aber doch aus den nämlichen Theilen bestehend, die hier ins Grab gescharrt wurden [1]).

V. Von

(ου γαρ και ημεις ως προβατα η υποζυγια παρεργον, και ινα απολοιμεθα και αφανισθειημεν, επλασεν ο Θεος) επι τουτοις ουκ εικος ημας εθελοκακειν, ουδ᾽ αυτους τω μεγαλω παραδιδοναι κολασθησομενους διναστη. L. p. Chr. Cap. XXVII, p. 123—25.

[1]) Folgende Stelle ist hierüber entscheidend. De Mort. Res. p. 217 heist es: ει δε του συναμφοτερου το τελος, τουτο δε ουτε ζωντων αυτων ετι κατα τονδε τον βιον ευρεθηναι δυνατον, δια τας πολλακις ηδη ρηθει-

Athenagoras.

V. Von der heiligen Schrift.

Noch ist zu bemerken wie er von der Inspiration der Propheten spricht; denn über die ganze Schrift äussert er sich nie, indessen sieht man doch schon aus dem was er über die Propheten des A. T. sagt, daß auch ihm das A. T. immer noch die Schrift (ἡ γραφη) gewesen sey. Von den Propheten des A. T. sagt er, daß sie glaubwürdige Zeugen wären, weil sie vom heiligen Geist getrieben wurden, auf dessen Antrieb sie sprachen, und der sich ihrer als Werkzeuge bediente, durch die er wie ein Flö-

ῥηθεισας αιτιας· ουτε μην εν χωρισμω τυγχανουσης της ψυχης, τω μηδε συνεσταναι τον τοιουτον ανθρωπον, διαλυθεντος η και παντη σκεδασθεντος του σωματος, καν ἡ ψυχη διαμενη καθ᾽ ἑαυτην· αναγκη πασα κατ᾽ αλλην τινα του συναμφοτερου και του αυτου ζωου συστασιν, το των ανθρωπων φανηναι τελος· τουτου δ᾽ εξ αναγκης ἑπομενου, δει παντως γενεσθαι των νεκρωθεντων η και παντη διαλυθεντων σωματων αναστασιν, και τους αυτους ανθρωπους συστηναι παλιν· επειδη γε το μεν τελος ουχ ἁπλως, ουδε των επιτυχοντων ανθρωπων ὁ της φυσεως τιθεται νομος, αλλ αυτων εκεινων των κατα την προλαβουσαν ζωην βεβιωκοτων· τους δ᾽ αυτους ανθρωπους συστηναι παλιν, αμηχανον, μη των αυτων σωματων ταις ψυχαις αυταις αποδοθεντων· το δ᾽ αυτο σωμα την αυτην ψυχην απολαβειν, αλλως μεν αδυνατον, κατα μονην δε την αναστασιν δυνατον.

Flötenspieler auf seinem Instrument spielt, bekannt machte, was er wolte *).

*) επει δε αἱ φωναι των προφητων πιστουσιν ἡμων τους λογισμους, νομιζω και ὑμας, φιλομαθεστατους και επιστημονεστατους οντας, ουκ ανοητους γεγονεναι ουτε των Μωσεως, ουτε των Ησαϊου και Ιερεμιου, και των λοιπων προφητων, οἱ κατ' εκστασιν των εν αυτοις λογισμων κινησαντος αυτου του θειου πνευματος, ἁ ενηργουντο εξεφωνησαν· συγχρησαμενου του πνευματος, ὡσει και αυλητης, αυλον εμπνευσαι. L. p. Ch. Cap. VIII. p. 35, 36.

Tatianus [1]

Aus Assyrien gebürtig [2], und zwar wie Epiphanius aus einer Sage wissen will, aus Mesopotamien [3], war, ehe er zum Christenthum übertrat, ein Heide [4], wel-

---

[1]) Die Zitate in diesem Abschnitt zeigen auf die Ausgabe zurück, Tatiani Oratio ad Graecos. Hermiae irrisio Gentilium Philosophorum. edid. Wilhelmus Worth. Oxoniae 1700.

[2]) Dieses sagt er selbst am Schlusse seiner Oratio ad Graecos. p. m. 141, 42: ταυτα υμιν ω ανδρες ελληνες, ο κατα βαρβαρους φιλοσοφων Τατιανος συνεταξα, γεννηθεις μεν εν τη των Ασσυριων γη.

[3]) Lib. I. Panar. p. m. 231.

[4]) Dieses giebt die schon oben angeführte Stelle aus pag. 141, 42, wo es nun weiter heißt: παιδευθεις δε πρωτον μεν τα υμετερα (es bezieht sich dieses auf das vorhergehende ω Ελληνες); auch sieht man dieses sehr deutlich aus folgender Aeusserung: περινοουντε δε μοι τα

welcher eine sehr genaue Kenntnis der heidnischen Theologie und des ganzen heidnischen Götzendienstes besaß.

Was er übrigens vor seinem Uebertritt zum Christenthum für ein Geschäfte getrieben, ob er die Redekunst oder die Philosophie gelehrt habe, dieses läßt sich itzt nicht mehr mit Gewißheit entscheiden, da die Worte καὶ τοῦτο μὲν σοφιστεύσας τὰ ὑμέτερα *), deren er sich von seinen ehemaligen Studien bedient, wie schon Valesius sehr richtig bemerkt hat, nichts bestimmtes sagen; indem das σοφιστεύσας omnem Graecorum sapientiam et liberales disciplinas anzeigen kann. Daß er es aber weder in der eigentlichen Philosophie noch in der Redekunst nicht gar zu weit gebracht haben könne, davon ist seine noch übrige Schrift (λογος προς Ελληνας) [2]) der deutlichste Beweis. Denn diese ist zwar mit vieler Gelehrsamkeit aber doch im Ganzen unordentlich geschrieben auch fehlt es seiner Sprache sehr an Eleganz und Bestimmtheit.

Zwey

τα σπουδαια, συνεβη γραφεις τισιν εντυχειν βαρβαρικαις, πρεσβυτεραις μεν, ὡς προς τα Ελληνων δογματα· θειοτεραις δε, ὡς προς την εκεινων πλανην. και μοι πεισθηναι ταυταις συνεβη, δια τε των λεξεων το ατυφον και των ειποντων το ανεπιτηδευτον etc. p. 102. §. 46.

[1]) §. 56. p. 123.
[2]) Dieses ist die einzige ächte Schrift, welche wir noch von dem Tatian haben, was man sonst noch für von ihm herrührend, hat ausgeben wollen, ist erwiesen unächt. Vergl. Cotta, Versuch einer Kirchengesch. d. N. T. Th. 2. S. 809 ff.

zwey Fehler, welche beides, sowohl seine Philosophie als seine Beredsamkeit sehr verdächtig machen.

Zwar suchen sowohl frühere als spätere Schriftsteller ¹) diese oben bemerkten Fehler am Tatian dadurch zu entschuldigen, daß sie sagen: „Tatian habe absichtlich seine Gelehrsamkeit verläugnet und sich geflissentlich seiner heidnischen Rednerkünste enthalten;" allein man weiß schon, was von solchen Entschuldigungen überhaupt zu halten ist, und hier giebt es der Augenschein, daß es nicht bloße Verläugnung beim Tatian war, welche ihn gerade so schreiben ließ, wie er schreibt.

Die Zeit um welche er gelebt hat, läßt sich mit ziemlicher Gewißheit bestimmen, denn schon seinen eignen Aeußerungen zu Folge, muß er ein Zeitgenosse Justin des Märtyrers gewesen seyn ²) und wie Irenäus und Eusebius ³) berichten, war er auch ein Schüler desselben ⁴).

In-

---

¹) unter den leztern z. B. le Nourry in s. Dissertatio in Tatianum §. 2.

²) Κρισκης ουν ο εννεοττευσας τη μεγαλη πολει, παιδεραστεια μεν παντας υπερηνεγκεν, Φιλαργυρια δε πανυ προσεχης ην. Θανατου δε ο καταφρονων, ουτως αυτον εδιδιει τον θανατον, ως και Ιουστινον καθαπερ και εμε, ους κακω τω θανατω περιβαλειν πραγματευσασθαι· διοτι κηρυττων την αληθειαν λιχνους και απατεωνας τους Φιλοσοφους συνηλεγχεν. §. 32. p. 71, 72.

³) Irenaeus Cont. Haer. Lib. I. c. 31.

⁴) Euseb. hist. eccl. L. IV. c. 16.

Indeſſen an Scharfſinn und Gelehrſamkeit übertraf er ſeinen Lehrer weit, welches dann freilich auch nicht ſchwer war, da es dem Juſtin, wie wir ſchon oben geſehen haben, ſo ſehr an beiden fehlte.

Bekanntlich iſt unſer Tatian von den Alten wegen ſeiner Kezereyen hart getadelt worden [1], und Hieronymus [2] giebt ihm ausdrüklich Schuld: daß er der Stifter der **Enkratiten** geweſen ſey. Allein aus ſeiner eigentlich kezeriſchen Periode haben wir nichts von ihm, daher wir es jzt auch nicht mehr zu beurtheilen im Stande ſind, ob alle die Vorwürfe, welche ihm die Alten machen, ihm mit Recht oder Unrecht von ihnen gemacht worden ſind.

Die einzige Schrift nämlich, welche aus der Menge von Schriften, die er verfertigt haben ſoll [3], auf uns gekommen iſt, nämlich ſeine Oratio ad Graecos iſt wahrſcheins

---

[1] Iren. c. H. L. I. Euſeb. hiſt. eccl. Lib. IV. c. 29.

[2] Hieronymus de viris illuſtribus c. 29 ſagt: poſtea inflatus eloquentiae tumore, novam condidit haereſin, quae εγκρατιτων dicitur.

[3] Dieſes ſagen Clemens Alex. Strom. Lib. III. Euſeb. hiſt. eccl. Lib. IV. c. 16, 29. Hieron. de viris ill. cap. 29. und Fabricius in ſ. bibliotheca Graec. Lib. V. c. I. §. 59. Vol. V. p. 84 hat ein vollſtändiges Verzeichnis derſelben. In ſeiner oratio ad Graecos erwähnt Tatian ſelbſt einer andern Schrift: περι ζωων, die er verfertigt hat, von welcher aber nichts auf uns gekommen iſt, §. 24. p. 57.

scheinlich noch vor dem Zeitpunkt, und zwar, wie man gewöhnlich annimmt, zwischen den Jahren 168 — 72. geschrieben worden, zu welcher Zeit seine kezerischen Grundsäze noch nicht ausgebrochen waren [1]). Indessen schon aus ihr sieht man, daß seine ganze Philosophie schon damals etwas Ueberspanntes und Schwärmerisches hatte, indem sie ein Gemische aus griechischen und orientalischen Philosophemen war, welches ihn leicht auf Abwege führen konnte, und ihn wenigstens bey der Einfalt des Christenthums nicht viel Nahrung finden ließ.

Die Schrift selbst [2]), ist nun nichts anders als eine Apologie der Lehren des Christenthums gegen die religiösen Lehren der griechischen Philosophen sowohl, als auch des griechischen Volksglaubens, mithin des ganzen griechischen Heidenthums. Er sucht daher in derselben

Zuvörderst zu zeigen, daß die izigen Griechen gar keine Ursache hätten, sich über andere Völker zu erheben, und auf ihre Weisheit etwas zu gute zu thun. Denn alle ihre Kenntnisse hätten die Griechen ursprünglich ausländischen Weisen [3]) zu danken, und überdem wäre

---

[1]) vergl. Cotta Versuch einer Kirchenh. des N. T. Th. 2 S. 805, 6.

[2]) nämlich s. Oratio ad Graecos.

[3]) Er sagt: ποιον γαρ επιτηδευμα παρ υμιν, την συστασιν ουκ απο βαρβαρων εκτησατο; §. 1. p. 2. Die βαρβαροι, von denen hier die Rede ist, sind nicht wie man gewöhnlich behauptet, blos morgenländische Philosophen, sondern der Ausdruck zeigt hier, wie die

es eine noch nicht entschiedene Frage, wer denn eigentlich die wahren Griechen wären, ob die, welche den dorischen,

gleichfolgenden Worte sehr deutlich beweisen, nur ausländische, nichtgriechische Philosophen an. Tatian fährt nämlich so fort: Τελμισσεων μεν γαρ οἱ δοκιμωτατοι, την δι ονειρων εξευρον μαντικην. Καρες, την δια των αστρων προγνωσιν· πτησεις ορνιθων, Φρυγες και Ισαυρων οἱ παλαιοτατοι· Κυπριοι, θυτικην· αστρονομειν, Βαβυλωνιοι· μαγευειν, περσαι· γεωμετρειν, Αιγυπτιοι· την διαγραμματων παιδειαν, Φοινικες. ὁθεν παυσαθε τας μιμησεις ευρεσεις αποκαλουντες. Wie jeder aus der Angabe der Namen selbst sieht, so ist hier nicht blos von eigentlich orientalischen Philosophen die Rede. Ich erinnere dieses hier deswegen, weil man dem Tatian offenbar unrecht thut, wenn man behauptet, daß er der morgenländischen Philosophie zugethan gewesen sey, wie dieses Brucker in s. histor. crit. phil. Tom. III. p. 380 sqq. und nach ihm Cotta in s. Versuch einer Kirchenh. des N. T. Th. 2. S. 802 ff., welcher S. 803 noch dazu ausdrücklich sagt: „Tatianus bemühet sich zu be-
„weisen, daß die Griechen keinesweges die Erfinder
„der Wissenschaften und Künste seyen, sondern daß sie
„dieselbe denen Barbaren, unter welchem Namen
„er die orientalische Weltweisen versteht, zu dan-
„ken hätten" — und andere mehr gethan haben. Es ist nicht zu läugnen, daß in seine Philosophie sich orientalische Ideen mit eingemischt haben, so wie ich denn auch schon gesagt habe, „daß seine Philosophie ein Ge-
„mische von griechischen und morgenländischen Philoso-
phen

schen, oder welche den attischen, oder welche den äolischen, oder die, welche den jonischen Dialekt hätten? Daher sey es wahre Thorheit sich auf den Namen sowohl,

„phemen gewesen !sey" allein daß er der orientalischen Philosophie im Gegensaze der griechischen, und zwar derjenigen, welche das Emanationssystem lehrte, ergeben gewesen sey, ist, meiner Meinung nach, falsch. Was vielmehr in seiner ganzen Philosophie orientalisch, eben so gut als was griechisch ist, dieses schlich sich ihm unvermerkt in dieselbe hinein; so wie es einem jeden von uns noch heut zu Tage mit Ideen geht, an die man sich lange gewöhnt hat: auch wider unsern Willen mischen sie sich in unser Denksystem, und wir philosophiren nach ihnen, ohne selbst zu wissen, daß wir dieses thun. Denn die Stellen sind zu deutlich und zu klar, in welchen er sagt, daß er jener ganzen griechischen sowohl als orientalischen Philosophie, die er ehemals kennen gelernt, entsagt habe, und sie als unnütz und falsch verwerfe. Folgende Stelle lehrt dieses sehr deutlich: nachdem er schon mehrere §§ hindurch davon geredet hat, daß die heidnischen Weisen, in welche er die orientalischen offenbar mit einschließt, der eine dieses der andere jenes behaupteten, auch in den Gebräuchen der öffentlichen Religion hier dieses dort jenes Statt fände, so daß man nicht wüste was wahr und richtig wäre, fährt er §. 45—48. p. 100—105 so fort: νομιζουσι γουν Ελληνες φευκτον ειναι το συγγινεσθαι μητρι, καλλιστον δε το τοιουτον εστιν επιτηδευμα παρα τοις Περσων μαγοις. και παιδεραστια μεν υπο Βαρβαρων διωκεται, προνομιας δε υπο Ρωμαιον ηξιωται,

als auch auf die Weisheit der Griechen etwas zu gute zu thun.

Hier-

παιδων αγελας, ωσπερ ιππων φορβαδων, συναγειρειν αυτων πειρωμενων.

Ταυτα ουν ιδων, ετι δε και μυστηριων μεταλαβων, και τας παρα πασι θρησκειας, δοκιμασας, δια θηλυδριων και ανδρογυνων συνισταμενας· ευρων δε παρα μεν Ρωμαιοις τον Λατιαριον Δια λυθροις ανθρωπων, και τοις απο των ανδροκτασιων αιμασι τερπομενον· Αρτεμιν δε ε μακραν της Μεγαλης πολεως των αυτων πραξεων επανηρημενην το ειδος· αλλον τε αλλαχη δαιμονα κακοπραγιας επαναστασεις πραγματευομενον· κατ' εμαυτον γενομενος εζητουν, οτω τροπω ταληθες εξευρειν δυναμαι. περινοουντι δε μοι τα σπουδαια, συνεβη γραφαις τισιν εντυχειν βαρβαρικαις, πρεσβυτεραις μεν, ως προς τα Ελληνων δογματα θειοτεραις δε, ως προς την εκεινων πλανην. και μοι πεισθηναι ταυταις συνεβη, δια τε των λεξεων το ατυφον, και των ειπεντων το ανεπιτηδευτον, και της τυ παντος ποιησεως το ευκαταληπτον, και των μελλοντων το προγνωστικον, και των παραγγελματων το εξαισιον, και των ολων το μοναρχικον.

Θεοδιδακτυ δε μυ γενομενης της ψυχης, συνηκα, οτι τα μεν καταδικης εχει τροπον· τα δε οτι λυει την εν κοσμω δουλειαν, και αρχοντων μεν πολλων και μυριων ημας αποσπα τυραννων· διδωσι δε ημιν ουχ οπερ μη ελαβομεν, αλλ' οπερ λαβοντες υπο της πλανης εχειν εκωλυθημεν. τυτων ου την καταληψιν μεμυημενος, και πεπεισμενος, βυλομαι, καθαπερ

Hierauf zeigt er nun weiter, sowohl an einzelnen Lehren griechischer Philosophen, als auch an den Fabeln

θαπερ τα νηπια των βρεφων, αποδυσασθαι. την γαρ της πονηριας συστασιν εοικυιαν τη των βραχυτατων σπερματων ισμεν· ατε δια μικρας αφορμης τα πονηρα κρατυνθεντος, παλιν δε αυ λοθησομενα, ημων πειθομενων λογοις Θεα, και μη σκορπιζοντων εαυτας· δια τινος γαρ αποκρυφα θησαυρα των ημετερων επεκρατησεν, ον ορυττοντες, κονιορτων μεν ημεις ενεπλησθημεν, τατων δε τα συνεστανα την αφορμην παρεχομεν. το γαρ αυτα παν αποδεχομενος κτημα, τα πολυτιμοτερα πλατα την εξασιαν εχειρωσατο. ταυτα μεν ουν προς τας ημων οικειας ειρησθω· προς δε υμας τας Ελληνας, τι αν ετερον, η το μη τοις κρειττοσι λοιδορεισθαι, μηδε ει βαρβαροι λεγοιντο, ταυτην λαμβανειν της χλευης την αφορμην. τα γαρ παντας αλληλων υπακουειν της διαλεκτα μη δυνασθαι, την αιτιαν ευρειν, ην εθελητε, δυνησεσθε· εξεταζειν γαρ βουλομενος τα ημετερα, ραδιαν και αφθονον ποιησομαι την διηγησιν.

Νυν δε προσηκον μοι νομιζω, παραστηναι πρεσβυτεραν την ημετεραν φιλοσοφιαν των παρ' Ελλησιν επιτηδευματων· οροι δε ημιν κεισονται Μωσης και Ομηρος, τω εκατερον αυτων ειναι παλαιοτερον· και τον μεν ποιητων και ιστορικων ειναι πρεβυτερον, τον δε πασης βαρβαρα σοφιας αρχηγον.

Aus dieser Stelle ergiebt sich nun sehr deutlich, Erstens daß Tatian alle heidnische Religion, sie sey Religion der Philosophen oder des Volkes, der Griechen oder der Barbaren, verwirft. Zweitens, daß die

beln der griechischen Mythologie, indem er sie mit den Lehren des Christenthums vergleicht, wie beide so äusserst unrichtig und mangelhaft und oft nur verunglükte Nachahmungen geoffenbarter Lehren seyen.

Endlich ermahnt er dann die Griechen, die einzig wahre Philosophie, nämlich die christliche anzunehmen, welche zugleich die älteste ist, indem sie von Moses, der älter ist als Homer und alle griechischen Poeten und Geschichtschreiber, herkommt und alle Lehren der griechischen Weisen weit übertrift *).

Die

die αἱ βαρβαραι γραφαι, deren er erwähnt, die heiligen Schriften des A. T. (vielleicht auch einige des N. T.) sind. Drittens, daß er die ἡ βαρβαρος σοφια, welche er auch την ἡμετεραν φιλοσοφιαν nennt, und zu der er sich izt, nachdem er aller seiner vorherigen Religionskenntniß entsagt hat, bekennt, aus eben diesen Schriften gelernt habe. Mithin ist alles was Brucker von einem Bekenntnis des Tatians zur orientalischen Philosophie gesagt und aus dieser Behauptung gefolgert, und worin ihm Cotta treulich nachgebethet hat, unrichtig. Ich erinnere dieses hier blos im voraus, weiter unten bey der Aufstellung des Lehrbegriffs des Tatians, insbesondere vom Entstehen der Welt, wird sich mehreres hierüber sagen lassen.

*) Seine Aeusserung über diesen lezten Punkt steht in den lezten Worten der in der vorhergehenden Note angeführten Stelle: Νυν δε προσηκον μοι νομιζω, παραστηναι . . . . . τον δε πασης βαρβαρε σοφιας αρχηγον. §. 48. p. 104, 5.

Die Aeußerungen über einzelne christliche Glaubenslehren, welche sich in dieser Schrift finden, geben nun folgendes Lehrsystem.

I. Tatians Lehre von der Gottheit.

Gott ist, wie er sagt, das allein verehrungswürdige Wesen. Ein Geist, der keinen Anfang hat, sondern von Ewigkeit her da ist, und daher auch nicht wie die übrigen endlichen Dinge, in der Zeit existirt. Er ist die Ursache aller andern Dinge, selbst aber von der Materie durchaus verschieden, man kann ihn weder sehen noch fühlen, ihm dankt alles was da ist, sein Daseyn, denn er ist der Vater der ganzen sichtbaren und unsichtbaren Welt x),

x) Dieses alles liegt in folgender Stelle: τον μεν γαρ ανϑρωπον ανϑρωπινως τιμητεον, Φοβητεον δε μονον τον Θεον. ὁστις ανϑρωπινοις ουκ εστιν ὁρατος οφϑαλμοις, ου τεχνη περιληπτος. τουτον μονον αρνεισϑαι κελευομενος, ου πεισϑησομαι, τεϑνηξομαι δε μαλλον, ινα μη ψευστης και αχαριστος αποδειχϑω. Θεος ὁ καϑ᾽ ἡμας, ουκ εχει συστασιν εν χρονω, μονος αναρχος ων, και αυτος ὑπαρχων των ὁλων αρχη. πνευμα ὁ Θεος, ου διηκον δια της ὑλης, πνευματων δε ὑλικων και των εν αυτη χηματων κατασκευαστης· αορατος τε και αναφης, αισϑητων και αορατων αυτας γεγονως πατηρ. §. 6. p. 17, 18.

II. Von der Schöpfung der Welt durch den Logos.

Und zwar schuf er dieselbe durch den Logos.

Diese Lehre des Tatian von der Schöpfung der Welt durch den Logos, verdient jedoch eine etwas genauere Untersuchung, da man gewöhnlich annimmt, er habe das Systema emanativum oder das System von dem Ausfluß aller Dinge aus dem Wesen der Gottheit, in dieser Absicht vertheidigt. Brucker [z]), den man in dieser Materie als den Hauptschriftsteller ansehen kann, hat sich alle Mühe gegeben dieses zu beweisen; und es ist auch nicht zu läugnen, daß sich im Tatian einzelne Ausdrüke sowohl als auch ganze Redensarten finden, welche sich nicht gut anders als nach dem Emanationssystem erklären lassen. Dieses kommt jedoch davon her, daß er sich ehemals als heidnischer Philosoph, da er noch diesem Systeme zugethan war, an dieselben gewöhnt hatte. Daher er denn auch noch jzt als Christ sich ihrer, aber, wie man aus den anderweitigen Bestimmungen, welche er hinzusezt, abnehmen kann, in einem ganz andern Sinne bedient, als sie ursprünglich im Emanationssystem gebraucht wurden.

Daher hat denn Brucker nebst denen, welche ihm folgen, darin Unrecht, daß er glaubt: Tatian habe das Emanationssystem in seiner vollen Ausdehnung, und gerade so, wie es die morgenländische Philosophie lehrte, angenommen.

[z]) Hist. crit. Phil. Tom. III. p. 380. sq.

Zu dieser Behauptung verleitete ihn die schon in der Note S. 228 f. gerügte irrige Meinung: daß Tatian sich noch als Christ zur orientalischen Philosophie, die das Emanationssystem lehrte, bekannt habe. Denn nach dieser Voraussezung muste er nun alle Aeusserungen des Tatian, selbst diejenigen, welche dem Emanationssystem widersprachen, so zu drehen und zu deuten suchen, daß doch am Ende im Tatian das Emanationssystem stand ¹).

Meis

---

¹) Wer dieses mit eignen Augen sehen will, der schlage nur den Brucker nach in s. Historia crit. Phil. Tom. III. p. 380. und lese nur V. Deus est pater omnium sensibilium sq. so wird er das, was ich hier sage, durch den Augenschein bestätigt finden, denn offenbar kann Brucker selbst es nicht läugnen, daß im Tatian Säze stehen, die mit dem Emanationssystem streiten, und er zählt z. B. p. 380, 81. unter den Nummern I, II, III, IV. auch solche auf. Allein nun macht Brucker den Fehler, daß er diese Säze so will interpretirt wissen, daß das Emanationssystem dennoch in Sicherheit bleibe, welches offenbar bey einem Schriftsteller wie Tatian eine ganz falsche Regel der Interpretation ist. Denn offenbar sind diese Säze, welche mit dem Emanationssystem streiten, seine neuesten Ueberzeugungen, zu denen er als Christ gelangt ist, jener ältern Philosophie, der er anhing, hatte er, wie er selbst sagt, als Christ entsagt, mithin müssen nicht diese neuern nach jenen ältern, sondern jene ältern nach diesen neuern Grundsäzen gedeutet werden, denn was er von jenen beibehielt, das klebte ihm nur unwillkührlich an.

Meiner Meinung nach, vertheidigte nun Tatian als Christ nicht mehr das Emanationssystem, sondern glaubte, daß alles von Gott durch seinen Logos hervorgebracht sey. Indeßen einzelne Ausdrüke klebten ihm noch aus seiner ehemaligen Philosophie an, vielleicht auch selbst einzelne Ideen, nur dem ganzen System war er jzt nicht mehr ergeben, denn wie hätte er sonst so von der Gottheit reden können, wie wir S. 233. gesehen haben, daß er von ihr spricht.

Seine vollständige Sentenz von der Schöpfung der Welt trägt er §. 7, 8. p. 19 — 21. vor, sie ist folgende ²).

„Am

²) Θεος ην εν αρχη· (εν αρχη zeigt hier wie auch [im N. T. die Zeit an, da die Schöpfung beginnen soll, aber noch nichts hervorgebracht ist, gleichsam den Augenblik vor der Schöpfung, wo Gott — um ganz nach den Ideen der alten Welt zu reden — den Endschluß faßte, zu schaffen). την δε αρχην (την δε αρχην scil. τȣ κοσμου ειναι, denn daßelbe sagt Tatian einige Zeilen weiter) λογου δυναμιν (λογου δυναμις ist nicht blos Kraft des Logos, sondern der Logos selbst, das (ens) Wesen Logos vergl. was S. 107. N. 1. über δυναμις gesagt worden) παρειληφαμεν. ο γαρ δεσποτης των ολων αυτος υπαρχων του παντος η υποστασις, κατα μεν την μηδεπω γεγεννημενην ποιησιν μονος ην· καθο δε πασα δυναμις, ορατων δε και αορατων αυτος υποστασις ην, συν αυτω τα παντα. (Diese Worte scheinen nun vorzüglich das Emanationssystem zu enthalten; und es ist auch nicht zu läugnen, daß wenig-

„Am Anfang (das heist soviel als: gerade da die Schöpfung beginnen sollte) war Gott da. Den Anfang der Schöpfung machte der Logos. Denn ehe noch etwas hervorgebracht worden, war Gott allein. Freilich waren alle Dinge sichtbare und unsichtbare, vermöge sei-

wenigstens etwas von der Sprache des Emanationssystems sich in den Ausdruk des Tatian gemischt hat. Indessen glaube ich doch bemerken zu müssen, Erstens daß υποστασις nicht gerade durch Substanz übersezt werden darf, sondern es kann auch sehr wohl soviel als Grund heissen. Zweitens συν αυτω würde Tatian wohl schwerlich geschrieben haben, wenn er das Emanationssystem in seiner ganzen Ausdehnung angenommen hätte, sondern wahrscheinlich hätte er dann εν αυτω gesagt. Ueberdem erklärt er sich über dieses συν αυτω, in den gleichfolgenden Worten so, daß es wenigstens sehr schwer halten würde zu beweisen, daß in ihnen das Emanationssystem liege. συν αυτω γαρ δια λογικης δυναμεως, αυτος και ὁ λογος, ὁς ην εν αυτω, ὑπεστησε. θεληματι δε της ἁπλοτητος αυτου προπηδα λογος. ὁ δε λογος ου κατα κενου χωρησας, εργον πρωτοτοκον του πνευματος (πνευμα ist hier gerade das hebr. רוח) γινεται. τουτον ισμεν του κοσμου την αρχην.

Γεγονε δε κατα μερισμον, ου κατα αποκοπην. το γαρ αποτμηθεν του πρωτου κεχωρισται, το δε μερισθεν οικονομιας την αἱρεσιν προσλαβον ουκ ενδεα τον ὁθεν ειληπται πεποιηκεν. ωσπερ γαρ απο μιας δαδος αναπτεται μεν πυρα πολλα, της

de

seiner Macht mit ihm. Denn in ihm war vermöge seiner Denkkraft auch der Logos: da er nun wolte gieng derselbe aus ihm hervor, und wurde das erste Werk seiner Allmacht. Er entstand aus ihm nicht durch Absonderung, sondern durch Theilung. Denn was vom andern abgesondert wird, das wird von ihm getrennt, was aber getheilt wird, das erhält blos Thätigkeit für sich, nimmt dem andern von dem es seine Kraft erhält aber nichts. Gleichwie man mit einer Fackel viele andere anzünden kann, ohne daß das Licht

δε ἱπρωτης δαδος δια την εξαψιν των πολλων δαδων ουκ ελαττουται το Φως. ουτω και ὁ λογος προελθων εκ της του πατρος δυναμεως, ουκ αλογον πεποικε τον γεγεννηκοτα. και γαρ αυτος εγω λαλω, και ὑμεις ακουετε, και ου δηπου δια της μεταβασεως του λογου, κενος ὁ προσομιλων λογου γινομαι προβαλλομενος δε την εμαυτου Φωνην, διακοσμειν την εν ὑμιν ακοσμητον ὑλην προηρημαι. και καθαπερ ὁ λογος εν αρχη γεννηθεις, αντεγεννησε την καθ' ἡμας ποιησιν, αυτος ἑαυτω την ὑλην δημιουργησας· ουτω καγω κατα την του λογου μιμησιν αναγεννηθεις, και την του αληθους καταληψιν πεποιημενος, μεταρυθμιζω της συγγενους ὑλης την συγχυσιν. ουτε γαρ αναρχος ἡ ὑλη καθαπερ ὁ Θεος, ουδε δια το αναρχον και αυτη ισοδυναμος τω Θεω· γεννητη δε, και ουκ ὑπο του αλλου γεγονυια, μονου δε ὑπο του παντων δημιουργου προβεβλημενη. §. 7. 8. p. 19—23.

Licht der anzündenden durch die von ihr angezündeten vermindert wird; so gieng auch der Logos aus dem Wesen des Vaters hervor, ohne daß der, welcher ihn hervorbrachte, dadurch aufhörte ein vernünftiges Wesen zu seyn. Denn so wie ich rede und ihr höret, ohne daß durch den Uebergang meiner Worte zu euch, ich die Sprechkraft verliehre, sondern ihr durch meine Reden gebildet werdet. Und so wie der Logos, der vor der Welt hervorgebracht wurde, diese unsere Welt hervorgebracht hat, indem er sich selbst die Materie schuf; so bin auch ich nach dem Bilde des Logos wiedergebohren worden, indem ich die Wahrheit annahm, und die unordentlichen Neigungen meines materiellen Theiles zu ordnen suchte.

Die Materie ist also keinesweges ewig wie Gott, noch hat sie wegen ihrer Unendlichkeit gleiche Kraft mit Gott, vielmehr ist sie entstanden, und von dem Schöpfer des Weltalls hervorgebracht worden."

Nimmt man nun diese ganze Stelle, insbesondere aber die Aeusserung: daß der Logos die Materie geschaffen habe, nebst der lezten Behauptung von der Endlichkeit der Materie; so leuchtet es sehr deutlich ein, daß Tatian das Emanationssystem nicht gehabt habe, denn nach diesem wird die Ewigkeit der Materie, indem sie in Gott existirt hat, immer ausdrüklich behauptet.

Eben

Eben so wenig scheint mir es auch mit dem Emanationsſyſtem übereinzuſtimmen, daß er bey der Schöpfung der Welt von einer rohen Materie redet, die nachher durch den Demiurg erſt ausgebildet wurde ¹), welches ein Saz iſt, der mit dieſem Syſtem, ſo wie es nämlich von andern, welche ihm zugethan ſind, vertheidiget wird, ſich nicht wohl vereinigen läſt.

Weiter, iſt mir es unbegreiflich, wie wenn Tatian das Emanationsſyſtem angenommen haben ſollte, er die Materie für etwas ſchlechtes, an ſich ganz dunkles und verfinſtertes hätte ausgeben können, welches eine der Gottheit gerade entgegengeſezte Neigung, nemlich zu dem was geſezwidrig iſt, habe. Offenbar kann er bey ſolchen Grundſäzen, ſie weder für einen Ausfluß aus der Gottheit, noch aus dem Logos gehalten haben ²).

Endlich, iſt mit dem Emanationsſyſtem oder der Lehre von dem Ausfluß aller Dinge aus der Gottheit, auch immer die Lehre von der Wiederkehr aller Dinge zur Gottheit, oder dem Rükfluß aller Dinge in die Gottheit verbunden

---

¹) πασαν εστιν ιδειν τον κοσμον την κατασκευην, συμπασαν τε την ποιησιν, και γεγονουιαν εξ υλης, και την υλην δε αυτην, υπο του Θεον προβεβλημενην. ινα το μεν τι αυτης απορον και ασχηματιστον νοηται προ του διακρισιν λαβειν· το δε κεκοσμημενον και ευτακτον, μετα την εν αυτη διαιρεσιν. §. 18. p. 45, 46.

²) Man vergl. die unten bey der Lehre vom Menſchen anzuführenden Stellen aus §. 18. und §. 22.

bunden, allein dieser widersprechen die Behauptungen des Tatian geradezu; er nimmt an, daß die gefallenen Engel keine Buße thun können [1]), sondern daß sie gleich den bösen Menschen ewige Strafe leiden sollen [2]) u. dgl. mehr, wie dieses sich aber mit dem Emanationssystem zusammen reimt, sehe ich nicht ein.

Aus der Materie nun, welche der Logos als Demiurg schuf, glaubt Tatian, sey alles entstanden. Die ganze Geister- und Körperwelt. Alle Engel oder Dämonen, wie er sie nennt, nebst der menschlichen Seele sind ihm daher materiell, und er nennt darum auch alle andere Geister im Gegensaz gegen die Gottheit materielle Geister (τα υλικα πνευματα) [3]). Ueberhaupt ist ihm die ganze Materie beseelt, denn er redet von einem Geist, den der Weltschöpfer der Welt eingepflanzt hat [4]); auch sagt er, daß alle Dinge, selbst die sogenannten leblosen beseelt wären [5]). Diese seine Sentenz

---

[1]) ἡ των δαιμονων ὑπουτασις, ουκ εχει μετανοιας τοπον. §. 25. p. 59.

[2]) vergl. die unten bey der Lehre Tatians von den Engeln und dem Menschen zu zitirenden Stellen, insbesondere die Stelle aus §. 23, 24, p. 55.

[3]) s. die S. 233. angeführte Stelle aus §. VI. p. 17, 18.

[4]) ὁ κοσμος .... θεληματι τε δημιουργησαντος, πνευματος μετειληφεν ὑλικε. §. 19. p. 47.

[5]) πνευμα εν αγγελοις, πνευμα εν φυτοις και ὑδασι πνευμα εν ανθρωποις, πνευμα εν ζωοις· ἑν δε ὑπαρχον και ταυτον διαφορας εν αυτω κεκτηται §. 20. p. 50.

Sentenz ist äusserst merkwürdig und wird uns zugleich weiter unten bey den Lehren von dem Fall der Engel, und von der menschlichen Seele, zur Aufhellung mancher bisherigen Dunkelheiten in Tatians Lehre, behülflich seyn.

III. Vom Logos und Pneuma.

Der Logos ist ihm, wie wir gesehen haben, der **Anfang der Welt, das erste Geschöpf Gottes, welches nachher die ganze Welt hervorgebracht hat** [1]); und zwar hält er ihn für völlig einerley mit dem Pneuma. Seine Aeusserungen über diesen lezten Punkt sind so deutlich, daß sich gegen sie, wie ich glaube, auch nicht mit dem geringsten Schein etwas einwenden läst [2]). Er behauptet diese Einheit des Logos und Pneuma ausdrüflich [3]). Weiter jedoch äussert er sich hierüber nicht,

---

[1]) vergl. die S. 236 ff. zitirte Stelle aus §. 7, 8, p. 19 bis 23.

[2]) Eine neue Bestätigung für die von mir beim Justin vorgetragene Lehre vom Logos und Pneuma als einem Subjekt; Tatian war nämlich Justins Schüler.

[3]) λογος γαρ ὁ επουρανιος πνευμα γεγονως απο τȣ πατρος, και λογος εκ της λογικης δυναμεως, κατα την τȣ γεννησαντος αυτον πατρος μιμησιν, εικονα της αθανασιας τον ανθρωπον εποιησεν. §. 10. p. 25. Und, ὁ λογος μεν εστι το τȣ Θεȣ Φως, σκοτος δε ἡ ανεπιστημων ψυχη, δια τουτο μονη μεν διαιτωμενη, προς την υλην νευει κατω, συναποθνησκουσα τη σαρκι. συζυγιαν δε κεκτημενη την τȣ Θειȣ πνευματος, ουκ εστιν αβοηθητος. §. 22. p. 52. 53.

nicht, daher man in ihm nach weitern Aufschlüssen über diesen dunkeln Lehrpunkt vergeblich sucht; so wie er auch gar nichts von der Vereinigung dieses Logos mit Jesu Christo sagt.

IV. Von Jesu Christo.

Ueberhaupt ist er in seinen Aeusserungen über Jesum sehr kurz; nur zwei Male spricht er von ihm, und zwar so, daß man sehr deutlich sieht, er habe ihn für den Θεος gehalten. Denn das eine Mal, redet er von einem **Gott (Θεος) der gelitten hat** [1]), das andere Mal sagt er ausdrüklich: **daß die Christen nicht thöricht wären, wenn sie behaupteten, daß Gott (Θεος) die Gestalt eines Menschen angenommen habe** [2]). Aller übrigen Lehren, die noch hierher gehören, erwähnt er gar nicht, und die Christologie fehlt in ihm, bis auf die Paar schon angeführten Aeusserungen, ganz.

Eben so steht auch nichts in ihm vom Geist oder vom prophetischen Geist, sondern diese Lehre übergeht er ganz.

Weit ausführlicher hingegen ist er in seinen Aeusserungen

V. Von

---

[1]) και τον διακονον (ist hier überhaupt ein christlicher Lehrer) τε πεπονθοτος Θεε παραιτουμεναι, θεομαχοι μαλλον, ηπερ θεοσεβεις ανεφαινοντο. §. 22. p. 54.

[2]) ου γαρ μωραινομεν, ανδρες Ελληνες, ουδε ληρους απαγγελλομεν, Θεον εν ανθρωπε μορφη γεγονεναι καταγγελλοντες §. 35. p. 77.

V. Von Engeln und Dämonen.

So wie die vorhergehenden Kirchenväter über Engel und Dämonen philosophirten, philosophirt er nicht über sie: denn ihm sind die Dämonen nicht die Söhne der bösen Engel; sondern die Engel selbst, sind ihm die Dämonen, aber nach einer heidnischen Benennung (vergl. die in der nächsten Note anzuführende Stelle).

Engel, sagt er, sind materielle Wesen [1]**, die aber aus einer feinen Materie, wie z. B. das Feuer oder die Luft ist, bestehen** [2]**. Der Logos schuf sie, ehe er den Menschen hervorbrachte** [3]**. Sie sind wie alles Geschaffene anfangs gut gewesen** [4]**, aber der erstgeschaffene Engel fiel und andere liessen sich durch ihn gleichfalls verblenden** [5]**, nun ist ein Unterschied zwischen den guten oder denen**

---

[1] ὅμως δε ουν καὶ οἱ δαίμονες (οὕς ὑμεῖς οὕτω φατε) σύμπηξιν ἐξ ὕλης λαβόντες. §. 20. p. 43.

[2] δαιμονες δε παντες σαρκιον μεν ου κεκτηνται, πνευματικη δε εστιν αυτοις ἡ συμπηξις, ὡς πυρος, ὡς αερος. §. 25. p. 59.

[3] ὁ μεν ουν λογος προ της των ανδρων κατασκευης αγγελων δημιουργος γινεται. §. 10. p. 26.

[4] Dieses folgt schon aus den Stellen, wo er vom Fall der Engel redet und die sogleich folgen werden; auch aus den Worten: ουδεν φαυλον ὑπο τε Θεε πεποιηται, §. 18. p. 45.

[5] δια δε την παραβασιν και την αγνοιαν, ὁ πρωτογονος δαιμων αποδεικνυται, και οἱ μιμησαμενοι τουτε τα φαντασματα, δαιμονων στρατοπεδον απο-

nen die fromm blieben, und den bösen [1]). Dieser letztern erste Sünde war Stolz, indem sie die Ehre der Gottheit sich zueignen wollten [2]). Sie wurden nach ihrem Fall aus dem Himmel verstoßen [3]), und von nun an suchten sie Irrthum und Lasterhaftigkeit zu befördern, und die Menschen zu beiden zu verführen: gerade sie, beten die Heiden an, oder diese Dämonen sind die heidnischen Gottheiten [4]).

απoβεβηκασι, και δια το αυτεξουσιον τη σφων αβελτηρια παρεδοθησαν. §. XI. p. 28.

[1]) ὁμως δε ουν και οἱ δαιμονες (οὑς ὑμεις οὑτω φατε) συμπεξιν εξ ὑλης λαβοντες, κτησαμενοι τε πνευμα το ὑπ' αυτης, ασωτοι και λιχνοι γεγονασιν· οἱ μεν τινες αυτων επι το καθαρωτερον τραπεντες, οἱ δε της ὑλης επιλεξαμενοι τα ελαττον, και κατα το ὁμοιον αυτη πολιτευομενοι. §. 20. p. 48. f. und §. 10. p. 26.

[2]) οἱ γαρ προειρημενοι, τη σφων αβελτηρια προς τo κενοδοξειν τραπεντες, και αφηνιασαντες, λησται θεοτητος γενεσθαι προεθυμηθησαν. §. 20. p. 49.

[3]) μετωκισθησαν οἱ δαιμονες, εξωρισθησαν οἱ πρωτοπλαστοι. και οἱ μεν απ' ουρανου κατεβληθησαν· οἱ δε απο γης μεν, αλλ' ουκ εκ ταυτης, κρειττονος δε etc. §. 34. p. 75.

[4]) οἱ δε (fcil. δαιμονες) της ὑλης επιλεξαμενοι το ελαττον, και κατα το ὁμοιον αυτη πολιτευομενοι. ΤΟΥΤΟΥΣ δε ανδρες Ελληνες προσκυνειτε §. 20. p. 48, 49.

Sterblich sind sie (seiner Meinung nach), eigentlich nicht, wiewohl er von ihnen bildlich sagt, daß sie, so oft sie etwas böses thun, sterben, (das heist hier wohl soviel als, daß sie sich noch unglüklicher machen). Sie werden in Ewigkeit leben aber ewig unglüklich seyn und Strafe leiden [1]); und da er sagt, daß die Dämonen unverbesserlich sind [2]), so folgt hieraus, daß dieses das Schiffal aller seyn wird.

Von

[1]) οἱ (scil. δαιμονες) θνησκουσι μεν οὐ ῥαδιως, σαρκος γαρ αμειρουσι. ζωντες δε θανατου πραττουσιν ἐπιτηδευματα, τοσαυτακις και αυτοι θνησκοντες, ὁσακις αν τους ἑπομενους αυτοις τας ἁμαρτιας ἐκπαιδευσωσιν. ὡσθ' ὁπερ ἐστιν αυτοις περιττον ἐν τω νυν, μη ὁμοιως τοις ανθρωποις αποθνησκειν, τουθ' ὁποτ' αν μελλωσι κολαζεσθαι παρον αυτοις, ου μεθεξουσιν αϊδιω ζωης, αντι θανατου ἐν αθανατω μεταλαβοντες.

ὡσπερ δε ἡμεις, οἱς το θνησκειν ῥαδιως αποβαινει νυν, εἰσαυθις μετα απολαυσεως ἠ το αθανατον, ἠ το λυπηρον μετα αθανασιης προσλαμβανομεν· οὑτω και οἱ δαιμονες τῃ νυν ζωῃ προς το πλημμελειν καταχρωμενοι δια παντος και δια τȣ ζῃν ἀποθνησκοντες, εἰσαυθις ἑξουσιν την αθανασιαν ὁμοιαν της παρ' ὃν ἑζων χρονον, κατα δε την συστασιν ὁμοιαν ανθρωποις τοις κατα γνωμην διαπραξαμενοις, ἁπερ αυτοις παρ' ὃν ἑζων χρονον νενομοθετηκασι. §. 23, 24 p. 55. 56.

[2]) ἡ των δαιμονιων ὑποστασις, οὐκ ἔχει μετανοιας τοπον. §. 25. p. 59.

Von dem Einfluß dieser Dämonen insbesondere auf die Menschen, hat er nun die überspanntesten Begriffe. Er behauptet, daß sie die Menschen durch allerley Arten von Betrug zu täuschen suchten. Besonders merkwürdig ist seine Meinung von dem Einfluß der Dämonen auf den Menschen bey Krankheiten. Einige Krankheiten, glaubt er, entstehen durch sie, andere aus dem Körper selbst; aber auch bey diesen leztern kommen die Dämonen, sobald sie merken, daß jemand krank ist, herzu, thun als ob sie die Ursache der Krankheit wären, und vermehren die Krankheit. Nun verführen sie den Menschen sich natürlicher Arzneymittel zu bedienen, wenn er das thut, so verlassen sie ihn, nun wird er gesund, und glaubt natürliche Mittel hätten ihm geholfen. Aber das Wort Gottes heilt allein nur Krankheiten, wenn die Dämonen dieses hören, fliehen sie, und der Kranke genest *).

VI. Vom Menschen, seiner Natur, seinem ehemaligen, izigen und künftigen Zustande.

Der Mensch ist, wie er sagt, nicht blos ein vernünftiges Thier, wofür ihn einige ausgeben, denn die Thiere haben auch einen gewissen Grad von Vernunft; sondern er ist

das

---

*) εισι μεν ουν και νοσοι, και στασεις της εν ὑμιν ὑλης· δαιμονες δε αυτοι τουτων τας αιτιας, επειδαν συμβαινουσιν, ἑαυτοις προσγραφουσιν, επιοντες ὁποταν καταλαμβανῃ καματος. εστι δε ὁτε και αυτοι χειμωνι της σφων αβελτηριας κραδαινουσι την ἑξιν τȣ σωματος, οἱ λογω θεȣ δυναμεως πληττομενοι, δεδιοτες απιασι, και ὁ καμνων τεραπευ-

das Ebenbild Gottes ¹), und zwar ist er dieses durch den göttlichen Geist, der ihm ursprünglich ehe er fiel, beiwohnte, aber beim Fall von ihm wich, denn dieser ist eigentlich das Bild Gottes ²). Nachdem er ihn

πευεται. §. 27. p. 62. Darüber, daß die Dämonen die Menschen verführen natürliche Arzneymittel zu gebrauchen, steht die weitläuftige Stelle. §. 29 — 31. p. 65 — 70.

¹) εστι γαρ ανθρωπος, ουχ ώσπερ οἱ κορακοφωνοι δογματιζουσι, ζωον λογικον, νε και επιστημης δεκτικον. δειχθησεται γαρ κατ' αυτους, και τα αλογα, νε και επιστημης δεκτικα. μονος δε ανθρωπος εικων και ὁμοιωσις τε Θεε. λεγω δε ανθρωπον, ουχι τον ὁμοια τοις ζωοις πραττοντα, αλλα τον πορρω μεν ανθρωποτητος, προς αυτον δε τον Θεον κεχωρηκοτα. §. 24. p. 56 sq.

²) δυο πνευματων διαφορας ισμεν ἡμεις, ὡν το μεν καλειται ψυχη· το δε, μειζον μεν της ψυχης, Θεε δε εικων και ὁμοιωσις. ἑκατερα δε παρα τοις ανθρωποις τοις πρωτοις ὑπηρχεν, ἱνα το μεν τι ωσιν ὑλικοι, το δε ανωτεροι της ὑλης. §. 18. p. 45. und, και επειδη τινι φρονιμωτερω παρα τους λοιπους οντι δια το πρωτογονον συνεξηκολουθησαν (es ist hier wie das Folgende lehrt, die Rede von dem ὁ αγγελος πρωτογονος oder dem eigentlichen Satan, der zuerst fiel), και Θεον ανεδειξαν οἱ ανθρωποι, και τον επανισταμενον τω νομω τε Θεου· τοτε ἡ τε λογου δυναμις, τον τε αρξαντα της απονοιας, και τους συνακολουθησαντας τουτω, της συν αυτω διαιτης παρητησατο.

και

ihn verlaſſen hat, kann er jedoch, wenn er will, wieder zur Vereinigung mit ihm gelangen [1]).

Vor dem Sündenfall war der Menſch freilich glückſeeliger als jzt, er war unverdorben, lebte auf einer vollkommnern Erde als die gegenwärtige iſt, wurde aber aus derſelben, da er ſündigte, vertrieben [2]); und war noch dazu unſterblich [3]), nämlich nach Seele und Leib: denn daß

και ὁ μεν κατ᾽ εικονα τȣ Θεȣ γεγονως, χωρισθεντος απ᾽ αυτȣ τȣ πνευματος του δυνατωτερȣ, θνητος γινεται. §. XI. p. 27 ſq.

[1]) ἡμεις δε τα ὑφ ἡμων αγνοουμενα δια προφητων μεμαθηκαμεν· οἱ τινες ἁμα τη ψυχη πεπεισμενοι, ὁτι πνευμα το ουρανιον επενδυμα της θνητοτητος την αθανασιαν κεκτησεται, τα ὁσα μη εγινωσκον αἱ λοιπαι ψυχαι, προυλεγον· δυνατον δε παντι γυμνητευοντι, κτησαθαι το επικοσμημα και προς την συγγενειαν την αρχαιαν αναδραμειν §. 35. p. 76, 77.

[2]) μετωκισθησαν οἱ δαιμονες, εξωρισθησαν οἱ πρωτοπλαστοι. και οἱ μεν απ᾽ ουρανȣ κατεβληθησαν· οἱ δε απο γης μεν, αλλ᾽ ουκ εκ ταυτης, κρειττονος δε της ενταυθοι διακοσμησεως. §. 34. p. 75.

[3]) ουκ εγενομεθα προς το αποθνησκειν, αποθνησκομεν δε δι᾽ ἑαυτȣς §. 18. p. 45 und και ὁ μεν κατ᾽ εικονα τȣ Θεȣ γεγονως, χωρισθεντες απ᾽ αυτȣ τȣ πνευματος τȣ δυνατωτερȣ, θνητος γινεται. §. XI. p. 28.

die Seele ohne den Leib fortdauren könne, dies findet er gar nicht wahrscheinlich [1]).

In diesem seinem vollkommenen Zustande, oder in diesem Stande der Unschuld, wohnten dem Menschen zwey Geister bey [2]). Der eine war seine Seele, der andere war ein vollkommnerer Geist als sie, nämlich der göttliche Geist, der Logos Gottes [3]). Jene ist aus

---

[1]) Dieses beweiset eine Stelle, in welcher er von den Dämonen sagt: sie seyen keine Menschenseelen, er behauptet diesen seinen Satz durch folgendes Philosophem, πως γαρ αν γενοιντο δραστικαι, και μετα το αποθανειν χωρις; ει μη ὁ ζων ανθρωπος μεν, ανοητος δε, αδυνατος γενοιτο· νεκρος δε γενομενος, λοιπον δραστικωτερας πιστευοιτο μεταλαμβανειν δυναμεως. αλλ ουτε τουθ᾽ ουτως εστιν, ὡς εν αλλοις απεδειξαμεν· και χαλεπον οιεσθαι την αθανατον ὑπο των τȣ σωματος μερων εμποδιζομενην, επειδαν απ᾽ αυτȣ μεταναστῃ, γινεσθαι. §. 26. p. 60, 61 vergl. auch die Stelle, welche weiter unten für seine Behauptung: daß die menschliche Seele sterblich sey, soll angeführt werden.

[2]) δυο πνευματων διαφορας ισμεν ἡμεις, ὡς το μεν καλειται ψυχη· το δε, μειζον μεν της ψυχης, Θεȣ δε εικων και ὁμοιωσις. ἑκατερα δε παρα τοις ανθρωποις τοις πρωτοις ὑπηρχεν, ἱνα το μεν τι ὡσιν ὑλικοι, το δε ανωτεροι της ὑλης. §. 18. p. 45.

[3]) ὁ λογος μεν εστι το τȣ Θεȣ φως, σκοτος δε ἡ ανεπιστημων ψυχη. δια τουτο μονη μεν διαιτωμενη,
προς

aus der Materie entsprungen und ein zusammengeseztes Wesen, durch welches der Körper zusammengehalten wird ᶻ), (das Lebensprincip im Menschen), an sich unwissend und hängt an der Materie; dieser ist das Licht des Menschen, mittelst dessen er sich zur Gottheit erheben kann. Jene ist sterblich und geht mit dem Körper unter, wird aber mit demselben wieder auferwekt werden; dieser ist unsterblich. Er verließ den Menschen als er sündigte, und wiewohl etwas von seiner Kraft der Seele noch übrig blieb, so reichte dieses doch nicht hin, sie zur Erkennt-

προς την υλην νευει κατω, συναποθνησκουσα τη σαρκι. συζυγιαν δε κεκτημενη την τȣ Θειȣ πνευματος, ουκ εστιν, αβοηθητος. ανερχεται δε προς απερ αυτην οδηγει χωρια το πνευμα. τȣ μεν γαρ εστιν ανω το οικητηριον. της δε κατωθεν εστιν γενεσις. γεγονε μεν ουν συνδιαιτον αρχηθεν το πνευμα τη ψυχη˙ το δε πνευμα ταυτην επεσθαι μη βουλομενην αυτω καταλελοιπεν. ἡ δε ὡσπερ εναυσμα της δυναμεως αυτȣ κεκτημενη, και δια τον χωρισμον τα τελεια καθοραν μη δυναμενη, ζητουσα τον Θεον, κατα πλανην πολλους Θεους ανετυπωσε, τοις αντισοφιστευουσι δαιμοσι κατακολουθησασα. §. 22. p. 53.

ᶻ) ψυχη μεν ουν ἡ των ανθρωπων πολυμερης εστι, και ου μονομερης §. 24. p. 56 δεσμος δε της σαρκος ψυχη, χετικη δε της ψυχης ἡ σαρξ. §. 25. p. 58.

kenntniß der Wahrheit zu führen. Von nun an verfiel die sich selbst gelassene Seele in Irrthümer und Laster, und folgte den Verführungen der Dämonen x).

Die=

---

x) Alles dieses liegt in folgender Stelle: ουκ εστιν αθανατος, ανδρες Ελληνες, ἡ ψυχη καθ' ἑαυτην, θνητη δε, αλλα δυναται ἡ αυτη και μη αποθνησκειν (diese Worte δυναται μη αποθνησκειν, sind, wie das folgende lehrt, nicht so zu verstehen, als: es wäre auch möglich, daß die Seele nach dem Tode des Leibes übrig bleibe, denn davon hat Tatian keinen Begriff, sondern soviel als: daß sie nicht unglücklich wird. Man lese nur weiter, so wird man dieses sogleich sehen). θνησκει μεν γαρ και λυεται μετα τȣ σωματος, μη γινωσκουσα την αληθειαν, ανισταται δε εις ὑστερον επι συντελεια τȣ κοσμȣ συν τω σωματι θανατον δια τιμωριας εν αθανασια λαμβανουσα. παλιν τε ου θνησκει, καν προς καιρον λυθη, την επιγνωσιν τȣ Θεȣ πεποιημενη· καθ' ἑαυτην γαρ σκοτος εστι, και ουδεν εν αυτη φωτεινον....

ψυχη γαρ ουκ αυτη το πνευμα εσωσεν, εσωθη δε ὑπ' αυτȣ, και το φως την σκοτιαν κατελαβεν, ὁ λογος μεν εστι το τȣ Θεȣ φως, σκοτος δε ἡ ανεπιστημων ψυχη. δια τουτο μονη μεν διαιτωμενη, προς την ὑλην νευει κατω, συναποθνησκουσα τη σαρκι. συζυγιαν δε κεκτημενη την τȣ θειȣ πνευματος, ουκ εστιν αβοηθητος. ανερχεται δε προς ἁπερ αυτην ὁδηγει χωρια το πνευμα. τȣ μεν γαρ εστεν ανω το οικητηριον. της δε κατωθεν εστιν ἡ γενεσις. γεγονε μεν ουν συνδιαιτȣν αρχηθεν το

πνευμα

Tatianus.

Dieser Fall des Menschen ist aber ganz seine eigne Schuld. Der Mensch war frey und durfte nicht sündigen, sondern konnte das Gute wählen [1], allein er sündigte durch Verführung des Teufels [2], und stürzte sich ins Verderben.

Von dieser durch den Fall entstandenen Verschlimmerung im Menschen, scheint er jedoch nicht gar zu grosse Vorstellungen sich gemacht, wenigstens, wie seine Aeusserungen sehr deutlich zeugen, sich dabei gar nicht das gedacht zu

πνευμα τη ψυχη· το δε πνευμα ταυτην έπεσθαι, μη βουλομενην αυτω καταλελοιπεν. ή δε ὥσπερ εναυσμα της δυναμεως αυτε κεκτημενη, και δια τον χωρισμον τα τελεια καθοραν μη δυναμενη, ζητουσα τον Θεον, κατα πλανην πολλους Θεους ανετυπωσε, τοις αντισοφιστευουσι δαιμοσι κατακολουθησασα. §. 21, 22. p. 51 — 53.

[1] ουκ εγενομεθα προς το αποθνησκειν, αποθνησκομεν δε δι ἑαυτους· απωλεσεν ἡμας το αυτεξουσιον. δουλοι γεγοναμεν οἱ ελευθεροι· δια την ἁμαρτιαν επραθημεν. ουδεν φαυλον ὑπο τε Θεε πεποιηται, την πονηριαν ἡμεις ανεδειξαμεν. §. 18. p. 45.

[2] και επειδη τινι φρωνιμωτερω παρα τους λοιπους οντι δια το πρωτογονον συνεξηκολουθησαν, και Θεον ανεδειξαν οἱ ανθρωποι, και τον επανισταμενον τω νομω τε Θεε· τοτε ἡ τε λογε δυναμις, τον τε αρξαντα της απονοιας, και τους συνακαλουθησαντας τουτω, της συν αυτω διαιτης, παρητησατο. §. XI. p. 27, 28.

zu haben, was man späterhin Erbsünde nannte. So weit es mir hier möglich gewesen ist, sowohl seinen ausdrüklichen Aeusserungen als auch seinem ganzen Denksystem nachzuspühren, hat er eigentlich nichts von Erbsünde im theologischen Sinne gewust. Ein Erbübel kennt er, nämlich den Tod. Dieser ist gleichsam die Strafe für die erste Sünde, und dieser bleibt; aber daß sonst etwas im Leibe oder in der Seele der Menschen sich fände, welches selbst bey allem Streben nach Vollkommenheit, als eine unbesiegbare Schwäche auch dem Besten noch anklebe, diese Lehre ist ihm ganz unbekannt, wie seine Aeusserungen sehr deutlich zeigen, und wie auch sein ganzes Lehrsystem es erfordert. Denn nach demselben konnte er nicht wohl an Erbsünde glauben. Das Ebenbild Gottes im Menschen, war ihm, wie wir gesehen haben, der göttliche Geist, der Logos, welcher dem Menschen, so lange er im Stande der Unschuld blieb, beiwohnte. Als der Mensch sündigte schied dieser von ihm, und nun war der Mensch ein blos materielles der Sinnlichkeit folgendes Wesen, dieses war seine Verschlimmerung. Da er nun glaubt, daß wir wieder zur Vereinigung mit dem göttlichen Geiste oder dem Logos gelangen können, so tritt der Mensch nach seiner Meinung vollkommen in den Stand zurük, in welchem er sich ehemals befand, und so ist der ganze Schade wieder gehoben. Hiermit stimmt es nun auch noch vollkommen überein, daß in ihm kein Wort von der Mangelhaftigkeit der Tugend, selbst der Bessern; kein Wort von Vergebung der Sünden; oder von irgend einer Lehre steht, die mit der Sentenz von der Erbsünde zusammenhängt. Man sieht diese Ideen waren ihm ganz fremde.

Der Mensch welcher izt auf der Erde lebt, wird je nachdem er sich hier gut oder böse beträgt, auch einst ein gutes oder ein schlimmes Schicksal haben.

Suchte er sich hier mit dem göttlichen Geiste wieder zu vereinigen, [1]) so soll er einst in einer bessern Welt ewig glücklich, that er dieses aber nicht, so soll er ewig unglücklich werden [2]).

Den Ort, an welchem die Bösen, für ihre Vergehungen büssen sollen, beschreibt er nicht genau, über den Ort der Seeligkeit äussert er sich auch nicht bestimmt; sondern er sagt blos daß beides Seeligsprechung sowohl als Verdammung durch den Urtheils-spruch

---

[1]) και χρη λοιπον ημας οπερ εχοντες απολωλεκαμεν, τουτο νυν αναζητειν, ζευγνυιαι τε την ψυχην τω πνευματι τω αγιω, και την κατα Θεον συζυγιαν πραγματευεσθαι. §. 24. p. 56.

[2]) ώσπερ δε ημεις, οις το θνησκειν ραδιως αποβαινει νυν, εισαυθις μετα απολαυσεως η το αθανατον, η το λυπηρον μετα αθανασιης προσλαμβανομεν. ούτω και οι δαιμονες τη νυν ζωη προς το πλημμελειν καταχρωμενοι δια παντος και δια το ζην αποθνησκοντες, εισαυθις εξουσιν την αθανασιαν ομοιαν της παρ' ον εζων χρονον· κατα δε την συστασιν ομοιαν ανθρωποις τοις κατα γνωμην διαπραξαμενοις, άπερ αυτοις παρ' ον εζων χρονον νενομοθετηκασι. §. 24. p. 55, 56.

spruch Gottes vollzogen werden wird [1], nachdem die Menschen, gute sowohl als böse auferstanden [2], das heißt, bei ihm, wie wir gesehen haben, soviel, als nach Seele und Leib wieder ins Daseyn gerufen sind. Ob er sich nun eine Auferstehung der Materie nach allen ihren selbst den kleinsten Theilen oder blos nach ihren Haupttheilen gedacht habe, das läßt sich nicht mit Zuverläßigkeit bestimmen, da er hierüber nichts deutliches sagt.

Auffer diesen izt vorgetragenen Lehren, findet man nun nichts vollständiges über irgend eine Glaubenslehre bei ihm: das einzige Dogma, zu welchem wenigstens einige Beiträge in seinem Buche sich finden ist das, von der heil. Schrift.

VII. Von der heiligen Schrift.

Die eigentliche heilige Schrift ist auch ihm wie seinen Vorgängern, das A. T. Denn seine ganze Demonstration

---

[1]) ὁ δε των ὁλων δεσποτης εντρυφαν αυτους (scil. δαιμονες) ειασε, μεχρις αν ὁ κοσμος περας λαβων αναλυθη, και ὁ δικαστης παραγινηται, και παντες οἱ ανθρωποι, δια της των δαιμονων επαναστασεως, εφιεμενοι της τε τελεια Θεε γνωσεως, τελειοτερον δια των αγωνων εν ἡμερα κρισεως την μαρτυριαν λαβωσιν. §. 20. p. 49, 50.

[2]) θνησκει μεν γαρ και λυεται μετα του σωματος, μη γιγνωσκουσα την αληθειαν, ανισταται δε εις ὑστερον επι συντελεια τε κοσμε συν τω σωματι θανατον δια τιμωριας εν αθανασια λαμβανουσα. παλιν δε ου θνησκει, και προς καιρον λυθη, την επιγνωσιν τε Θεε πεποιημενη. §. 21. p. 52.

zion gegen die Heiden und für die Christen gründet sich auf den Schluß: die Lehre des Christen ist älter, und hier nimmt er immer den Moses zum Beleg als den Hauptschriftsteller der Christen, auch nennt er blos als inspirirte Männer die Propheten, und wenn er von geoffenbahrten Wahrheiten redet, so sinds Weissagungen *).

Diese heilige Schrift zeichnet nun allein den Weg zur Glückseeligkeit vor, alle Lehren der Heiden aber führen zur Verdammnis ²). — Schon eine harte Aeusserung mehr, die bey ihm zum ersten Male vorkommt, Justin fand in ihnen viel Gutes, der Verfasser des Dial. c.

---

*) ἡμεις δε τα ὑφ' ἡμων αγνοουμενα δια προφητων μεμαθηκαμεν· οἵτινες ἁμα τη ψυχη πεπεισμενοι, ὅτι πνευμα το ουρανιον επενδυμα της θνητοτητος την αθανασιαν κεκτησεται, τα ὁσα μη εγινωσκον αἱ λοιπαι ψυχαι, προλεγον. §. 35. p. 76, 77.

²) περινοουντι δε μοι τα σπουδαια, συνεβη γραφαις τισιν εντυχειν βαρβαρικαις, πρεσβυτεραις μεν, ὡς προς τα Ἑλληνων δογματα· θειοτεραις δε, ὡς προς την εκεινων πλανην. και μοι πεισθηναι ταυταις συνεβη, δια τε των λεξεων το ατυφον. και των ειποντων το ανεπιτηδευτον, και της τε παντος ποιησεως το ευκαταληπτον, και των μελλοντων το προγνωστικον, και των παραγγελματων το εξαισιον, και των ὁλων το μοναρχικον.

Θεοδιδακτε δε μου γενομενης της ψυχης, συνηκα, ὅτι τα μεν (scil. Ἑλληνων δογματα) καταδικης εχει τροπον. τα δε ὁτι λυει την εν κοσμω δουλειαν. §. 46, 47. p. 102, 3.

c. T. dachte auch von ihnen wenn gleich nicht so gut als Justin, doch auch nicht ganz unwürdig. Athenagoras schäzte sie gleichfalls: aber unser Verfasser verwirft sie ganz. So wie er überhaupt allen heidnischen und das ist hier eben soviel wie allen menschlichen Wissenschaften ihren Werth gänzlich abspricht [1]).

Noch verdient, ehe wir von diesem Schriftsteller scheiden, eine einzelne Aeusserung desselben, angemerkt zu werden, sie betrift die vollkommenste Regierungsform wie sie nämlich auf der Erde seyn solte: eine einzige Republik solte Statt haben [2]), dieses wäre die rechte Regierungsform, alle andern izigen Regierungsformen taugen nichts. Man sieht, er denkt hierin platonisch.

[1]) Man lese z. B. folgendes: τι δ'αν ωφελησειε λεξις Αττικη, και φιλοσοφων σωρεια, και συλλογισμων πιθανοτητες, και μετρα γης, και αστρων θεσεις και ηλιε δρομοι; το γαρ περι τοιαυτην ασχολεισθαι ζητησιν, νομοθετουντος εστιν εργον εαυτω τα δογματα. §. 45. p. 99.

[2]) μιαν μεν γαρ εχρην ειναι και κοινην απαντων την πολιτειαν. νυνι δε οσα γενη πολεων, τοσαυται και των νομων θεσεις, ως ειναι τα παρ' ενιαις αισχρα, παρα τισι σπουδαια. §. 45. p. 99, 100.

Theo=

Theophilus.

Von Antiochien, welchen viele wiewohl fälschlich für denselben gehalten haben, an welchen Lucas s. Evangelium geschrieben hat [1], ward 169. Bischof von Antiochien. Einige glauben zwar, er sey ein Jude von Geburth, und zwar ein Sadduzäer gewesen [2]; allein nicht blos das ausdrükliche Zeugniß des Eusebius ist hiergegen, (Euseb. hist. eccl. Lib. IV. c. 24.) sondern auch die Stelle aus seiner Schrift, welche wahrscheinlich zu dieser Vermuthung Anlaß gegeben hat, enthält, wenn man sie im Zusammenhange liest, einen sehr deutlichen Beweis, daß Theophilus von Geburth ein Heide gewesen sey. Er schreibt im 19. §. des ersten Buchs seiner Schrift an den Autolycus (nach der Ausgabe von Ioh. Christ. Wolff. Hamburgi 1724 p. 60, 62.) folgendes: „Sey also nicht „unglau-

---

[1] Tenzelii Exercitationes select. Part. I. p. 207.
[2] Hosmann in seiner Vorrede zu des Theophili Lib. III. ad Autolycum und neuerlich auch Herr Prof. Ziegler in seinen theologischen Abhandlungen. Erster Band, S. 198.

„ungläubig; sondern glaube es (nämlich, daß einst eine
„Auferstehung der Todten seyn wird). Auch ich habe die-
„ses einst nicht geglaubt, aber nun glaube ich es nach-
„dem ich nämlich darüber nachgedacht, und die Schrif-
„ten der heiligen Propheten kennen gelernt habe, die
„durch Beistand des heiligen Geistes, die Vergangenheit,
„Gegenwart und Zukunft beschrieben haben u. s. w." Offenbar muß also Theophilus ehedem die heiligen
Schriften alten und neuen Testaments nicht gekannt haben, und das konnte nur der Fall bey ihm seyn, wenn
er vor seinem Uebertritt zum Christenthum ein Heide
war. Uebrigens lehrt dieses auch schon seine Bekanntschaft mit dem Heidenthume, und seine Belesenheit in
den griechischen Schriftstellern, die er in dem Buche
selbst zeigt.

    Von ihm haben wir nichts weiter als seine 3. Bü-
cher an den Autolykus, denn seine übrigen Schriften, deren Eusebius [1]) und Hieronymus [2]) erwähnen, sind alle verlohren gegangen, und die libri
quatuor Commentariorum in varios Evangelistarum lo-
cos, welche man ihm zuschreibt, und die auch unter seinem Namen in den Bibliothecis patrum aufgeführt werden, sind nicht von ihm, sondern von einem spätern
Schriftsteller, aus den Schriften mehrerer von den ältern Kirchenscribenten lateinisch, zusammen geschrieben
worden [3]).

So

---

[1]) Euseb. hist. eccl. Lib. IV. c. XX.
[2]) Hieronymus de viris illustr. Cap. XXV.
[3]) vergl. Io. Fellus in praefatione ad editionem Theophili Oxoniensem und den Io. Ernst. Grabe in spi-
cilegio Patrum. Seculi II. p. 218. sq.

So weit wir den Mann, aus seiner uns noch übrig gebliebenen Schrift, — nämlich den 3 Büchern an den Autolykus — beurtheilen können, war er ein Mann von Einsichten, der neben einer gesunden Art zu denken, auch eine nicht gemeine Belesenheit in den Schriften der alten Griechen und zugleich die Gabe besaß, seine Leser durch den Vortrag zu interessiren. Freilich leitet ihn oft sein Hang zum Allegorisiren irre, allein dieser Fehler ist ihm auch nicht zu hoch anzurechnen, da er der gewöhnliche seines Zeitalters, und noch insbesondere vornämlich der Gelehrten des Ortes war, an welchem Theophilus lehrte und lebte.

Beides, sein Hang zum allegorisiren überhaupt sowohl, als auch insbesondere seine Vorliebe für allegorische Interpretationen der heil. Schrift, zeigt sich auch sehr deutlich in seiner Schrift an den Autolykus *).

Der Inhalt derselben läßt sich auf folgende Stücke zurückführen.

Im ersten Buch sucht er dem Autolykus, einem gelehrten Heiden, der ohngeachtet seines Scharfsinns und seiner nicht gemeinen Kenntnisse, dennoch immer ein eifriger Heide blieb, die Lehre der Christen, von der Natur, den Gesinnungen der Gottheit und ihren Werken aus

---

*) Die Ausgabe, deren ich mich bedient habe, und auf welche auch die Zitate hinweisen, ist: Theophili Episcopi Antiocheni Libri III. ad Autolycum a Io. Christoph. Wolfio. Hamburgi 1724.

einander zu sezzen, und wie er selbst sagt; so ist der Zweck dieses ersten Buches dem Autolykus zu zeigen: was denn eigentlich sein (des Theophilus) Gott sey, oder wen er als seinen Gott verehre.

Im zweiten Buch zeigt er nun, wie unvernünftig und thöricht diejenige Religion sey, zu welcher sich Autolykus bekenne, nämlich das Heidenthum der Griechen; und hier ist es dann eben, wo Theophilus eine nicht gemeine Kenntnis der Theologie der Griechen und eine grosse Belesenheit in den alten griechischen Theogonien und Cosmogonien zeigt.

Im dritten Buche sezt er diese Materie weiter fort, und sucht dann endlich noch sowohl durch das Argument, daß die Christen bessere und frömmere Menschen wären als die Heiden, als auch durch die Demonstration von dem höhern Alter der geoffenbarten Religion, den Autolykus zum Uebertritt zum Christenthum zu bewegen.

Wir gehen izt zur Aufstellung des Lehrsystems unsers Schriftstellers fort. Ehe ich jedoch dasselbe auseinander sezze, muß ich dem Leser noch eine Bemerkung mittheilen, welche für die Dogmengeschichte von Wichtigkeit ist, und die sich mir beim aufmerksamen Lesen dieses Schriftstellers, und bei der Vergleichung seiner Meinungen mit den Meinungen seiner Vorgänger sehr lebhaft aufdrang.

Die apostolischen Väter, Justin, der Verfasser des Gesprächs mit dem Tryphon, Athenagoras, und Tatian,

sie

sie alle philosophirten, wie wir gesehen haben, von einander unabhängig: denn jeder von ihnen hatte sein ganz eigenes System. Diesem und jenem merkte man es wohl ab, daß er des Justins Schriften gelesen oder ihn vielleicht selbst gehört hatte; allein daß er ihm nachphilosophirte, davon fand sich keine Spur, hier und da fand sich einmal ein Wort, das einem Ausdruck des Justins ähnlich war, aber übrigens philosophirte jeder für sich. Bey unserm Schriftsteller ist dieses aber nicht mehr so ganz der Fall, vielmehr merkt man es insbesondere seiner Lehre vom Logos sehr deutlich ab, daß sie aus den Philosophemen mehrerer von seinen Vorgängern entstanden sey; indem er nämlich ihre Aeusserungen in eins zu vereinigen, und gewissermaassen nach ihnen seine Lehre vom Logos zu bilden suchte. Dieser Schritt den Theophilus that, so unschuldig er auch an sich seyn mochte, ist doch der erste Schritt zu einem kirchlichen System, bey welchem man ausser der Bibel noch auf die Lehren anderer Kirchenskribenten, in seinen Behauptungen über die Dogmen Rüksicht nahm, und das was sie über dieselben bestimmt hatten, als etwas vestes, auf dem man nun weiter fortbauen konnte, ansah. Der Einwurf, daß Theophilus von seinen Vorgängern unabhängig philosophire, indem er vielleicht ihre Schriften gar nicht gekannt habe, welchen mir vielleicht jemand bey dieser Behauptung machen könnte, findet gar nicht Statt, denn so gut wie die Vorgänger des Theophilus immer den Justin kannten, und so gut wie Irenäus, der auf den Theophilus gleichfolgende Kirchenskribent und zum Theil noch ein Zeitgenosse des Theophilus, seine Vorgänger offenbar gelesen hatte, hatte Theophilus sie auch gelesen. Es muß in dieser Absicht offenbar eine Communikazion in der alten Kirche geherrscht haben, mittelst welcher man die Schriften, welche die Religion betrafen, sich mittheilte; denn man findet es beinahe durchgängig, daß der Nachfolger immer seine Vorgänger, wenigstens die vornehmsten von ihnen, wenn sie auch nicht lange vor ihm geschrieben hatten, kannte.

Das Lehrsystem dieses Mannes ist nun folgendes

I. Von der Gottheit.

Es ist nur ein Gott ¹) das heist ein höchst vollkommenes Wesen, welches selbst von Ewigkeit her da ist, und Niemand sein Daseyn verdankt. Dieser hat die Welt aus nichts hervorgebracht, erhält und regieret dieselbe. Er selbst ist menschlichen Augen unsichtbar, zeigt sich aber durch seine Werke und seine Vorsehung sichtbar. Er ist ein Vater der Frommen, dahingegen ein strenger Richter aller Bösen ²).

In

---

¹) ημεις δε και θεον ομολογουμεν, αλλ' ενα τον κτιστην, και ποιητην, και δημιουργον τουδε τε παντος κοσμου, και προνοια τα παντα διοικεισθαι επισταμεθα. Lib. III. C. 7. p. 306.

²) Alles dieses liegt in folgender Stelle: παιδευτης γαρ εστι (scil. ο Θεος) των θεοσεβων, και πατηρ των δικαιων, κριτης δε και κολαστης των ασεβων. αναρχος δε εστιν, οτι αγεννητος εστιν· αναλλοιωτος δε, καθοτι αθανατος εστι. θεος δε λεγεται,

δια

In dieſer Lehre von der Gottheit, ihrer Natur, ihren Geſinnungen und ihren Werken, ſtimmt nun, wie jeder ſieht,

δια το τεθεικεναι τα παντα επι τη εαυτα ασφαλεια, και δια το θεειν· το δε θεειν εστι το τρεχειν, και κινειν, και ενεργειν, και τρεφειν, και προνοειν, και κυβερναν, και ζωοποιειν τα παντα. κυριος δε εστι, δια το κυριευειν αυτον των ολων. πατηρ δε δια το ειναι αυτον προ των ολων. δημιουργος δε και ποιητης, δια το αυτον ειναι κτιστην και ποιητην των ολων. υψιστος δε, δια το ειναι αυτον ανωτερον των παντων. παντοκρατωρ δε, οτι αυτος τα παντα κρατει και εμπεριεχει. τα γαρ υψη των ουρανων, και τα βαθη των αβυσσων, και τα περατα της οικουμενης, εν τη χειρι αυτα εστιν, και ουκ εστι τοπος της καταπαυσεως αυτα. ουρανοι μεν γαρ εργον αυτα εισιν, γη ποιημα αυτα εστι· θαλασσα κτισμα αυτα εστιν. ανθρωπος πλασμα και εικων αυτα εστιν. ηλιος και σεληνη και αστερες στοιχεια αυτα εισιν, εις σημεια και εις καιρους και εις ημερας και εις ενιαυτους γεγονοτα, προς υπηρεσιαν και δουλειαν ανθρωπων. και τα παντα ὁ Θεος εποιησεν εξ ουκ οντων εις το ειναι. ινα δια των εργων γινωσκηται και νοηθη το μεγεθος αυτα.

καθαπερ γαρ ψυχη εν ανθρωπω ου βλεπεται, αορατος ουσα ανθρωποις, δια δε της κινησεως τα σωματος νοειται ἡ ψυχη. ουτως εχοι αν και τον θεον μη δινασθαι οραθηναι υπο οφθαλμων ανθρωπινων, δια δε της προνοιας και των εργων αυτα βλεπεται και νοειται. Lib. I. C. 6. 7. p. 19—22.

sieht, Theophilus mit dem, was Vernunft und Schrift uns von diesen Dingen sagen, soweit seine allgemeine Aeusserungen gehen, vollkommen überein. Und eben so, sind auch seine einzelnen Ausführungen über diese Materien, gröstentheils vernunft- und schriftmässig. Nur bey der ausführlichen Darstellung des Schöpfungswerkes bemerkt man, daß sein Hang zum Allegorisiren ihn etwas misleitete. Er nimmt nach dem Moses an, daß innerhalb 6 Tagen, das Weltgebäude sein Daseyn und seine Ausbildung erhalten habe, sucht aber in diesem 6tägigen Schöpfungswerke allerley geheime Winke und verborgene Aufschlüsse, die denn doch zulezt nicht in demselben liegen. Er sagt nämlich: und wenn jemand einen tausendfachen Mund und eine tausendfache Zunge hätte, und tausend Jahr auf dieser Erde lebte, so würde er doch nichts vorbringen können, was nur einigermaaßen der Weisheit Gottes, die sich eben in der Anordnung der 6 Tagewerke geäussert hat, würdig wäre¹); und hierauf geht er dann zur Erklärung der Tagewerke selbst fort, bey welcher er zwar, das an jedwedem zu Stande gebrachte Stück des Weltgebäudes nach dem Moses angiebt, aber auch zugleich in jedem derselben einen mysteriösen Sinn findet, welchen auseinander zu sezzen er sich bemüht²). Diese einzelne Auseinandersezzung von den Werken der einzelnen Schöpfungstage ist nicht blos deswegen merkwürdig, weil sie ein Beleg zu der Behauptung von dem allegorischen Vortrage unsers Verfassers ist, sondern auch weil diese frühern Philosopheme, wie wir

---

¹) Lib. II. c. 16. p. 130.
²) Lib. II. c. 16. p. 132.

wir in der Folge sehen werden, offenbar sehr grossen Einfluß auf die nachmalige kirchliche Schöpfungslehre gehabt haben.

Noch ist in Absicht dieser Schöpfungslehre es auch bemerkenswerth daß er, wie seine Vorgänger schon immer thaten, auch behauptet Gott habe die Welt durch den Logos geschaffen; indessen darin weicht er von allen seinen Vorgängern ab, daß er sagt: Den Menschen allein habe Gott selbst, geschaffen [1]).

Auffer dem Wesen, welches der höchste Herrscher über alles ist, redet Theophilus auch — gleich dem Verfasser des Dialogus c. T.— noch von einem andern Wesen, welches, wie er sich ausdrükt, in der Person oder im Namen des höchsten Gottes zu den Menschen kam und zu ihnen redete, und dieses ist ihm der Logos.

II. Vom Logos und Pneuma.

Dieser Logos ist ihm auch, wie den mehresten von seinen Vorgängern, das erste Geschöpf, welches Gott vor dem Anfange der Welt hervorgebracht und durch welches er nachmals alle andere Dinge gemacht hat. Gott zeugte ihn, und zwar so, daß er selbst durch diese Zeugung nichts verlohr [2]). Er zeugte ihn mit seiner

[1]) Lib. II. C. 28. p. 159. Die Stelle wird unten bey der Lehre vom Menschen angeführt werden.

[2]) Φωνη (nämlich die Stimme, welche Adam im Paradiese hörte) δε τι αλλο εστιν, αλλ η ὁ λογος ὁ του θεȣ,

seiner Weisheit, und gab ihn aus sich selbst heraus, denn vorher existirte er in ihm.

Dieser Logos ist nun derjenige, welcher während des A. T. (z. B. im Paradiese) den Menschen erschien, denn von Gott der von keinem Orte eingeschlossen wird, kann man nicht sagen, daß er an einem Orte (d. h. mit andern Worten: im Raume) sey, mithin kann er auch nicht erscheinen.

Dieser Logos ist ihm auch der Sohn Gottes.

Eben denselben nennt er aber auch zugleich das Pneuma oder den heil. Geist. Dies sagt er ausdrüklich, und schreibt ihm noch überdies die Inspiration der Propheten zu [x]).

Gegen

θευ, ὁς εστι και υἱος αυτυ. ουχ ὡς οἱ ποιηται και μυθογραφοι λεγουσιν υἱους θεων εκ συνουσιας γενωμένους, αλλα ὡς αληθεια διηγειται τον λογον τον οντα διαπαντος ενδιαθετον εν καρδια θευ. προ γαρ τι γινεσθαι τουτον ειχε συμβουλον ἑαυτυ νουν, και φρονησιν οντα· ὁποτε δε ηθελησεν ὁ θεος ποιησαι ὁσα εβουλευσατο, τουτον τον λογον εγεννησε προφορικον, πρωτοτοκον πασης κτισεως, ου κενωθεις αυτος τυ λογυ, αλλα λογον γεννησας, και τω λογω αυτυ διαπαντος ὁμιλων. Lib. II. C. 31. p. 172. die lezte Aeusserung in dieser Stelle stimmt ganz überein mit dem was Tatian vortrug, vergl. S. 238, 39.

[x]) Diese seine ganze Sentenz liegt in folgenden beiden Stellen: Lib. II. Cap. 14. p. 118 sq. heißt es Εχων ουν

Gegen diese Behauptung, "daß Logos und Pneuma beim Theophilus einerley sind," ist es nun kein Einwurf, daß Theo-

ουν ὁ Θεος τον ἑαυτου λογον ενδιαθετον εν τοις ιδιοις σπλαγχνοις, εγενησεν αυτον μετα της ἑαυτȣ σοφιας εξερευξαμενος προ των ὁλων. τουτον τον λογον εσχεν ὑπουργον των ὑπ' αυτȣ γεγενημενων και δι' αυτȣ τα παντα πεποιηκεν. οὑτος λεγεται αρχη, (diesen Redegebrauch mit αρχη, da nämlich der Logos αρχη scil. τȣ κοσμου, der Anfang der Welt, das erste vornehmste Geschöpf heist, fanden wir zuerst beim Tatian, siehe S. 237.) ὁτι αρχει και κυριευει παντων των δι' αυτȣ δεδημιουργημενων. οὑτος ουν ων πνευμα θεȣ, και αρχη (erstes Geschöpf) και σοφια, και δυναμις ὑψιστȣ κατηρχετο εις τους προφητας, και δι' αυτων ελαλει τα περι της ποιησεως τȣ κοσμȣ και των λοιπων ἁπαντων, ου γαρ ησαν οἱ προφηται ὁτε ὁ κοσμος εγινετο· αλλα ἡ σοφια ἡ εν αυτω ἡ εν αυτω ουσα ἡ τȣ θεȣ, και ὁ λογος ὁ ἁγιος αυτȣ ὁ αει συμπαρων αυτω. διο δη και δια Σολομωνος προφητȣ οὑτω λεγει· ἡνικα δ' ἡτοιμασε τον ουρανον, συμπαρημην αυτω, και ὡς ισχυρα εποιει τα θεμελια της γης, ημεν παρ' αυτω ἁρμοζουσα. Μωσης δε ὁ και Σολομωνο, προ πολλων ετων γενομενος, μαλλον δε ὁ λογος ὁ τȣ Θεȣ ὡς δι' οργανȣ δι' αυτȣ φησιν· εν αρχη εποιησεν ὁ Θεος τον ουρανον και την γην (die Worte εν αρχη nimmt Theophilus hier, wie man aus der gleich folgenden Erklärung derselben sehen wird, für δι αρχης (durch die αρχη) und dieses ist, wie er vorher schon gesagt hat, der λογος). πρωτον αρχην και ποιησιν ωνομα-

Theophilus das Wort Pneuma bisweilen auch in einem andern Sinne gebraucht, in welchem es nicht den Logos anzeigt. Allein dieser Fall ist nur bey ihm, wenn er von der Schöpfung der Welt spricht, denn da versteht er unter dem πνευμα welches über dem Wasser schwebte, den Lebensgeist, welchen Gott der Natur einpflanzte, wodurch alles lebt und sich bewegt, wächst und genährt wird [z]), und

ωνομασεν. ειθ' ουτως τον θεον συγεστησεν. ου γαρ αργως χρη και επι κενω θεον ονομαζειν. προηδει γαρ η Θεια σοφια μελλειν φλυαρειν τινας, και πληθυν θεων ονομαζειν των ουκ οντων. οπως ουν ο τω οντι θεος δια εργων νοηθη, και οτι εν τω λογω αυτȣ ο θεος πεποιηκε τον ουρανον και την γην, και τα εν αυτοις, εφη. εν αρχη εποιησεν ο Θεος τον ουρανον και την γην. und Lib. II. cap. 31. 170 sq. ερεις ουν μοι· συ φης τον θεον εν τοπω μηδενι χωρεισθαι, και πως νυν λεγεις αυτον εν τω παραδεισω περιπατειν; ακουε ο φημι· ο μεν θεος και πατηρ των ολων αχωρητος εστι, και εν τοπω ουχ ευρισκεται. ου γαρ εστι τοπος της καταπαυσεως αυτου, ο δε λογος αυτȣ, δι ου τα παντα πεποιηκε, δυναμις ων και σοφια αυτȣ, αναλαμβανων το προσωπον τȣ πατρος και κυριȣ των ολων, ουτος παρεγινετο εις τον παραδεισον εν προσωπω του θεου, και ωμιλει τω Αδαμ. Man sieht, hier steht wieder die Lehre, welche der Verfasser des Dialogus c. Tr. vortrug, vergl. S. 149. ff.

z) Einigermaaßen hat auch diese Lehre Aehnlichkeit mit der des Tatian s. S. 243. N. 4. Die Stelle im Theophilus ist folgende: πνευμα δε το επιφερομενον επανω

und der allen Dingen so beiwohnt, wie im Menschen die Seele ist, welchen er auch überdem noch, wie eben diese Stelle aus ihm beweiset, für etwas materielles und dem Wasser ähnliches (jedoch für eine feinere Flüssigkeit) hält, die dem Wasser beigemischt ist, und wodurch dieses seine nährende Kraft für Pflanzen u. s. w. erhält.

Gewiß würden wir auch über seine Lehre vom Logos und Pneuma noch mehr Bestimmtes sagen können, wenn er die Lehre von Jesu Christo in seinem Buche vortrüge, denn da hätte sich mehr als eine Gelegenheit finden müssen, bey welcher er sich näher über den Logos sowohl als über das Pneuma zu erklären gezwungen war; allein diese Lehre fehlt in ihm so ganz, daß er kaum des Namens Christi erwähnt.

III. Von der Dreyeinigkeit.

Eine Dreyeinigkeit im kirchlichen Sinne des Wortes kennt auch Theophilus nicht, welches man schon aus seiner Lehre vom Logos und Pneuma, da er beide für ein Subjekt hält, abnehmen kann. Ueberdem findet sich aber auch in ihm keine einzige Stelle, in welcher er einer Einigkeit des Vaters, Sohnes und Geistes gedächte. Zwar kommt der Ausdruk Dreyheit (τριας) in ihm zum ersten

επανω του υδατος, ο εδωκεν ο Θεος εις ζωογονησιν τη κτισει, καθαπερ ανθρωπω ψυχην, τω λεπτω το λεπτον συγκερασας. το γαρ πνευμα λεπτον και το υδωρ λεπτον, οπως το μεν πνευμα τρεφη το υδωρ. το δε υδωρ συν τω πνευματι τρεφη την κτισιν διικνουμενον πανταχοσε. Lib. II. c. 18. p. 138.

ften Male unter allen Kirchenskribenten vor; allein die Stelle in welcher er sich dieses Ausdruks bedient, ist gar nicht von der Art, daß aus ihr irgend etwas für die eigentliche Meinung des Theophilus von einer Dreyheit oder Dreyeinigkeit gefolgert werden könnte. Der Leser wird dieses alles selbst sehr deutlich einsehen, wenn ich ihm die Stelle hersezze, und dann einige Bemerkungen hinzufüge.

Theophilus redet von den Werken der 6 Schöpfungstage, und zwar vom Werke des vierten Tages, nämlich von der Schöpfung der Sonne, des Mondes und der Sterne und nun fährt er fort: [1] „Unter diesem allen aber

[1] ταυτα δε δειγμα και τυπον επεχει μεγαλυ μυστηριυ. ὁ γαρ ἡλιος εν τυπω θευ εστιν, ἡ δε σεληνη ανθρωπυ. και ὡσπερ ὁ ἡλιος πολυ διαφερει της σεληνης δυναμει και δοξη· οὑτω πολυ διαφερει Θεος της ανθρωποτητος. και καθαπερ ὁ ἡλιος πληρης παντοτε διαμενει μη ελασσων γενομενος· οὑτω παντοτε ὁ θεος τελειος διαμενει, πληρης ων πασης δυναμεως και συνεσεως, και σοφιας, και αθανασιας και παντων αγαθων. ἡ δε σεληνη κατα μηνα φθινει, και δυναμει αποθνησκει, εν τυπω ουσα ανθρωπυ. επειτα αναγενναται και αυξει εις δειγμα της μελλυσης εσεσθαι αναστασεως. ὡσαυτως και αἱ τρεις ἡμεραι προ των φωστηρων γεγονυιαι, τυποι εισιν της τριαδος τυ θευ, και τυ λογυ αυτυ, και της σοφιας αυτυ. τεταρτω δε τυπω [*] εστιν ανθρωπος, ὁ προσ-

[*] Die Lesart τεταρτη δε τυπος εστιν ανθρωπου ist wohl nur eine erläuternde Variante.

„aber liegt ein grosses Geheimniß verborgen. Die Sonne
„ist das Bild Gottes, der Mond das Bild des Men-
„schen. Und wie die Sonne den Mond an Wärme und
„Glanz (δυναμει και δοξη) übertrift; so ist auch Gott weit
„über die Menschheit erhaben. Und so wie die Sonne
„immer voll bleibt und nie abnimmt: so bleibt Gott im-
„mer in gleicher Vollkommenheit, voll von Macht, Ein-
„sicht, Weisheit, Unsterblichkeit und von allen Vorzü-
„gen. Der Mond hingegen, welcher monatlich sein Licht
„verliehrt, und dessen Glanz verlischt, ist das Bild des
„Menschen. Darnach leuchtet er wieder und wird voll,
„um die künftige Auferstehung (des Menschen) abzubil-
„den. Eben so sind auch die drey Tage, welche vor der
„Schöpfung der Lichter hergiengen Bilder (τυποι) der
„Dreyheit oder der drey (της τριαδος) Gottes, seines
„Logos und seiner Weisheit (σοφια). Der vierte
„Tag hingegen ist ein Bild vom Menschen, der des
„Lichts bedürftig ist, so, daß also Gott, sein Logos,
„seine Weisheit und der Mensch vorgestellet wird.
„Dieserwegen sind am vierten Tage die Lichter (des Him-
„mels) geschaffen worden.

Bekanntlich ist die Aechtheit der Worte προ των
φωστηρων — σοφιας αυτου schon oft bezweifelt worden, aber die Gründe welche man gegen sie vorbringt,
sind nicht hinreichend ihre Unächtheit zu beweisen. Man
hält diese Stelle für ein Einschiebsel, sie kann es seyn, allein

ὁ προσδεης τε φωτος, ἱνα ἡ θεος, λογος, σοφια,
ανθρωπος. δια τουτο και τη τεταρτη ἡμερα εγε-
νηθησαν φωστηρες. Lib. II. C. 23. p. 148 sq.

lein wo ist der Beweis daß sie es wirklich ist? sie kann ja auch eben so gut in den Context gehören, und da äussere Gründe nicht gegen sie sind, so glaube ich auch daß sie hineingehört. Aeussere Gründe sind es indessen auch nicht, welche man vornämlich gegen sie anführt, sondern man will sie aus innern Gründen verwerfen. Man sagt nämlich: „so frühe schon die Trinitätslehre? und das „noch dazu in einem Schriftsteller der von der Persön-„lichkeit des heil. Geistes offenbar, wie seine anderweiti-„gen Aeusserungen zeugen, keinen Begriff gehabt hat, „wie ist das möglich?"

Allein, ich bitte, man sehe doch nur die Stelle selbst an. Es steht ja in ihr kein Wort von der Trinität: denn

1) τριας ist ja nicht Dreyeinigkeit sondern Dreyheit, und zwar was für eine Dreyheit lehrt Theophilus hier? Eine Dreyheit zu der blos drey gezählt werden, ohne daß ausgemacht wird, ob sie eins oder ganz verschieden sind.

In den unmittelbar folgenden Worten, in welchen er des vierten Tages erwähnt, zählt er, so wie er hier dreye aufzählte, wieder viere auf und zwar so, daß er zu diesen dreyen noch den vierten nämlich den Menschen setzt, daraus entsteht nun eine Vierheit. Aber so wenig bey dieser Vierheit an Gleichheit oder Einigkeit des Wesens zu denken ist, eben so wenig, glaube ich, darf man auch hieran bey jener Dreyheit denken. Man sieht der Mann zählt blos; aber daraus folgt ja noch gar nicht, daß das was

was er zählt, zugleich in anderer Rücksicht eins seyn müsse, zumal da er kein Wort hiervon sagt.

2) Wer sind denn die drey, welche er zu dieser τριας rechnet? Sie sind, Gott, sein Logos, seine Weisheit, das sind ja aber gar nicht Vater, Sohn (oder Logos) und Geist, wie sie in einer christlichen Dreyeinigkeitslehre aufgezählt werden müssen; denn σοφια ist ja beym Theophilus gar nicht das πνευμα wie der Augenschein lehrt, sondern blos die göttliche Weisheit. Man vergleiche nur die S. 270. angeführte Stelle aus Lib. II. Cap. 14. p. 118. ff.

Mithin steht in dieser Stelle nichts von der Dreyeinigkeit, auch widerspricht sie gar nicht der anderweitigen Lehre des Theophilus vom λογος und πνευμα als einem Subjekt, indem hier, wie einige geglaubt haben, die Persönlichkeit des heil. Geistes, gegen seine anderweitigen Aeusserungen behauptet würde; mithin sind aber auch, alle die innern Gründe, welche man gegen die Aechtheit dieser Stelle anführt widerlegt, und die Stelle muß vor wie nach im Text stehen bleiben.

IV. Von den Engeln.

In der Reihe der Wesen hat Theophilus gewiß auch wie seine Vorgänger, unter die Gottheit aber über den Menschen die Engel gestellt, obgleich er über sie beinahe gar nichts sagt, sondern nur in einer einzigen Stelle des Satans als eines gefallenen und bösen Engels erwähnt [z]. Allein schon aus dieser läßt sich schlies-

___

[z] ταυτην την Ευαν, δια το αρχηθεν πλανηθηναι υπο του οφεως, και αρχηγον αμαρτιας γεγονεναι, ο κακο-

schliessen, daß er gute und böse Engel angenommen habe.

Von den Dämonen, in dem Sinne wie z. B. Justin sie annahm, der sie für die Söhne der bösen Engel hielt, sagt er nichts, ja es ist nicht einmal wahrscheinlich, daß dieses seine Lehre gewesen sey, denn in der eben angeführten Stelle nennt er den Satan Dämon (δαιμων), also zeigte ihm dieses Wort wohl nur eben so viel an als böser Engel. Wenn er daher spricht, **die Götter der Heiden wären** $\delta\alpha\iota\mu o\nu\iota\alpha\ \alpha\kappa\alpha\vartheta\alpha\rho\tau\alpha$ [x]), so heißt dieses wohl nicht mehr als: die heidnischen Gottheiten sind böse oder unreine Engel.

V. Vom Menschen seinem ehemaligen izigen und künftigen Zustande.

Der Mensch ist in der ganzen Schöpfung das eigentliche Werk Gottes, denn da Gott alle andere Dinge als Nebendinge durch seinen Logos hatte schaffen lassen, legte er nun da es an die Schöpfung des Menschen gieng, selbst

---

κακοποιος δαιμων, ὁ και Σαταν καλουμενος, ὁ τοτε δια του οφεως λαλησας αυτη, εως και του δευρο ενεργων εν τοις ενθουσιαζομενοις ὑπ' αυτου ανθρωποις, Ευαν εκκαλειται. δαιμων δε και δρακων καλειται, δια το αποδεδρακεναι αυτον απο του θεου. αγγελος γαρ ην εν πρωτοις. Lib. II. Cap. 38. p. 192—96.

[x]) ου γαρ εισι θεοι, αλλα ειδωλα, καθως προειρηκαμεν, εργα χειρων ανθρωπων και δαιμονια ακαθαρτα. Lib. I. Cap. 15. p. 46.

selbst seine Hand mit an, und sprach zu sei=
nem Logos und seiner Weisheit. „Lasset
„uns Menschen machen, ein Bild, das uns
„gleich sey" ¹).

Gleich nach der Schöpfung sezte Gott
ihn nach Eden, welches ein angenehmer Au=
fenthalt in den östlichen Gegenden der Erde
war, ²) hier solte der Mensch nichts weiter
thun, als sich in der Beobachtung der gött=
lichen Befehle üben, damit er einst als ein
erklärter Gott (das heist nach dem Zusammenhange

wohl

¹) τα δε περι της του ανθρωπου ποιησεως ανεκφρα-
στος εστιν ως προς ανθρωπον ή κατ' αυτον δημιουρ-
για, καιπερ συντομον εχει ή θεια γραφη την κατ'
αυτον εκφωνησιν. εν τω γαρ ειπειν τον θεον· ποιησωμεν ανθρωπον κατ' εικονα, και καθ' ὁμοιωσιν
την ἡμετεραν, πρωτον μηνυει το αξιωμα του ανθρωπου. παντα γαρ λογω ποιησας ὁ θεος, και τα
παντα παρεργα ἡγησαμενος, μονον ιδιων εργον χειρων αξιον ἡγειται την ποιησιν του ανθρωπου. ετι
μην και ως βοηθειας χρηζων ὁ θεος ευρισκεται λε-
γων· ποιησωμεν ανθρωπον κατ' εικονα και καθ'
ὁμοιωσιν. ουκ αλλω δε τινι ειρηκε, ποιησωμεν,
αλλ' η τω ἑαυτου λογω και τη ἑαυτου σοφια.
Lib. II. c. 28. p. 158 sq.

²) μετα δε το πλασαι τον ανθρωπον, ὁ Θεος εξελε-
ξατο αυτω χωριον εν τοις τοποις τοις ανατολικοις,
διαφορον φωτι, διαυγες αερι λαμπροτερω, φυτοις
παγκαλοις, εν ᾡ εθετο τον ανθρωπον. L. II. c. 19.
p. 162.

wohl soviel als: weil er sich der Unsterblichkeit würdig gemacht hat) zum Himmel hinaufsteigen könnte [1]). Allein der Mensch blieb nicht so gut wie Gott ihn geschaffen hatte, sondern fiel durch Verführung des Teufels, [2]) er aß nämlich von der verbotenen Frucht des Baumes des Erkenntnisses: welche Frucht zwar an sich für ihn nicht schädlich war [3]), aber wegen seines Ungehorsams wurde er zur Strafe dem leiblichen Tode unterworfen, da er vorher nicht sterben durfte [4]).

Durch

[1]) Θεις δε ο θεος τον ανθρωπον, εν τω παραδεισω, εις το εργαζεσθαι και φιλασσειν αυτον· ενετειλατο αυτω, απο παντων των καρπων εσθιειν, δηλονοτι και απο τȣ της ζωης, μονȣ δε εκ τȣ ξυλȣ τȣ της γνωσεως ενετειλατο αυτω μη γευσασθαι. μετεθηκε δε αυτον ο θεος εκ της γης, εξ ἧς εγεγονει, εις τον παραδεισον διδȣς αυπω αφορμην προκοπης, οπως αυξανων και τελειος γενομενος, ετι δε και θεος αναδειχθεις ούτως και εις τον ουρανον αναβη. μεσος γαρ ο ανθρωπος εγεγονει, ουτε θνητος ολοχερως, ουτε αθανατος το καθολȣ, δεκτικος δε εκατερων. Lib. II. c. 34. p. 178. sq.

[2]) vergl. die S. 277. N. [2]) zitirte Stelle.

[3]) το μεν ξυλον το της γνωσεως, αυτο μεν καλον, και ὁ καρπος αυτȣ καλος. ου γαρ, ὡς σιονται τινες, θανατον ειχε ξυλον, αλλ' ἡ παρακοη. ου γαρ τι έτερον ην εν τω καρπω η μονον γνωσις, η δε γνωσις καλη, επαν αυτη οικειως τις χρησηται. Lib. II. c. 34. p. 180.

[4]) αλλα φησει ουν τις ἡμιν, θνητος φυσει εγενετο ο ανθρω-

Durch diesen Fall des Menschen, wurde nun, (welches unser Verfasser unter den christlichen Kirchenskribenten zuerst so ganz ausdrüklich behauptet) wo nicht gar die ganze irrdische Schöpfung doch wenigstens die lebendige verschlimmert, und z. B. die Thiere wurden reissend ᶻ).

Nach dem Fall wurde der Mensch sogleich aus dem Paradiese vertrieben, und muste diesen

ανθρωπος; ουδαμως. τι ουν, αθανατος; ουδε τουτο φαμεν. αλλα ερει τις, ουδεν ουν εγενετο; ουδε τουτο. εγω μεν, ουτε ουν φυσει θνητος εγενετο ουτε αθανατος. ει γαρ αθανατον αυτον απ αρχης επεποιηκει, παλιν ει θνητον αυτον πεποιηκει, εδοκει αν ὁ θεος αιτιος ειναι τε θανατε αυτε. ουτε ουν αθανατον αυτον εποιησεν, ουτε μην θνητον, αλλα, καθως επανω προειρηκαμεν, δεκτικον αμφοτερων. ινα ρεψη επι τα της αθανασιας, τηρησας την εντολην τε θεε, μισθον κομισηται παρ αυτε την αθανασιαν, και γενηται θεος· ει δ' αυ τραπη επι τα τε θανατε πραγματα, παρακεσας τε θεε, αυτος ἑαυτω αιτιος η τε θανατε. Lib. II. c. 37. p. 186.

ᶻ) Θηρια δε ωνομασται τα ζωα απο τε Θηρευεσθαι· ουχ ὡς κακα αρχηθεν γεγενημενα η ιοβολα, ου γαρ τι κακον αρχηθεν γεγονεν απο θεε, αλλα τα παντα καλα, και καλα λιαν· ὁ δε ἁμαρτια, ἡ περι τον ανθρωπον, κεκακωκεν αυτα. τε γαρ ανθρωπε παραβαντος και αυτα συμπαρεβη. ὡσπερ γαρ δεσποτης οικιας, εαν αυτος ευπρασση, αναγκαιως και οἱ οικεται ευτακτως ζωσιν· Lib. II. c. 27. p. 156.

diesen glücklichen Aufenthalt meiden. Diese Vertreibung ist nun für ihn eine Strafe und er soll sich bessern, damit er den immerwährenden Strafen des Bösen entgehen möge; thut er dieses, so wird er nach der Auferstehung wieder ins Paradies eingeführt werden ¹).

Dieses ist die ganze Lehre des Theophilus vom Menschen. Man sieht, sie ist sehr einfach und kurz. Es läßt sich daher auch nicht mit Gewißheit entscheiden, was seine eigentliche Sentenz über manchen einzelnen Theil derselben gewe-

---

¹) καὶ τοῦτο δε ὁ θεος μεγαλην ευεργεσιαν παρεσχε τω ανθρωπω, το μη διαμειναι αυτον εις τον αιωνα εν ἁμαρτια οντα. αλλα τροπω τινι εν ὁμοιωματι εξορισμε εξεβαλεν αυτον εκ τε παραδεισε, ὁπως δια της επιτιμιας, τακτω αποτισας χρονω την ἁμαρτιαν, και παιδευθεις εξ ὑστερε ανακληθη. διο και πλασθεντος ανθρωπε εν τω κοσμω τουτω, μυστηριωδως εν τη Γενεσει γεγραπται, ὡς δις αυτε εν τω παραδεισω τεθεντος· ἱνα το μεν ἁπαξ ἡ πεπληρωμενον ποτε ετεθη, το δε δευτερον μελλει πληρεσθαι μετα την αναστασιν και κρισιν. ου μεν αλλα και καθαπερ σκευος τι, επαν πλασθεν αιτιαν τινα σχη, αναχωνευεται η αναπλασσεται, εις το γενεσθαι καινον και ὁλοκληρον· οὑτω γινεται και τω ανθρωπω δια θανατε· δυναμει γαρ τεθραυσται, ἱνα εν τη αναστασει ὑγιης εὑρεθη· λεγω δε ασπιλος, και δικαιος, και αθανατος. Lib. II. c. 36. p. 184.

gewesen seyn mag z. B. wie er sich die Auferstehung gedacht habe u. s. w.

Von der Erbsünde oder von einer ursprünglichen Verdorbenheit der menschlichen Natur scheint auch er nicht gar zu schröckliche Vorstellungen gehabt zu haben. Denn wenn er gleich ihrer nicht ausdrüklich erwähnt; so sieht man schon aus seinen anderweitigen Aeusserungen, daß er diese natürliche Verdorbenheit des Menschen nicht sehr hoch angeschlagen haben muß, indem er glaubt daß der Mensch, wenn er sich nur bessert durch seine Tugend Gott wohlgefällig und glücklich werden könne [1]).

VI. Von der heiligen Schrift.

Noch sind aus der Schrift des Theophilus blos seine Aeusserungen über das Dogma von der heil. Schrift zu merken

---

[1]) Ὁ μεν τοιγε θεος και πατηρ και κτιστης των ὁλων, ουκ εγκατελιπε την ανθρωποτητα, αλλα εδωκε νομον, και επεμψε προφητας ἁγιας, προς το καταγγειλαι και δειξαι το γενος των ανθρωπων, εις το ἑνα ἑκαστον ἡμων ανανηψαι και επιγνωναι, ὁτι εἱς εστι θεος· οἱ και εδιδαξαν απεχεσθαι απο της αθεμιτα ειδωλολατρειας; και μοιχειας, και φονα, πορνειας, κλοπης, φιλαργυριας, ὁρκα, ψευδας, οργης και πασης ασελγειας, και ακαθαρσιας· και παντα ὁσα αν μη βαλεται ανθρωπος ἑαυτω γινεσθαι, ἱνα μηδε αλλω ποιη. και οὑτως ὁ δικαιοπραγων εκφυγη τας αιωνιας κολασεις, και καταξιωθη της αιωνια ζωης παρα τα θεα. Lib. II. c. 49. p. 226 sq.

merken, denn der anderen christlichen Lehren über welche sich die Kirchenscribenten gleichfalls gewöhnlich zu äussern pflegen z. B. der Lehre von der Taufe, vom Abendmahl u. s. w. erwähnt er gar nicht, wenigstens findet sich in ihm über sie, keine deutliche Stelle.

In der Lehre von der heil. Schrift ist er jedoch der erste Kirchenscribent, welcher einiger Bücher des Neuen Testaments ausdrücklich in der Reihe der heil. Schriften erwähnt, und namentlich von den Schriften der Evangelisten behauptet, daß sie gleich den Schriften der Propheten des A. T. inspirirt gewesen sind [1]).

Von dieser Inspiration scheint er mit dem Tatian so ziemlich gleiche Begriffe gehabt zu haben [2]), denn auch

---

[1]) Ετιμην και περι δικαιοσυνης, ης ὁ νομος ειρηκεν, ακολυθα ευρισκεται και τα των προφητων, και των ευαγγελιων εχειν, δια το τους παντας πνευματοφορους ἑνι πνευματι Θεου λελαληκεναι. Lib. III. c. 11. p. 314. und Lib. II. c. 31. p. 172 sq. redet er insbesondere vom Johannes folgendergestalt: ὁθεν διδασκουσιν ἡμας αἱ ἁγιαι γραφαι και παντες οἱ πνευματοφοροι, ἐξ ὡν Ιωαννης λεγει· εν αρχη ην ὁ λογος, etc.

[2]) Man vergleiche die aus dem Athenagoras S. 222. N. [1]) angeführte Stelle mit folgender des Theophilus. Lib. II. c. 1. p. 114. sq. heißt es: οἱ δε του Θεου ἀνθρωποι πνευματοφοροι πνευματος ἁγιου, και προφηται γενομενοι, ὑπ'

auch er nimmt an, daß die Propheten eigentlich nur Organe Gottes gewesen sind, durch welche Gott geredet hat.

ὑπ' αυτε τε Θεε εμπνευσθεντες, και σοφισθεντες εγενοντο θεοδιδακτοι, και ὁσιο και δικαιοι. δια και κατηξιωθησαν την αντιμισθιαν ταυτην λαβειν, οργανα Θεε γενομενοι, και χωρησαντες σοφιαν την παρ' αυτε.

Irenäus

Irenäus.

Von dem Vaterlande, Geschlecht, und Geburthsort dieses Mannes wissen wir nichts gewisses, soll man aus seinem Namen etwas schliessen, so war er ein Grieche, indessen die Unsicherheit dieses Schlusses, wird jeder leicht einsehen.

Schon frühe hat er seiner eignen Aussage zu Folge Unterricht im Christenthum erhalten [1]), welches vielleicht darauf schliessen läßt, daß er von christlichen Eltern gezeugt seyn müsse. Unter seinen Lehrern nennt er selbst, den Polykarp [2]), welcher ein Schüler des Apostels Johannes gewesen seyn soll.

In

---

[1]) Euseb. h. e. Lib. V. c. 10. Irenaeus contra haereses. Lib. III. c. 3. n. 4. Die Ausgabe vom Irenäus deren ich mich bey Zitaten bediene, ist die von Dom. Renat. Massuet. Parif. 1710. Fol.

[2]) In s. Buch c. h. sagt er nur, daß er den Polycarp gesehen habe, Lib. III. c. 3. p. 176. Aber in dem Fragment seiner epistola ad Florum de monarchia sagt er ausdrüklich, daß er sein Schüler gewesen sey. Euseb. h. c. Lib. V. c. 20.

Jrenäus.

In der Folge der Zeit wurde er 164. Bischoff zu Lyon, und endlich soll er ums Jahr Christi 202 oder 203, nach andern auch 208 — wahrscheinlich eines natürlichen Todes ¹) — gestorben seyn.

Die Schrift wider die Ketzereyen ²), und ein Paar Fragmente ³) aus andern von seinen Schriften, die sich

¹) Gewöhnlich wird Jrenäus unter die Märtyrer gerechnet, und zwar glaubt man, daß er bey der Verfolgung unter Severus den Märtyrertod erlitten habe. Allein dieser Behauptung fehlt es ganz an Beweisen; denn Tertullian, Eusebius und andere glaubwürdige alte Schriftsteller schweigen von seinem Märtyrertod ganz, und der einzige Zeuge, welchen man dafür anführt, ist die unächte Schrift, Iustini responsio ad orthodoxos; denn im Hieronymus ist der Ausdruk, martyr in seinem Commentario in Iesai. Cap. LXIV. wahrscheinlich ein späterer Zusaz, da er in s. Buch de Viris illustribus bei der Erzälung von des Jrenäus Leben und Tod, seines Märtyrertods gar nicht gedenkt.

²) Ihr vollständiger Titel, wie wir ihn izt haben, ist: του εν ἁγιοις πατρος ἡμων Ειρηναιου επισκοπου λουγδουνου και Μαρτυρος, ελεγχου και ανατροπης της ψευδονυμου γνωσεως βιβλια πεντε. Daß dieser Titel neu ist, zeugt schon der Ausdruk.

³) Die von Pfaff unter dem Titel, Irenaei fragmenta anecdota, quae ex bibliotheca Taurinensi eruit, latina versione notisque donauit, duabus dissertationibus de oblatione et consecratione euchariſtiae illuſtra-

sich im Eusebius u. a. finden, sind das einzige, was wir von ihm haben, und auch sie existirt noch dazu, bis auf einige Abschnitte, nicht einmal im Original sondern in einer barbarischen lateinischen Uebersezung.

In derselben sucht er die Kezereyen der Valentinianer vornämlich zu widerlegen, jedoch so, daß er dabey mit zugleich auf andere Kezereyen Rüksicht nimmt. Im ersten Buch giebt er nun von den Lehren der Kezer, ihren Sitten und Gewohnheiten Nachricht, kurz er sucht sie nach Lehre und Leben zu schildern. Im zweiten will er ihre Behauptungen widerlegen und sie als falsch und schriftwidrig darthun. Im dritten sucht er auch noch ausführlich aus der Schrift, die Wahrheit seiner und die Falschheit der kezerischen Behauptungen darzuthun [1]. Im vierten sucht er insbesondere aus Jesu

lustrauit, denique liturgia graeca Io. Ernest. Grabii, et dissertatione de praeiudiciis theologicis auxit Christoph. Matth. Pfaffius. Hagae comitum 1715. herausgegebenen Fragmente, sind wahrscheinlich unächt, wenigstens ist ihre Aechtheit sehr grossen Zweifeln unterworfen, vergl. Cotta Versuch e. Kirchenhist. des N. T. Th. 1. S. 758. N. 81. daher ich hier in der Dogmengeschichte von ihnen keinen Gebrauch machen kan, nach dem schon S. 88. angegebenen Grundsaz.

[1] So giebt er selbst den Innhalt der drei ersten Bücher in der Praefatio zum dritten nämlich an; p. 173. heißt es: Tu quidem dilectissime, praeceperas nobis, ut eas, quae a Valentino sunt, sententias absconditas, ut ipsi putant, in manifestum proderem, et

Jesu eignen Aeusserungen die Sätze der Ketzer zu bestreiten *). Im fünften Buch hohlt er eigentlich nur nach, was sich noch zum zweiten, dritten und vierten zusetzen liesse, denn auch dieses enthält, Widerlegungen der ketzerischen Lehren aus den Schriften des N. T. ²) –

Man

et oftenderem varietatem ipforum, et fermonem deftruentem iis inferrem. Aggreſſi fumus autem nos, arguentes eos a Simone, patre omnium haereticorum, et doctrinas et fucceſſiones manifeftare, et omnibus eis contradicere: propter quod cum fit unius operis traductio eorum, et deſtructio in multis, miſimus tibi libros, ex quibus primus quidem omnium illorum fententias continet, et confuetudines et characteres oftendit conuerſationis eorum. In fecundo vero deftructa et everſa funt, quae ab ipſis male docentur, et nudata et oftenſa funt talia qualia et funt. In hoc autem tertio ex fcripturis inferemus oftenſiones, ut nihil tibi ex his, quae praeceperas, defit a nobis; fed et, praeterquam opinabaris, ad arguendum et evertendum eos, qui quolibet modo male docent, occaſiones a nobis accipias.

*) Hunc quartum librum, dilectiſſime, transmittens tibi, operis quod eſt de detectione et euerſione falſae cognitionis, quemadmodum promiſimus, per Domini fermones ea, qua praediximus, confirmabimus: heißt es Lib. IV. Praef. p. 227.

²) Dieses sagt er gleichfalls selbst: in hoc libro quinto, operis uniuerſi, quod eſt de traductione, et everſione

Man sieht die Schrift hat eigentlich nur zwey Theile nämlich den, welcher beym ersten Buch angegeben wird, die Darstellung der Lehren der Ketzer und die Schilderung ihrer Sitten, und den welcher mit dem zweiten Buch beginnt nämlich die Widerlegung derselben. Das dritte, vierte und fünfte Buch sind nur — jedoch nach einer etwas fehlerhaften Eintheilung — abgehandelte Untertheile dieses zweiten Haupttheils.

Die Zeit übrigens, um welche er diese Schrift verfertiget hat, läßt sich nicht mit ausgemachter Gewisheit bestimmen, soviel sieht man aus dem Buche selbst, daß er es um die Zeit als Eleutherus Bischof in Rom war [2]) verfertigt habe. Indessen ist das ganze Werk gar nicht zu einerley Zeit geschrieben worden, wenigstens ist das **fünfte** Buch wie man schon aus der Präfation sieht, offenbar ein späterer Nachtrag.

Um dieser Schrift willen ist **Irenäus** ein für die ganze Dogmengeschichte höchstwichtiger Mann. Nicht wichtig deswegen, weil er in ihr viele neue Zusäze zu den Lehren

---

sione falso cognominatae agnitionis, ex reliquis doctrinae Domini nostri, et ex Apostolicis epistolis, conabimur ostensiones facere, quemadmodum a nobis postulasti. Lib V. Praef. p. 291. wer noch eine etwas ausführlichere Vorstellung des Innhalts zu haben wünscht, der findet sie, wiewohl nicht mit der strengsten Ordnung abgefaßt, in Cotta a. a. O. Th. 2. S. 752. ff.

[3]) c. h. Lib. III. c. III. p. 176. und Euseb. h. e. Lib. V. c. 5.

Lehren des Christlichen Glaubens gemacht, oder auch nähere Bestimmungen des schon in Absicht auf sie Bekannten vorgetragen hat; sondern wichtig, weil er gewissermaaßen der erste ist, welcher, wie wir aus ihr sehr deutlich sehen, einen blinden Glauben an Unbegreiflichkeiten in das Christenthum einzuführen sucht, indem er alles Vernünfteln über Säze der Christlichen Theologie, über welche alle Kirchenskribenten bis auf ihn freimüthig philosophirt hatten, zurükweist, und diese Lehren geradezu für Unbegreiflichkeiten erklärt.

Denn eigentlich besteht sein ganzes Kunststück, wodurch er alle die Kezer, gegen welche er schreibt zu widerlegen sucht, am Ende darin, daß er sie mit ihren Behauptungen dadurch zurükweist daß er ihnen geradezu sagt: hierüber muß man nicht philosophiren, denn dieses ist uns Menschen unbegreiflich. So macht er es bey der Lehre von der Schöpfung aus Nichts, eben so auch bey der Lehre vom Logos u. s. w.

Hiedurch bahnte er nun ganz den Weg, welchen, da sein Ansehen in der ältern Kirche so groß war, eben seinem Beispiel gemäs nachher so viele betraten, und welcher zulezt dahin führte, daß man gewisse unverständliche Ausdrücke besiezte, in welchen jeder rechtgläubige Christ von irgend einer Lehre sprechen muste, bey welchen er aber nichts dachte, sondern sie gläubig denen nachbetete, die sie ihn lehrten, und ihm dann freilich, eben so wie Irenäus schon that, dabey sagten: „weiter fragen und etwas mehr von dieser Sache, als diese unverständlichen Bestimmungen wissen wollen, must du nicht, denn die Sache ist ein Geheimniß." Man sieht hier also gleichsam im Keime, das Entstehen jenes blinden Glaubens an Unbegreiflichkeiten und mithin auch jenes Klebens an unverständlichen Lehrformeln, welches nachher in der christlichen Kirche einriß.

Zwar kann man den Jrenäus wegen dieser Verfahrungsart, noch einigermaaßen dadurch entschuldigen, daß man sagt: „er schrieb ein Buch gegen Kezer, „und um diese mit ihren Behauptungen auf einmal und „gänzlich niederzuschlagen, und den rechtgläubigen Christen „einen rechten Abscheu gegen diese Lehren beizubringen, „und sie eben durch denselben am sichersten vor „dem Einfluß kezerischer Grundsäze zu verwahren, muste „er etwas positiver und absprechender schreiben, als wenn „er frey über die Lehren des Christenthums philosophirt, „und, ohne auf entgegengesezte Meinungen Rüksicht zu nehmen, „ein Buch verfertigt hätte". Allein hätte Jrenäus besser die Sache, welche er vertheidigte, verstanden, und hätte er bestimmter gewußt, was eigentlich Lehre des Christenthums sey oder nicht, so hätte er sich lange so oft nicht durch blosse Machtsprüche helfen dürfen, als er sich izt bei seiner Unkunde helfen muß, ja er hätte sogar in vielen Fällen gar nicht entschieden, wo er izt ohne weiteres Bedenken geradezu entscheidet. Jedoch das Lehrsystem dieses Mannes, zu dessen Aufstellung wir izt fortgehen, wird dieses alles jeden noch deutlicher lehren.

I. Von Gott.

Gott ist nach seiner Lehre das höchste und vollkommenste Wesen, welches die Welt aus

freyer

freyer Willkühr geschaffen hat ¹) und zwar hat er sie aus nichts hervorgebracht ²). Die Art übrigens wie Gott die Materie schuf, erklärt er für ein Geheimniß, worüber man nicht philosophiren müsse ³).

¹) Bene igitur habet a primo, et maximo capitulo inchoare nos, a Demiurgo Deo, qui fecit coelum et terram, et omnia quae in iis sunt, quem ii blasphemantes extremitatis fructum dicunt; et ostendere, quoniam neque super eum, neque post eum est aliquid; neque ab aliquo motus, sed sua sententia et libere fecit omnia, cum sit solus Deus, et solus Dominus, et solus conditor, et solus Pater, et solus continens omnia, et omnibus, ut sint, ipse praestans. c. h. Lib II. cap. 1. p. 116.

²) Attribuere enim substantiam eorum, quae facta sunt, virtuti et voluntati eius, qui est omnium Deus, et credibile, et acceptabile, et constans, et in hoc bene dicetur: quoniam *quae impossibilia sunt apud homines, possibilia sunt apud Deum.* Quoniam homines quidem de nihilo non possunt aliquid facere, sed de materia subiacenti: Deus autem, quam homines hoc primo melior, eo quod materiam fabricationis suae, cum ante non esset, ipse adinvenit Lib. II. c. 10. p. 127.

³) Hoc autem idem et de substantia materiae dicentes, non peccabimus, quoniam Deus eam protulit. Didicimus enim ex scripturis, principatum tenere super omnia Deum. Vnde autem, et quemadmodum emisit eam, neque scriptura aliqua exposuit, neque nos phantasmari oportet, ex opinionibus propriis

Bey dieser Lehre ist es nun insbesondere bemerkenswerth: daß Irenäus den höchsten Gott ausdrüklich zum Demiurg macht und daß er es als eine ganz irrige und falsche Lehre verwirft, wenn man sagt, der Demiurg oder der Weltschöpfer sey ein anderer, als eben der höchste Gott. In den Beweisen für diesen Saz ist er so ausführlich, und er wiederholt ihn so häufig und mit so vielen Bestimmungen daß gar kein Zweifel übrig bleibt, er habe wirklich eine jede andere Lehre als Kezerei verworfen. Indessen behauptet er doch mit seinen Vorgängern Gott habe durch den Logos und zwar durch den Logos, der nachmals Christo beiwohnte *), die Welt geschaffen.

Auſſer

priis infinito coniicientes de Deo, fed agnitionem hanc concedendam eſſe Deo. c. h. Lib. II. c. 28. p. 158.

*) επειδη... τεσσαρα κλιματα του κοσμου, εν ω εσμεν, εισι, και τεσσαρα καθολικα πνευματα, κατεσπαρται δε η εκκλησια επι πασης της γης, στυλος δε και στηριγμα εκκλησιας το ευαγγελιον, και πνευμα ζωης· εικοτως τεσσαρας εχειν αυτην στυλους, πανταχοθεν πνεοντας την αφθαρσιαν, και αναζωπυρουντες τους ανθρωπους εξ ων φανερον, οτι ο των απαντων τεχνιτης λογος, ο καθημενος επι των χερουβιμ, και συνεχων τα παντα, φανερωθεις τοις ανθρωποις, εδωκεν ημιν τετραμορφον το ευαγγελιον, ενι δε πνευματι συνεχομενον c. h. Lib. III. c. 2. p. 190. und Lib. III. c. 8. p. 183. heißt es... verbo Dei, per quem facta ſunt omnia, qui eſt Dominus noſter Ieſus Chriſtus.

Auſſer der Schöpfung ſchreibt er Gott auch die Regierung der Welt ausdrüklich zu; und zwar regiert er ſie mit Weisheit und Güte und iſt ein gerechter Richter, der das Böſe ſtraft, und das Gute belohnt [1]).

[1]) Providentiam autem habet Deus omnium propter hoc et conſilium dat. Conſilium autem dans adeſt his, qui morum providentiam habent. Neceſſe eſt igitur ea, quae providentur et gubernantur cognoſcere ſuum directorem: quae quidem non ſunt irrationabilia, neque vana, ſed habent ſenſibilitatem perceptam de providentia Dei. Et propter hoc Ethnicorum quidam, qui minus illecebris ac voluptatibus ſervierunt, et non in tantum ſuperſtitione idolorum coabducti ſunt, providentia eius moti, licet tenuiter, tamen converſi ſunt, ut dicerent fabricatorem huius univerſitatis omnium providentem, et diſponentem ſecundum nos mundum.
Rurſus ut increpativum aufferrent a Patre, et iudiciale, indignum id Deo putantes, et ſine iracundia et bonum arbitrantes ſe adinveniſſe Deum, alterum quidem iudicare, et alterum quidem ſalvare dixerunt; neſcientes, utrorumque auferentes ſenſum et inſtitiam. Si enim iudicialis non et bonus ſit, ad donandum quidem his quibus debet, et ad exprobrandum his quibus oportet, neque juſtus neque ſapiens videbitur iudex. Rurſus bonus, ſi hoc tantum ſit bonus, non et probator, in quos immittunt bonitatem; extra iuſtitiam erit et bonitatem,

II. Vom Logos.

Auch Irenäus nimmt, wie seine Vorgänger thaten, einen Logos an. Allein seine Lehre von demselben ist äusserst dunkel und unverständlich, ja in ihren einzelnen Theilen sogar widersprechend. Soviel sieht man jedoch aus derselben, daß die frühere Theorie der Kirchenskribenten vom Logos als einem dem Vater untergeordneten Wesen, mit der nachfolgenden vom Logos als gleichem Gott mit dem Vater, bey ihm gleichsam im Kampf ist, er entscheidet sich aber mehr schon für die letztere als für die erstere; wiewohl er die erstere noch nicht ganz verläßt, sondern oft auch so vom Logos redet wie jene Kirchenskribenten, welche den Logos dem Vater unterordneten, von ihm sprachen: wodurch dann aber der Widerspruch in ihm entsteht. Nach reiflicher Ueberlegung und mehrmaliger Auswarbeitung dieses gewiß sehr schweren Theils des Lehrsystems des Irenäus, halte ich es für die Deutlichkeit und zugleich auch für die Wahrheit der Darstellung am zuträglichsten, seine hauptsächlichsten Aeusserungen über den Logos hier der Reihe nach aufzustellen und dann erst das Resultat aus ihnen zu ziehen.

Der Logos, sagt Irenäus, ist der Sohn Gottes [1]).

Wie

---

tatem, et infirma bonitas eius videbitur, non omnes salvans, si non cum iudicio fiat. c. h. Lib III. c. 25. p. 223. sq.

[1]) Μαθητε ουν, ανοητοι, ότι Ιησους ὁ παθων ὑπερ ἡμων, ὁ κατασκηνωσας εν ἡμιν, οὑτος αυτος εστιν ὁ λογος του Θεου. ει μεν γαρ αλλος τις των Αιωνων ὑπερ της ἡμων αυτων σωτηριας σαρξ εγενετο,

εικος

Wie er aus dem Vater oder durch den Vater entstanden sey, wissen wir nicht und hierüber etwas sagen, oder hiervon etwas erkennen zu wollen, wäre Unsinn [1].

Logos, Monogenes, Zoe, Phos, Soter, u. s. w. kurz die ganze Ogdoas der Gnostiker, das alles ist eins, und zeigt den in Christo Mensch gewordenen Logos an [2].

[1] εικος ην περι αλλου ειρηκεναι τον Αποστολον. ει δε ο λογος ο του πατρος ο καταβας, αυτος εστι και ο αναβας, ο του μονου Θεε μονογενης υιος, κατα την του πατρος ευδοκιαν σαρκοποιηθεις υπερ ανθρωπων. c. h. Lib. I. c. 8. p. 45.

[1] Si quis itaque nobis dixerit: quomodo ergo filius a patre prolatus est? dicimus ei, quia prolationem istam, sive generationem, sive nuncupationem, sive adapertionem, aut quolibet quis nomine vocaverit generationem eius inenarrabilem existentem, nemo novit; non Valentinus, non Marcion, neque Saturninus, neque Basilides, neque Angeli, neque Archangeli, neque Principes, neque Potestates, nisi solus qui generavit pater, et qui natus est Filius. Inenarrabilis itaque generatio eius cum sit, quicumque nituntur generationes et prolationes enarrare, non sunt compotes sui, ea quae inenarrabilia sunt enarrare promittentes. c. h. Lib. II. c. 18. p. 158.

[2] ενος γαρ και του αυτου δεικνυμενου λογου, και Μονογενους, και Ζωης, και Φωτος, και σωτηρος, και Χριστου, και υιου Θεου, και τουτου αυτου σαρκω-
θεντο,

Der Vater ist der Logos [1]).

Der Logos ist Gott, und zwar mit dem Vater der alleinige Gott [2]): Der θεντος υπερ ημων, λελυται η της ογδοαδος σκηνοπηγια. ταυτης δε λελυμενης, διαπεπτωκεν αυτων πασα η υποθεσις, ην ψευδως ονειρωττοντες κατατρεχουσι των γραφων, ιδιαν υποθεσιν αναπλασαμενοι c. h. Lib. I. c. 9. p. 45.

[1]) Deus autem totus existens mens, et totus existens Logos, quod cogitat, hoc et loquitur; et quod loquitur, hoc et cogitat. Cogitatio enim eius Logos, et Logos mens, et omnia concludens, ipse est Pater. Qui ergo dicit mentem Dei, et prolationem propriam menti donat, compositum eum pronuntiat, tamquam aliud quiddam sit Deus, aliud autem principalis mens existens. Similiter autem rursus et de Logo tertiam prolationem ei a Patre donans (unde et ignorat magnitudinem eius) porro et longe Logon a Deo separavit. Et Propheta quidem ait de eo: *Generationem eius, quis enarrabit?* Vos autem generationem eius ex Patre divinantes, et verbi hominum per linguam factam prolationem transferentes in verbum Dei, juste detegimini a vobis ipsis, quod neque humana, nec divina noveritis. c. h. Lib. II. c. 28. p. 157. Schon diese einzelne Stelle kann jedem zum Beweise dienen, wie unverständlich, ja wie unbegreiflich Irenäus über den Logos spricht. Indessen sieht man doch aus ihr, daß er den Logos für eine Eigenschaft Gottes gehalten haben müsse, denn sonst könnte er nicht so von ihm sprechen.

[2]) ita ut is quidem, qui omnia fecerit, cum verbo
(λογω)

Der Logos ist dem Abraham erschienen, und hat über Sodom und Gomorra Feuer vom Himmel fallen lassen ³).

Der Logos ist in Christo Mensch geworden ²).

Diese so sonderbaren und sich einander wirklich widersprechenden Behauptungen, lassen sich nun eben auf die von mir vorgeschlagene Art am besten heben, da man nämlich annimmt: alles das, was in seiner Lehre von der Vereinigung des Vaters und des Logos auf ein Subordinationssystem hinzuzeigen scheint, hat er aus jener

judi-

(λογῳ) suo iuste dicatur Deus et Dominus solus. c. h. Lib. III. c. 8. p. 183.

³) Et iterum in eversione Sodomitarum scriptura ait: Et pluit dominus super Sodomam et Gomorrham ignem et sulfur a Domino de coelo. Filium enim hic significans, qui et Abrahae collocutus sit, a Patre accepisse potestatem ad iudicandum Sodomitas, propter iniquitatem eorum. c. h. Lib. III. c. 6. p. 180. Hier behauptet Irenäus etwas ähnliches, mit dem Verfasser des Dial. cum Tryph. vom Logos, vergl. S. 149. M. ⁴).

²) Sed quoniam solus vere magister Dominus noster, et bonus vere Filius Dei, et patiens, Verbum Dei Patris filius hominis factus c. h. Lib. III. c. 18. p. 211. und Hic igitur Filius Dei Dominus noster, existens verbum Patris et Filius hominis, quoniam ex Maria, quae ex hominibus habebat genus, quae

et

jüdischchristlichen Vorstellung vom Logos als dem δευτερος θεος genommen, hingegen die andern Stellen, worinnen er vom Logos als gleichem, ja sogar als zu einem Wesen vereinigten Gott mit dem Vater redet, drücken sein eignes System, welches er sich über diese Sache gemacht hatte, aus. Anders sehe ich nicht ein, wie man in dieser schwierigen Materie irgend etwas vestes behaupten will.

III. Von Jesu Christo.

Dieser Logos ist in Christo Mensch geworden [1], wurde als Mensch von der Jungfrau Maria gebohren, und zwar ohne Zuthun eines Mannes, daher auch Joseph gar nicht sein Vater ist [2]).

Wegen

---

et ipsa erat homo, habuit secundum hominem generationem, factus est filius hominis. c. h. Lib. III. c. 19. p. 213.

[1]) Sed nec quicquam ex his quae constituta sunt, et in subiectione sunt comparabitur verbo (λογω) Dei, per quem facta sunt omnia, qui est Dominus noster Iesus Christus. c. h. Lib. III. c. 8. p. 103. und noch deutlicher: του πνευματος ουν κατελθοντος δια την προωρισμενην οικονομιαν, και του υιου του Θεου μονογενους, ὁς και λογος εστι του πατρος, ελθοντος του πληρωματος του χρονου, σαρκωθεντος εν ανθρωπω, και πασαν την κατ' ανθρωπον οικονομιαν εκπληρωσαντος, του κυριου ἡμων Ιησου. c. h. Lib. III. c. 17. p. 208.

[2]) et quemadmodum protoplastus ille Adam de rudi terra, et de adhuc virgine (nondum enim pluerat Deus, et homo non erat operatus terram) habuit

substan-

Wegen dieser Vereinigung des Logos mit dem Menschen Jesus nennt er denn auch Christum immer den Sohn Gottes und sagt, daß er Gott [1]) und wahrer Mensch sey [2]) ja er spricht sogar: Gott ist Mensch geworden [3]). Bey

substantiam, et plasmatus est manu Dei, id est, verbo Dei (omnia enim per ipsum facta sunt) et sumsit Dominus limum à terra, et plasmavit hominem; ita recapitulans in se Adam, ipse verbum existens ex Maria, quae adhuc erat virgo, recte accipiebat generationem Adae recapitulationis. Ει τοινυν ὁ πρωτος Αδαμ εσχε πατερα ανθρωπον, και εκ ανδρος σπερματος εγεννηθη, εικος ην και τον δευτερον Αδαμ λεγειν εξ Ιωσηφ γεγεννησθαι. ει δε εκεινος εκ γης ελνφθη, πλαστης δε αυτου ὁ Θεος, εδει και τον ανακεφαλαιουμενον εις αυτον, ὑπο του Θεου πεπλασμενον ανθρωπον, την αυτην εκεινῳ της γεννησεως εχειν ὁμοιοτητα. εις τι ουν παλιν ουκ ελαβε χουν ὁ Θεος, αλλ᾽ εκ Μαριας ενηργησε την πλασιν γενεσθαι. c. h. Lib. III. c. 21. p. 218.

[2]) τουτεστι το μυστηριον, ὁ λεγει (scil. Παυλος) κατ αποκαλυψιν εγνωρισθαι αυτῳ, ὁτι ὁ παθων επι Ποντιου Πιλατου, ουτος κυριος των παντων, και βασιλευς, και Θεος, και κριτης εστιν. c. h. Lib. III. c. 12. p. 197.

[2]) Si enim non accepit ab homine substantiam carnis, neque homo factus est, neque filius hominis; et si hoc non factus est, quod nos eramus, non magnum faciebat, quod passus est et sustinuit. c. h. Lib. III. c. 22. p. 218. sq. und Lib. V. c. 14. ganz p. 310, 11.

[3]) Ὁ Θεος (man bemerke wohl den veränderten Sprachgebrauch mit dem ὁ Θεος, er nennt den Logos nicht mehr

Bey seiner Lehre von der Gottheit Christi ist es nun bemerkenswerth, daß er ihm, wie mir es scheint, mit dem Vater eine gleiche Gottheit zuschreibt. Denn er sagt mehrere Male: **Christus und der Vater ist Gott** [1]).

Dieser Jesus Christus hat nun wie Irenäus ganz sonderbar und gegen alle Geschichte behauptet, beinahe funfzig Jahr auf dieser Erde gelebt [2], in

---

mehr blos Θεος). ουν ανθρωπος εγενετο, και αυτος κυριος εσωσεν ημας. c. h. Lib. III. Cap. 21. p. 215.

[1]) Qui igitur a prophetis adorabatur Deus vivus, hic est vivorum Deus et verbum eius, qui et locutus est Moysi, qui et Sadducaeos redarguit, qui et resurrectionem donavit. . . . . Ipse igitur Christus cum Patre, vivorum est Deus, qui loquutus est Moysi, qui et patribus manifestatus est. c. h. Lib. IV. cap. 5. p. 232. Mehrere Belege hierzu sollen unten bei der Dreieinigkeitslehre des Irenäus angeführt werden.

[2]) So weit bleibt Irenäus der Geschichte getreu, daß er Jesu Taufe in sein dreißigstes Jahr sezt; auch hierin stimmt er mit ihr überein, daß er sagt: Jesus habe drey Jahr hindurch sein Lehramt verwaltet, darin aber geht er ab, daß er glaubt, Christus habe nicht gleich nach seiner Taufe gelehrt, sondern erst das männliche Alter abgewartet. Also muß er etwan nach seiner Meinung 47 oder 48 Jahre alt gewesen seyn, als er anfieng zu lehren. Die ganze Stelle aus dem Irenäus hieher zu sezen, würde zu weitläufig seyn, denn eigentlich gehört hieher das ganze zwei und zwanzigste Capitel des dritten Buchs: indessen die eigentliche Hauptstelle

in seinen 3 lezten Lebensjahren sein Lehr=
amt

stelle ist folgende: Quia autem triginta annorum
aetas prima indolis est iuvenis, et extenditur ad
quadragesimum annum, omnis quilibet confitebi-
tur; a quadragesimo autem, et quinquagesimo
anno declinat iam in aetatem seniorem, *quam
habens Dominus noster docebat* sicut evangelium
καὶ πάντες οἱ πρεσβύτεροι μαρτυρουσιν, οἱ κατα
την Ασιαν Ιωαννη τω του Κυριου μαθητη συμβε-
βληκοτες, παραδεδωκεναι ταυτα τον Ιωαννην·
παρεμεινε γαρ αυτοις μεχρι των Τραιανου χρονων.
Quidam autem eorum non solum Ioannem sed et
alios Apostolos viderunt, et haec eadem ab ipsis
audierunt, et testantur de huiusmodi relatione.
Quibus magis oportet credi? Vtrumne his talibus,
an Ptolomaeo, qui Apostolos nunquam vidit,
vestigium autem Apostoli ne in somniis quidem
assecutus est.

Sed et ipsi, qui tunc disputabant, cum Domino
Iesu Christo Iudaei, apertissime hoc ipsum signifi-
carunt. Quando enim eis dixit Dominus (Ion. 8,
56, 57.) *Abraham pater vester exsultauit ut videret
diem meum, et vidit et gauisus est,* responderunt
ei: *quinquaginta annos nondum habes, et Abraham
vidisti?* Hoc autem consequenter dicitur ei, qui
iam XL. annos excessit, quinquagesimum autem
annum nondum attigit, non tamen multum a quinquagesimo anno absistat. Ei autem, qui sit XXX.
annorum diceretur utique: Quadraginta annorum
nondum es. Qui enim volebant eum mendacem

osten

amt verwaltet, ist dann wie die Schrift lehrt, am Kreuz gestorben, hierauf begraben worden, ist auferstanden und gen Himmel gefahren, und regiert über alles, wird aber auch einst wieder kehren, das Gericht halten, ein Reich auf Erden stiften, die Bösen zur Hölle verdammen und die Frommen seelig machen *).

Durch dieses sein ganzes Geschäfte, besorgt nun Christus die Glückseeligkeit seiner wahren Verehrer auf das vollständigste: als er auf Erden war, unterrichtete er sie durch seine Lehre und erlösete sie; izt wacht er für ihr Wohl.

Von der Erlösung der Menschen durch Jesum sind seine einzelnen Aeusserungen jedoch noch merkwürdig, daher ich über sie noch etwas sagen will.

Man

ostendere, non utique in multum annos extenderent ultra aetatem, quam eum habere conspiciebant: sic proxima aetatis dicebant, sive vere scientes ex conscriptione census, sive coniicientes secundum aetatem quam videbant habere eum super quadraginta. c. h. Lib. III. c. 22. p. 148.

*) Ich kann hier für diese leztern Behauptungen noch nicht die Zitate beibringen, unten bei der Lehre des Irenäus vom Menschen, wird sich das hier mit wenigen Worten behauptete weiter ausführen lassen. Hier bemerke ich blos soviel, daß des Irenäus Sentenz in diesem Fall eine ganz eigene sei.

Man sieht schon aus der Kürze, mit welcher er über diese sonst wichtige Lehre spricht und daraus, daß er nur immer im Vorbeigehen von ihr redet, daß er sie nicht für so wichtig gehalten haben müsse, als sie nach der Lehre der Judenchristen war; auch zeigen seine ausdrüflichen Aeusserungen sehr deutlich, daß er die jüdischchristliche Theorie von einem Glauben an Jesum als ein Opfer für die Sünden entweder nicht gekannt oder doch wenigstens nicht für sehr wichtig gehalten haben müsse, denn er spricht nur sehr selten in Ausdrücken, die sich auf sie beziehen. Ueberhaupt wuste er wohl nichts von einer Erlösung von Schuld und Strafe der Sünden oder einer Genugthuung, denn sonst hätte er schwerlich sich über die Sünde der ersten Menschen und die Strafwürdigkeit des Menschen in Gottes Augen so äussern können wie er sich äussert, wenn er sagt: den, der den Menschen zur Sünde verführte, den Teufel verabscheute Gott, aber mit dem Verführten hatte Gott Mitleiden, weswegen er ihn denn auch aus dem Paradiese und vom Baume des Lebens vertrieb, nicht als ob er ihm den Baum des Lebens misgönnet hätte, sondern damit er nicht vom Baum des Lebens esse und ewig als Sünder lebe [x]). Vielmehr ist

---

[x]) Propter hoc autem et interrogat eos, uti ad mulierem veniret accusatio; et illam rursus interrogat, uti ad serpentem transmitteret causam. Dixit enim quod fuerat factum: *Serpens*, ait, *seduxit me, et manducavi*. Serpentem vero non interrogavit, sciebat enim eum principem transgressionis factum; sed

ist sein ganzer Begriff den er sich von der Erlösung mach=
te wohl kein anderer gewesen, als: Christus hat uns
von der Macht des Teufels befreit, in des=
sen Knechtschaft wir durch die Sünde ge=
rathen waren *.); wenigstens findet sich in ihm keine
einzige Stelle die etwas anderes anzeigte.

IV. Vom

sed maledictum primo immisit in cum, uti se-
cunda increpatio veniret in hominem. Eum enim
odivit Deum, qui seduxit hominem, ei vero qui
seductus est, sensim paulatimque misertus est.

Quapropter et eiecit eum e Paradiso et a ligno
vitae longe transtulit: non invidens ei lignum vitae, quemadmodum quidam audent dicere, sed mi-
serans eius, ut non perseveraret semper transgres-
sor; neque immortale esset quod esset circa eum
peccatum, et malum interminabile et insanabile c. h.
Lib. III. c. 23. p. 222.

*) Man lese z. B. folgende Stelle, welche beinahe die
ausführlichste von der Erlösung ist: Necesse ergo fuit
Dominum ad perditam ovem venientem, et tantae
dispositionis recapitulationem facientem, et suum
plasma requirentem, illum ipsum hominem salvare,
qui factus fuerat secundum imaginem et similitudinem eius, id est, Adam adimpentem tempora
eius condemnationis, quae facta fuerat, propter
inobedientiam, *quae Pater posuit in sua potestate:*
quoniam et omnis dispositio salutis, quae circa
hominem fuit, secundum placitum fiebat Patris,
uti non vinceretur Deus, neque infirmaretur ars
eius. Si enim qui factus fuerat a Deo homo, ut
vive-

IV. Vom heiligen Geist.

Auſſer dem mit Jeſu vereinigten Logos nimmt Irenäus auch einen heiligen Geiſt an, allein über ihn äuſſert er ſich immer nur ſehr kurz, ja ſo kurz, daß man ſehr ſchwer beſtimmen kann, was er ſich denn eigentlich für beſtimmte Begriffe von demſelben gemacht habe. Wie man aus ihm ſehr deutlich ſieht, ſo dachte man, eben weil noch keine Streitigkeiten über die Lehre vom heil. Geiſt entſtanden waren, ſehr wenig an ihn. Daß ein **heiliger Geiſt ſey**, (vielleicht daß er vom Logos verſchieden [1]) daß er die **Weisheit Gottes ſey** [a]) und

---

viveret, hic amittens vitam, laeſus ſerpente qui depravaverat eum, iam non reverteretur ad vitam, ſed in totum proiectus eſſet morti; victus eſſet Deus, et ſuperaſſet ſerpentis nequitia voluntatem Dei. Sed quoniam Deus invictus et magnanimis eſt, magnanimem quidem ſe exhibuit ad correctionem hominis, et probationem omnium, quemadmodum praediximus; per ſecundum autem hominem alligavit fortem, et diripuit eius vaſa, et evacuavit mortem, vivificans eum hominem, qui fuerat mortificatus. c. h. Lib. III. Cap. 23. p. 220.

[1]) Ich ſchlieſſe dieſes theils daraus, weil er nie den Logos auch Geiſt nennt, theils weil ſich Stellen finden, in welchen er beide offenbar unterſcheidet, z. B. et propter hoc in omnibus et per omnia, unus Deus Pater, et unum Verbum Filius, et unus ſpiritus, et una ſalus omnibus credentibus in eum. c. h. Lib. IV. c. 6. p. 235.

[a]) Et quoniam Verbum id eſt Filius ſemper, cum patre

und daß er die Propheten und Apostel inspirirt habe [1]); dieses ist es alles, was er von ihm behauptet.

Bemerkenswerth ist es noch daß Irenäus den heiligen Geist nie Gott nennt.

V. Von der Dreyeinigkeit.

Unser Verfasser erklärt sehr deutlich den Glauben an Vater Sohn und Geist für den allgemeinen Glauben der ganzen rechtgläubigen christlichen Kirche, welchen sie von den Aposteln und ihren Schülern erhalten hat [2]); allein über die Art des Zusammenhanges dieser Drey, spricht er

---

patre erat, per multa demonstravimus. Quoniam autem sapientia, quae est spiritus, erat apud eum ante omnem constitutionem. c. h. Lib. IV. c. 20. p. 253.

[1]) Die Belege hierzu siehe unten, bey der Lehre des Irenäus von der heil. Schrift.

[2]) ἡ μεν γαρ εκκλησια, καιπερ καθ ὁλης της οικουμενης ἑως περατων της γης διεσπαρμενη, παρα δε των Αποστολων, και των εκεινων μαθητων παραλαβουσα την εις ἑνα Θεον, πατερα παντοκρατορα, τον πεποιηκοτα τον ουρανον, και την γην, και τας θαλασσας, και παντα τα εν αυτοις, πιστιν· και εις ἑνα Ιησουν Χριστον, τον υἱον του Θεου, τον σαρκωθεντα ὑπερ της ἡμετερας σωτηριας· και εις πνευμα ἁγιον, το δια των προφητων κεκηρυχος τας οικονομιας και τας ελευσεις. c. h. Lib. I. cap. 10. p. 48.

er sehr unbestimmt. Was mir nach seinen Aeusserungen, über diesen Punkt am wahrscheinlichsten seine Sentenz gewesen zu seyn scheint, ist dieses: Personalität des Sohnes und des Geistes kannte er nicht, den Sohn stelte er sich vor, als den Verstand (Logos) und den heil. Geist als die Weisheit (Sophia) beide legte er Gott dem Vater als Eigenschaften bey [1], und dachte sie sich daher als in Gott existirend.

Hiermit stimmt nun völlig sein ganzer Sprachgebrauch auch von ihnen überein. Er nennt den Sohn und heil. Geist Hände Gottes, durch welche er den Menschen geschaffen hat [2]; auch daß er den Vater Sohn und

---

[1]) Deus autem cum sit totus mens, totus ratio, et totus spiritus operans, et totus lux, et semper idem existens. c. h. Lib. II. c. 28. p. 157.

[2]) Homo est autem temperatio animae et carnis, qui secundum similitudinem Dei formatus est, et per manus eius plasmatus est, hoc est per Filium et Spiritum, quibus et dixit: Faciamus homines. c. h. Lib. IV. Prooem. p. 228. Hiervon ist, wie ich glaube, folgende Stelle die Parallelstelle: Ministrat enim ei ad omnia sua progenies et figuratio sua, id est Filius, et Spiritus (sanctus); Verbum et sapientia, quibus serviunt, et subiecti sunt omnes Angeli. c. h. Lib. IV. c. 7. p. 236. Denn wenn gleich in Massuet Ausgabe, bey den Worten: figuratio sua, folgende Bemerkung steht: His verbis spiritum sanctum designari, demonstrat mox subiecta explicatio;

Geist faſt immer, ſo oft er von ihnen ſpricht, ſo innig verbindet, daß man ſie beinahe für nichts anders als für ein Weſen halten kann [1], iſt ein Beweis hiervon.

VI. Von den Engeln.

Ueber ſie äuſſert er ſich ſehr kurz, und der guten thut er nirgends ausführlich Erwähnung. Indeſſen finden ſich doch Stellen in ihm, die auf ſie hinzeigen [2]; und da

tio; unde putem vocem αυτου male ab interprete redditam eſſe per *ſua:* verti debuiſſet *eius*, ut nimirum *figuratio* ad *progeniem* ſeu Filium referatur; ſo glaube ich doch, daß dieſes falſch iſt. Denn Irenäus hat den heil. Geiſt, wohl ſchwerlich für eine Figuratio des Sohnes gehalten, wenigſtens kann dieſes durch nichts bewieſen werden, und die eben angeführte Stelle Lib. IV. Prooem. p. 228. iſt beinahe dagegen. Die Stellen aus andern Patribus, welche im Maſſuet angeführt werden, Athan. in epiſt. 1. ad Serapionem und Baſilius in v. adverſ. Eunom. p. 116. beweiſen nichts weiter, als daß in ſpätern Zeiten ſolch ein Redegebrauch auffam, aber für unſere Stelle, entſcheiden ſie, — da man mit Grunde daran zweifeln kann, ob Irenäus ſo habe ſprechen können, — nichts.

[1] Vergl. z. B. in Abſicht auf Vater und Sohn die S. 309. zitirte Stelle aus Lib. II. c. 28. p. 157. und auch in Abſicht auf Vater, Sohn und heil. Geiſt die in der vorlezten Note zitirte Stelle.

[2] Z. B. Miniſtrat ei ad omnia ſua progenies et figuratio ſua, id eſt, Filius et Spiritus, verbum et
ſapien-

da er von gefallenen oder bösen Engeln spricht, so muß er auch wohl gute angenommen haben.

Der Heerführer oder oberste der bösen Engel, ist der Teufel oder die Schlange ¹). Diesen leztern Namen führt er, weil er es eigentlich war, der als Schlange die ersten Menschen verführte ²). Für ihn und seine Engel ist eigentlich die Hölle bereitet, in welcher auch die bösen Menschen ewig gequält werden sollen ³).

sapientia quibus serviunt et subiecti sunt omnes angeli. c. h. Lib. IV. c. 8. p. 236.

¹) Dominus in Evangelio . . . . ait: *abite maledicti in ignem aeternum, quem praeparavit Pater meus diabolo et eius angelis*; significans quoniam non homini principaliter praeparatus est aeternus ignis, sed ei, qui seduxit, et offendere fecit hominem, et inquam, *qui princeps apostasiae est, et his angelis, qui apostatae facti sunt cum eo:* quem quidem iuste percipient etiam hi, qui similiter ut illi, sine poenitentia et sine regressu in malitiae perseverant operibus c. h. Lib. III. c. 23. p. 221.

²) Quemadmodum enim serpens Evam seduxit, promittens ei quod non habebat ipse . . . . Et tunc quidem angelus apostata per serpentem inobedientiam hominum operatus, etc. c. h. Lib. IV. Prooem. p. 228.

³) s. die in der vorlezten Note zitirte Stelle.

Die sonst bey den frühern Kirchenvätern so gewöhnliche Lehre von den Dämonen kennt Jrenäus nicht.

VII. Vom Menschen.

Den Menschen hat Gott gut, das heist beim Jrenäus, mit allen Anlagen zum Guten aber nicht ganz vollkommen erschaffen; denn dieses leztere war unmöglich, weil der Mensch als ein endliches Wesen nur erst nach und nach zur Vollkommenheit gelangen kann. Die ersten Menschen waren daher gleichsam Kinder ᶻ). Gott sezte sie ins Paradies und machte

---

ᶻ) Ει δε λεγει τις ...... ουκ ηδυνατο ὁ Θεος απ᾽ αρχης τελειον αναδειξαι τον ανθρωπον; γνωτω, ὁτι τω μεν Θεω, αει κατα τα αυτα οντι, και αγεννητω ὑπαρχοντι, ὡς προς ἑαυτον, παντα δυνατα· τα δε ...... γεγονοτα, καθο μετεπειται γενεσεως αρχην ιδιαν εσχε, κατα τουτο και ὑστερεισθαι δει αυτα του πεποιηκοτος· ου γαρ ηδυναντο αγεννητα ειναι τα νεωστι γεγεννημενα. καθο δε μη εστιν αγεννητα, κατα τουτο και ὑστερουνται του τελειου. Καθο δε νεωτερα, κατα τουτο και νηπια, κατα τουτο και ασυνηθη, και αγυμναστα προς την τελειαν αγωγην. ὡς ουν ἡ μεν μητηρ δυναται τελειον παρασχειν τω βρεφει το εμβρωμα, το δε ετι αδυνατει την αυτου πρεσβυτεραν δεξασθαι τροφην· ούτως και ὁ Θεος αυτος μεν οἱος τε ην παρασχειν απ᾽ αρχης τω ανθρωπω το τελειον. ὁ δε ανθρωπος αδυνατος λαβειν αυτο. νηπιος γαρ ην. c. h. Lib. IV. c. 38. p. 283. fq.

machte ihnen die Beobachtung seiner Befehle zur Pflicht ¹). Die Menschen liessen sich aber vom Teufel der unter der Schlange versteckt war, verführen und sündigten ²). Nun vertrieb Gott sie aus dem Paradiese, und dadurch wurden sie sterblich, denn izt konnten sie nicht mehr vom Baum des Lebens essen und ewig leben. Indessen war diese Vertreibung für sie keine Strafe, sondern wahre Wohlthat, denn hätten sie ewig gelebt, so wären sie ewig Sünder geblieben, izt aber hört mit dem Tod der sündige Zustand auf ³).

Durch die erste Sünde welche die ersten Eltern am sechsten Tage, an dem Tage nämlich da

---

¹) vergl. die S. 309. N. ²) angeführte Stelle. c. h. Lib. IV. Prooem. p. 228.

²) vergl. die S. 305. N. ¹) zitirte Stelle. c. h. Lib. III. c. 23. p. 222.

³) In ipsa itaque die mortui sunt, in qua et manducaverunt, et debitores facti sunt mortis, quoniam conditionis dies unus. *Factum est enim* inquit, *vespere, et factum est mane dies unus.* In ipsa autem hac die manducaverunt, in ipsa autem et mortui sunt. .... Hunc itaque diem (scil. diem quo peccaverant protoplasti) recapitulans in semetipsum Dominus venit ad passionem pridie ante Sabbatum, quae est sexta conditionis dies, in qua homo plasmatus est; secundum plasmationem ei, eam quae est a morte per suam passionem donans.

da sie geschaffen worden, begiengen, geriethen die Menschen in des Teufels Knechtschaft, daraus hat sie Christus erlöset. Wer seinen Gebothen folgt und das Gute will und thut, der kann nun glüflich werden, denn der unrechtmässige Herr der Menschen (der Teufel) ist überwunden ¹).

Wer nun fromm lebt, der soll einst, wenn Christus kommt und nachdem er die Todten auferwekt, das heist, sie mit dem nämlichen Leib mit dem sie hier lebten, aus dem Grabe hervorgerufen ²), das Urtheil über alle Menschen gesprochen, und die Bösen zur ewigen Strafe in der Hölle, verdammt hat, unaussprechlich glükseelig werden ³).

Ueber

¹) vergl. z. B. die bey der Lehre von Christo S. 306. N. ¹) zitirte Stelle c. h. Lib. III. c. 23. p. 220.

²) Sicut igitur qui curati funt, in his quae ante passa fuerant membra, curati funt; et mortui in iisdem surrexerunt corporibus, c. h. Lib. IV. c. 13. p. 308. und viele andere Stellen z. B. Lib. IV. c. 7. p. 300. c. 14. p. 310.

³) ὅσα την προς Θεον τηρει φιλιαν, τουτοις την ιδιαν παρεχει κοινωνιαν. κοινωνια δε Θεου ζωη και φως και απολαυσις των παρ αυτου αγαθων. ὅσοι . . . . . αφιστανται κατα την γνωμην αυτων του Θεου, τουτοις τον απ᾽ αυτου χωρισμον επαγει. χωρισμος δε του Θεου, θανατος· και χωρισμος φωτος, σκοτος. και χωρισμος Θεου, αποβολη παντων των

Ueber diese ewige Glükseeligkeit der Frommen erklärt sich Jrenäus auf eine ihm ganz eigene Art. Er nimmt nämlich verschiedene Stufen derselben, und diese nach den Graden der Frömmigkeit der Menschen an, und zwar glaubt er, daß eben der Grad der Frömmigkeit und der hier bewiesenen Treue und Thätigkeit den Ort ihres Aufenthalts bestimmen wird. Drey verschiedene Regionen sinds daher, in welche er die Seeligen versezt; nämlich in das neue Jerusalem welches vom Himmel auf die Erde herabkommt, ins Paradies, und in den Himmel ˣ).

των παρ αυτου αγαθων. οι ουν δια της αποστασιας αποβαλοντες τα προειρημενα, ατε εστερημενοι παντων των αγαθων, εν παση κολασει καταγινονται· του Θεου μεν προηγητικως μη κολαζοντος, επακολουθουσης δε εκεινης της κολασεως, δια το εσερησθαι παντων των αγαθων. αιωνια δε και ατελευτητα παρα Θεου τα αγαθα· και δια τουτο και η στερησις αυτων αιωνιος, και ατελευτητος. c. h. Lib. V. c. 27. p. 325.

ˣ) Φησιν γαρ Ησαϊας· ον τροπον γαρ ο ουρανος καινος αι η γη καινη, α εγω ποιω, μενει ενωπιον εμου, λεγει κυριος, ουτω στησεται το σπερμα υμων και το ονομα υμων (Ies. 66, 22.)... ως οι πρεσβυτεροι λεγουσι, τοτε και οι μεν καταξιωθεντες της εν ουρανω διατριβης, εκεισε χωρησουσιν, οι δε της του παραδεισου τρυφης απολαυσουσιν, οι δε την λαμπροτητα της πολεως καθεξουσιν· πανταχου γαρ ο Σωτηρ οραθησεται, καθως αξιοι εσονται οι ορωντες αυτον.

Ειναι

Ehe jedoch diese eigentliche Seeligkeit anbricht, ja vor der allgemeinen Auferstehung und dem Gerichte, soll vorher ein irrdisches Reich Christi oder ein tausendjähriges Reich, so wie es z. B. der Verfasser des Dialogus c. Tr. annahm, Statt finden, in welchem die Frommen mit Christo sind und auf die künftige Seeligkeit gleichsam vorbereitet werden. Dasselbe wird Statt haben im jüdischen Lande und zwar nachdem Jerusalem wieder erbaut worden ²).

Bey

Ειναι δε την διαστολην ταυτην της οικησεως των τα εκατον καρποφορουντων, και των τα εξηκοντα, και των τα τριακοντα· ὡν οἱ μεν εις τους ουρανους αναληφθησονται, οἱ δε εν τω παραδεισω διατριψωσιν, οἱ την πολιν, (dieses ist das neue Jerusalem, welches vom Himmel herabkommt, wie aus dem vorhergeh. Kapitel erhellet) κατοικησουσιν· και δια τουτο ειρηκεναι τον κυριον, εν τοις του πατρος μου μονας ειναι πολλας· τα παντα γαρ του Θεου, ὁς τοις πασι την ἁρμοζουσαν οικησιν παρεχει. Quemadmodum verbum eius ait, omnibus divisum esse a Patre secundum quod quis est dignus, aut erit. Et hoc est triclinium in quo recumbent ii, qui epulantur vocati ad nuptias. c. h. Lib. V. c. 36. p. 337.

²) Ueber die Lehre von einem solchen irdischen Reich Christi selbst vergl. p. 167 ff. Die Stelle, in welcher Irenäus dieses lehrt, nimmt Cap. 24 — 36 des fünften Buches p. 334 — 37. ein; sie ganz anzuführen wäre

Bey dieſer ſeiner Lehre vom Menſchen iſt es ſehr merkwürdig, daß er von einer urſprünglichen und anges erbten Verdorbenheit der menſchlichen Natur, welche der ſpätere Sprachgebrauch Erbſünde nannte, nichts weiß: denn er ſpricht nicht blos gar nicht von derſelben, ſondern

wäre zu weitläuftig, daher nur aus ihr die Hauptſäze: Cap. 25. p. 335. führt er die Stellen Jeſ. VI, 11. XIII, 9. XXVI, 10. VI, 12. LXV, 21. an, und fährt nun fort: Haec enim alia univerſa in reſurrectionem iuſtorum ſine controverſia dicta ſunt, quae fit poſt adventum Antichriſti, et perditionem omnium gentium ſub eo exiſtentium, in qua regnabunt iuſti in terra, creſcentes ex viſione Domini, et per ipſum aſſueſcent capere gloriam Dei Patris, et cum ſanctis angelis converſationem et communionem, et unitatem ſpiritualium in regno capient: et illos quos Dominus in carne inveniet, exſpectantes eum de coelis, et perpeſſos tribulationem, qui et effugerint iniqui manus. Ipſi autem ſunt, de quibus ait Propheta: *et derelicti multiplicabuntur in terra*. . . . . . Haec autem talia univerſa non in ſupercoeleſtibus poſſunt intelligi; . . . . . . ſed in regni temporibus, revocata terra a Chriſto, et reaedificata Hieruſalem, ſecundum characterem quae ſurſum eſt Hieruſalem. — Nun redet er davon, daß Johannes nach der Apokalypſe das neue Jeruſalem herabſteigen ſah und nun ſagt er: Huius Hieruſalem imago illa, quae in priori terra Hieruſalem, in qua iuſti praemeditantur incorruptelam et parantur in ſalutem.

tern es finden sich sogar Stellen in ihm, die einer solchen Behauptung geradezu widersprechen [1]), und in welchen er sagt: daß alle Menschen eine solche Natur hätten, nach welcher es ihnen frey stünde, sich sowohl zum Guten als zum Bösen zu entschliessen, und eins oder das andere nach Wohlgefallen zu wählen. Ein Saz der mit jener strengern Lehre gewiß nicht bestehen kann.

VII. Von der heiligen Schrift.

Irenäus rechnet eben so wie Theophelus neutestamentliche Schriften, namentlich die 4 Evangelien, eben so gut zur heil. Schrift als das A. T. [2])

auch

---

[1]) 3. B. ει φυσει οἱ μεν φαυλοι, οἱ δε αγαθοι γεγονασιν, ουθ᾽ οὑτοι επαινετοι, οντες αγαθοι, τοιουτοι γαρ κατεσκευασθησαν· ουτ᾽ εκεινοι μεμπτοι, οὑτως γεγονοτες. αλλ᾽ επειδη οἱ παντες της αυτης εισι φυσεως. δυναμενοι τε κατασχειν και πραξαι το αγαθον, και δυναμενοι παλιν αποβαλειν αυτο, και μη ποιησαι· δικαιως: και παρ ανθρωποις τοις ευνομουμενοις, και πολυ προτερον παρα Θεω, οἱ μεν επαινουνται, και αξιας τυγχανουσι μαρτυριας, της του καλου καθολου εκλογης, και επιμονης· οἱ δε καταιτιωνται, και αξιας τυγχανουσι ζημιας, της του καλου και αγαθου αποβολης. c. h. Lib. IV. c. 37. p. 281. f.

[2]) Non enim per alios dispositionem salutis nostrae cognovimus, quam per eos, per quos Evangelium pervenit ad nos: quod quidem tunc praeconaverunt, postea vero per Dei voluntatem in scripturis

nobis

auch behauptet er von den Aposteln ausdrüklich, daß sie eben so gut wie die Propheten inspirirt gewesen sind *).

Er

nobis tradiderunt, fundamentum et columnam fidei nostrae futurum. Nec enim fas est dicere, quoniam ante praedicaverunt, quam perfectam haberent agnitionem; sicut quidam audent dicere, gloriantes, emendatores se esse Apostolorum. Postea enim quam surrexit Dominus noster a mortuis, et induti sunt supervenientis spiritus sancti virtutem ex alto, de omnibus adimpleti sunt, et habuerunt perfectam agnitionem; exierunt in fines terrae; ea quae a Deo nobis bona sunt evangelizantes, et coelestem pacem hominibus annunciantes, qui quidem et omnes pariter et singuli eorum habentes evangelium Dei. ὁ μεν δη Ματθαιος εν τοις Εβραιοις· τη ιδια διαλεκτω αυτων, και γραφην εξηνεγκεν ευαγγελιου, του Πετρου και του Παυλου εν Ρωμη ευαγγελιζομενων, και θεμελιουντων την εκκλησιαν. μετα δε την τουτων εξοδον, Μαρκος ὁ μαθητης και ἑρμηνευτης Πετρου, και αυτος τα ὑπο Πετρου κερυσσομενα εγγραφως ἡμιν παραδεδωκε. και Λουκας δε ὁ ακολουτος Παυλου, το ὑπ᾽ εκεινου κηρυσσομενον ευαγγελιον εν βιβλιω κατεθετο. επειτα Ιωαννης ὁ μαθητης του κυριου, ὁ και επι το στηθος αυτου αναπεσων, και αυτος εξεδωκε το ευαγγελιον, εν Εφεσω της Ασιας διατριβων. c. h. Lib. III. c. 1. p. 173 sq.

*) Vnus et idem Spiritus Dei, qui in prophetis quidem praeconavit, quis et qualis esset adventus Domini, in senioribus autem interpretatus est bene

quae

Er behandelt auch das N. T. ganz als Religionsquelle, und nimmt sowohl aus ihm, wie aus dem A. T. Beweise für seine Behauptungen her.

IX. Vom Abendmahl.

Ueber das Abendmahl erklärt sich unser Verfasser sehr ausführlich, aber dennoch dunkel: verstehe ich ihn recht, so hält er es, gleich dem Verfasser des Dialogus c. Tr. für eine Art von Opfer [1]), welches von Christo eingesezt worden, und bey welchem wir Brod und Wein darbringen, als Symbole, daß wir uns ganz mit Leib und Seele Gott widmen wollen.

Dieses, glaube ich, ist seine Sentenz vom Abendmahl. Da aber die Stelle in welcher dieselbe enthalten ist, so äusserst schwer und dunkel ist, daß ich beinahe von Niemand verlangen kann, daß er so viele Zeit und Mühe an derselben verschwenden soll, als ich auf sie habe verwenden müssen: so will ich sie hier in den Text aufnehmen und mit erklärenden Anmerkungen begleiten. c. h. Lib. IV. c. 18. p. 250. heißt es in der elenden Uebersezung die wir noch haben:

Igitur ecclesiae oblatio [2]), quam Dominus docuit offerri in universo mundo, purum sacrificium reputatum

quae bene prophetata fuerant; ipse et in Apostolis annuntiavit plenitudinem temporum adoptionis venisse. c. h. Lib. III. c. 21. p. 216.

[1]) siehe S. 188.
[2]) Die oblatio ist hier wie das vorhergehende Capitel unwidersprechlich lehrt, das Abendmahl.

tum eſt apud Deum, et acceptum eſt ei, non quod indigeat a nobis ſacrificium, ſed quoniam is qui offert, glorificatur ipſe in eo quod offert, ſi acceptetur munus eius. Per munus enim erga regem, et honos et affectio oſtenditur: quod in omni ſimplicitate et innocentia Dominus volens nos offerre, praedicavit dicens: (Matth. V, 23. 24.) *cum igitur offers munus tuum ad altare etc.* Offerre igitur oportet Deo primitias eius, creaturae ¹), ſicut et Moyſes ait: *Non apparebis vacuus ante conspectum Domini Dei tui;* ut in quibus gratus exiſtit homo, in his gratus eis deputatus, eum qui eſt ab eo percipiat honorem.

Et non genus oblationum ²) reprobatum eſt, oblationes enim et illic, oblationes autem et hic: ſacrificia in populo, ſacrificia in eccleſia ³): ſed ſpecies immutata eſt tantum, quippe cum iam non a ſervis ſed a liberis offeratur . . . .

Quoniam igitur cum ſimplicitate eccleſia offert, juſte munus eius purum ſacrificium apud Deum deputatum

---

¹) Unter den primitiis creaturae verſteht Irenaeus, hier wie man aus dem vorhergehenden Capitel ſieht, und auch in der Folge ſehen wird, den Menſchen ſelbſt.]

²) genus oblationum muß man überſezen Opfer überhaupt.

³) ſacrificia in populo (ſcil. iudaico) ſacrificia in eccleſia (ſcil. chriſtiana).

tatum eſt. Quemadmodum et Paulus Philippenſibus ait: *Repletus ſum, acceptis ab Euphrodito, quae a vobis miſſa ſunt, odorem ſuavitatis, hoſtiam acceptabilem, placentem Deo* (Phil. IV, 28.) Oportet enim vos oblationem Deo facere, et in omnibus gratos inveniri fabricatori Deo, in ſententia pura, et fide ſine hypocryſi, in ſpe firma, in dilectione ferventi, primitias earum, quae ſunt eius creaturarum offerentes [1]. Et hanc oblationem eccleſia ſola puram offert fabricatori, offerens ei cum gratiarum actione ex creatura eius. Iudaei enim non offerunt; manus enim eorum ſanguine plenae ſunt; non enim receperunt verbum, quod offertur Deo. Sed neque omnes haereticorum ſynagogae. Alii enim alterum praeter fabricatorem dicentes Patrem, ea quae ſecundum nos creata ſunt, offerentes ei, cupidum alieni oſtendunt eum, et aliena concupiſcentem. Qui vero ex defectione, et ignorantia, et paſſione dicunt facta ea, quae ſunt ſecundum nos; ignorantiae, paſſionis et defectionis fructus offerentes, peccant in Patrem ſuum contumeliam facientes magis ei, quam gratias agentes [2]. Quomodo autem conſtabit eis, eum

[1] Hier beſtätigt es ſich, daß meine Bemerkung, die ich oben, bey den Worten primitias creaturarum machte, richtig war.

[2] Der Sinn dieſer Periode iſt: diejenigen, welche dieſe Welt nicht von Gott und ſ. Logos ableiten, ſondern ſagen, daß ſie von einem andern, vielleicht gar böſen Weſen ſey geſchaffen worden, entehren Gott, denn ſie bringen ihm ja Dinge dar, welche von einem ſo ſchlechten Weſen ihren Urſprung haben.

Irenäus.

eum panem in quo gratiae actae sint, corpus esse Domini sui, et calicem sanguinis eius, si non ipsum fabricatoris mundi Filium dicant, id est, verbum eius, per quod lignum fructificat, et defluunt fontes, et terra dat primum quidem foenum, post deinde spicam, deinde plenum triticum in spica? [1]

Πως. . . . τὴν σάρκα λέγουσιν εἰς φθορὰν χωρεῖν, καὶ μὴ μετέχειν τῆς ζωῆς, τὴν ἀπο τοῦ σώματος τοῦ κυρίου, καὶ τοῦ αἵματος αὐτοῦ τρεφομένην; ἢ τὴν γνώμην ἀλλαξάτωσαν, ἢ τὸ προφέρειν τὰ εἰρημένα παραιτείσθωσαν. ἡμῶν δὲ σύμφωνος ἡ γνώμη τῇ εὐχαριστίᾳ. καὶ ἡ εὐχαριστία . . . βέβαιοῖ τὴν γνώμην. . . . Προσφέρομεν δὲ αὐτῷ τὰ ἴδια, ἐμμελῶς κοινωνίαν καὶ ἕνωσιν ἀπαγγέλλοντες, καὶ ὁμολογοῦντες σαρκὸς καὶ πνεύματος ἔγερσιν. ὡς γὰρ ἀπὸ γῆς ἄρτος προσλαμβανόμενος τὴν ἔκκλησιν τοῦ Θεοῦ, οὐκέτι κοινὸς ἄρτος ἐστιν, ἀλλ' εὐχαριστία, ἐκ δύο πραγμάτων συνεστηκυῖα, ἐπιγείου τε καὶ οὐρανίου [2]. οὕτως καὶ τὰ σώματα ἡμῶν

---

[1] Diese Stelle ist merkwürdig, denn sie giebt uns Aufschluß über die Art, wie im Abendmal der Leib und das Blut Christi zugegen sey? Da Christus der Schöpfer des Brodes und des Weines ist, so nennt er diese Dinge sein. Mithin ist hier an keine wirkliche Gegenwart noch vielweniger an einen wahren Genuß des Leibes und Blutes Jesu zu denken, sondern Irenäus nimmt alles nur metaphorisch.

[2] Das οὐράνιον von dem hier die Rede ist, ist der λόγος oder das verbum. Allein Niemand glaube, daß hier schon die spätere Lehre von der Gegenwart des Leibes

ἡμῶν μεταλαμβανοντα της ευχαριστιας, μηκετι εισιν φθαρτα την ελπιδα της εις αιωνας αναστασεως εχοντα.
c. h. Lib. IV. c. 18. p. 250. 51.

X. Von der christlichen Kirche und von der Tradition.

Wenn man des Irenäus Lehre von der christlichen Kirche auch nur flüchtig betrachtet; so sieht man sehr leicht, wie weit man izt schon von dem wahren und ächt christlichen Sinn der Worte eine Kirche abwich. Eins sollten die Christen seyn nach Jesu und seiner Apostel Lehre durch die Liebe, diese war das Band, welches sie unter ihm ihrem Herrn als dem Haupte zu einem Leibe verbinden, und durch welches sie unter einander wie die Glieder eines Leibes zusammen hängen sollten. Aber Irenäus fordert Einheit in Absicht auf Ueberzeugungen und in Rüksicht des Bekenntnisses. So lehrt, spricht er immer, die ganze Kirche, darüber sind alle rechtgläubigen Christen auf dem ganzen Erdboden völlig eins [x]): und zwar sagt er dieses nicht blos, wenn er von eigentlich biblischen Lehren redet, sondern selbst von spätern Bestimmungen und Zusäzen zu den Bibellehren behauptet er dieses. Auch um die Waheit seiner

und Blutes Christi stehe, denn Irenäus nimmt auch hier alles, wie schon erinnert worden, blos metaphorisch.

[x]) Z. B. von der Lehre von der Dreieinigkeit spricht er also: in der schon S. 308. N. [2]) angeführten Stelle aus Lib. I. c. X. p. 48.

ner Säße zu beweisen beruft er sich oftmals auf die Tradition. Das haben spricht er, uns unsere Vorsteher (πρεσβυτεροι) gesagt, die in ununterbrochener Reihe von den Aposteln auf uns herab gekommen sind; so muß man lehren und glauben, wie die Kirche lehrt, denn sie ist der Richter von Streitigkeiten und wer so nicht lehrt und glaubt ist ein Ketzer, und wird einst verdammt werden *). Ja sogar

---

*) Tantae igitur oftenfiones cum fint, non oportet adhuc quaerere apud alios veritatem, quam facile eft ab ecclefia fumere; cum Apoftoli, quafi in depofitorium diues, pleniffime in eam contulerint omnia quae fint veritatis: uti omnis quicunque velit, fumat ex ea potum vitae. Haec eft enim vitae introitus (schon ein Saß, der mit dem extra ecclefiam non eft falus beinahe ganz zusammentrift); omnes autem reliqui fures funt et latrones. Propter quod oportet devitare quidem illos, quae autem funt Ecclefiae, cum fumma diligentia diligere, et apprehendere veritatis traditionem. Quid enim? Et fi de aliqua modica quaeftione difceptatio effet, nonne oporteret in antiquiffimas recurrere ecclefias, in quibus Apoftoli converfati funt, et ab eis de praefenti quaeftione fumere quod certum et re liquidum eft? Quid autem fi neque Apoftoli quidem fcripturas reliquiffent nobis, nonne oportebat ordinem fequi Traditionis, quam tradiderunt iis quibus committebant ecclefias. c. h. Lib. III. cap. 4. p. 178.

gar vom Primat der römischen Gemeinde, findet sich in ihm eine nicht undeutliche Spur *).

Es bedarf wohl keiner Erinnerung wie so ganz fremde und gegen den wahren Geist des Christenthums alle diese Lehren sind, und wie weit man, eben durch solche Behauptungen, sich von der ächtchristlichen Lehre entfernte. Doch genug, da jeder leicht dergleichen Betrachtungen wird selbst anstellen können.

Anderer Dogmen (z. B. dessen von der Taufe) erwähnt er beinahe gar nicht, oder sagt doch von ihnen nichts, welches verdiente ausgezeichnet zu werden.

Dieses

---

*) Sed quoniam valde longum est in hoc tali volumine omnium Ecclesiarum enumerare successiones, maximae et antiquissimae, et omnibus cognitae, a gloriosissimis duobus Apostolis Petro et Paulo Romae fundatae et constitutae ecclesiae, eam, quam habet ab Apostolis traditionem et annuntiatam hominibus fidem per successiones Episcoporum pervenientem usque ad nos indicantes, confundimus omnes eos, qui quoque modo, vel per sibi placentia, vel vanam gloriam, vel per caecitatem et malam sententiam, praeterquam oportet colligunt. Ad hanc enim ecclesiam propter principalitatem, necesse est, omnem convenire ecclesiam, hoc est, eos qui sunt undique fideles, in qua semper ab his, qui sunt undique, conservata est ea, quae est ab Apostolis traditio. c. h. Lib. III. c. 3. p. 175. sq.

Dieses war das Lehrsystem eines Kirchenvaters, der einen grossen Einfluß auf die Bildung des Kirchenglaubens in der folgenden Zeit gehabt hat.

Man kann sich nun von diesem Mann nicht anders trennen, als mit einem schweren Herzen und mit dem Gedanken: „so solte es nicht seyn." Er hatte die Fesseln geschmiedet, in welche bald der menschliche Geist gelegt wurde, und durch die er seine immer so wohlthätige freie Thätigkeit verlor. Der Schleier des Geheimnisses wurde durch ihn über viele Lehren geworfen, die von Anfang an, ein offener Gegenstand der freien Spekulazion gewesen waren, und wehe in der Folge dem, der sich hinter diesen Vorhang wagte. Die Zeit der freien Untersuchung geht nun bald zum Ende, und dazu trug vorzüglich er, das Seine redlich bey. Die Zeit in welcher einige wenige Hauptsäze, noch dazu ohne viele Bestimmungen, den ganzen Glaubensgrund eines Christen ausmachten, und wo man einig war, nach Jesu des Herrn Befehl, durch die Liebe; diese goldene Zeit verschwand und kehrte in der Folge nie ganz wieder.

Man steht bey solchen Abschnitten in der Geschichte des menschlichen Geistes und insbesondere seiner religiösen Bildung, mit Betrachtungen stille, die auf der einen Seite zwar fast zu niederschlagend sind, als daß man ihnen lange nachhängen möchte; auf der andern Seite aber doch auch zu Untersuchungen führen, die jedem der Wahrheit liebt und sucht, zu theuer sind, als daß er nicht für sie, den unangenehmen Eindruk eines Augenbliks wagen solte.

Das

Das Streben des menschlichen Geistes nach etwas in aller Absicht Bestem und Gewissen; sein unabläßiges Ringen nach Einsichten, die über das, was jenseits der Sinnenwelt liegt ihm Aufschlus geben; selbst sein hartnäckiges Festhalten an dem Boden den er sich schon in diesem Lande erworben zu haben glaubt, und seine rauhe Eroberungssucht mit der er hier immer auf neuen Gewinn ausgeht, sind nicht blos ein für jeden aufmerksamen Beobachter der menschlichen Natur sehr angenehmes Schauspiel; sondern sie geben uns auch einen sehr deutlichen Beweis, daß in dieser Hülle von Staub ein Frembling wohnen müsse, der ein Bürger einer andern Welt ist, und nach der Vereinigung mit dieser sich unabläßig sehnt, ja schon, so weit seine Schranken es ihm nämlich hier erlauben, nach der Vereinigung mit dieser unaufhaltbar strebt.

In dieser Hinsicht ist selbst die Aussicht, welche sich uns eben von dem Standpunkt aus, auf welchem wir izt in der Dogmengeschichte stehen, öfnet, lange so dunkel und furchtbar nicht, als sie dem ersten Anblik nach zu seyn scheint, und die lehr- und trostreichsten Betrachtungen drängen sich dem in Menge zu, der sie ohne Vorurtheil und aus dem rechten Gesichtspunkt betrachtet.

Ende des ersten Theils.

Errata.

S. 55. Z. 2. deleatur fignum notae (²)
— 108. Note (¹) Z. 10. ſtatt πραξα lies πραξει.
— 125. iſt zwiſchen Z. 12. und 13 die Ueberſchrift ausgelaſſen
            VI. Vom Menſchen.
— 150. Note *) Z. 4. ſtatt πατρος την δυναμιν lies Πατρος
            ταυτην την δυναμιν.
— — — — Z. 9. ſt. βουλητα l. βουληται.
— 160. N. ²) Z. 1, 2. ſt. τοιτουτον l. τοιουτον.
— 162. N. ¹) Z. 4. ſt. αφθορας l. αφθορος.
— 169. N. ¹) Z. 9. ſt. γεγησεσθαι l. γενησεσθαι.
— 224. N. — Z. 1. ſt. γραφεις l. γραφαις.
— 225. N. ⁹) Z. 4. ſt. ενδιδιει l. ενδεδιει.
— 246. N. *) Z. 2. ſt. γεγονουιαν l. γεγονυιαν.
— 251. N. ³) Z. 1. ſt. αποθνησκεω l. αποθνησκειν.
— 254. N. ³) Z. 24. ſt. οδηγει. l. οδηγει.
— 259. N. ²) Z. 1. ſt. περινοουτι l. περινοουντι.
— 284. Z. 14. ſt. Tatian l. Athenagoras.

Einzelne leicht zu verbeſſernde Buchſtabenfehler wird der geneigte Leſer gütigſt ſelbſt verbeſſern.